Spitzeder

Geschichte meines Lebens

Geschichte meines Lebens

von

Adele Spitzeder

Herausgegeben von
Hermann Wilhelm

1996

Buchendorfer Verlag

Bildnachweis: Alle Abbildungen entstammen dem Archiv des Münchner Stadtmuseums

Die Deutsche Bibliothek – CIP-Einheitsaufnahme
Spitzeder, Adele:
Geschichte meines Lebens / von Adele Spitzeder. – München : Buchendorfer Verl., 1996
(Historische Originaltexte zur Geschichte Münchens)
ISBN 3-927984-54-X

Satz: SatzTeam Berger, Ellenberg
Papier: holzfrei, säurefrei Werkdruck, Schleipen
Druck und Bindung: Spiegel Buch, Ulm
Printed in Germany

ISBN 3-927984-54-X

Inhalt

Vorbemerkung
des Herausgebers

Am Nachmittag des 12. November 1872 ist es mit den Millionengeschäften und dem spektakulären Leben in Saus und Braus vorbei. Eine siebenköpfige »Gerichtskommission« erscheint in Begleitung von mehreren Polizisten in den Räumen der Schönfeldstraße 9. Die Besitzerin des Hauses, gleichzeitig auch Eigentümerin der sogenannten »Dachauer Volksbank«, wird festgenommen. Adele Spitzeder wird in das Untersuchungsgefängnis an der Badstraße gebracht. Ihr Sturz ins Bodenlose beginnt.

Als man endlich ihre Vermögenslage überprüft, wird das Debakel in seinem ganzen Ausmaß deutlich. Einem »Haben-Anteil« von nicht einmal zwei Millionen Gulden steht ein gigantischer Schuldenberg von insgesamt 10 Millionen Gulden in Gold gegenüber. Die 31.000 Gläubiger sind entsetzt und geschockt. Denn das vermeintlich Unglaubliche ist eingetreten: Alle Einlagen sind verloren, das angelegte Geld ist einfach weg.

Nicht nur einzelne Anleger, darunter vor allem Bauern aus dem Oberland und Arbeiterfamilien aus den Münchner Vorstädten verlieren ihre Ersparnisse, sondern auch ganze Landgemeinden gehen bankrott. Zahlreiche Bauern müssen ihre Höfe verkaufen, so mancher Münchner steht plötzlich vor dem Nichts.

Erst im Juli 1873, fast ein dreiviertel Jahr nach der Verhaftung, steht Adele Spitzeder vor dem Münchner Schwurgericht. Die Verhandlung, die am 14. Juli um acht Uhr früh beginnt, dauert insgesamt sieben Tage. Wegen »betrügerischen Bankrotts« wird der ehemalige Star der Münchner Gesellschaft zu drei Jahren Zuchthaus verurteilt. Da hilft auch der Verweis auf löbliche Aktivitäten fürs Gemeinwohl, wie die Einrichtung einer Volksküche am Platzl oder eine geplante Sozialsiedlung in Haidhausen, nichts.

Nach der Entlassung aus der Haft zieht Adele Spitzeder in das sogenannte »Steiner-Bad« nach Pasing. 1878 werden ihre Memoiren veröffentlicht. Die Spitzeder rechnet mit ihren Gegnern, mit Denunzianten und so manchem allzu redseligen ehemaligen Mitarbeiter ab.

In der Buchreihe der »Interessantesten Criminalgeschichten aller Länder« aus dem Jahre 1873 wird das »Faszinosum Spitzeder« so beschrieben:

»Adele Spitzeder durfte in unserer Sammlung natürlich nicht fehlen. Ihr Prozeß spiegelt ein Stück Zeitgeschichte ab; er beweist, daß auch in unserem Jahrhundert trotz der vielgerühmten Bildung und Aufklärung derjenige immer noch richtig spekuliert, der auf die Leichtgläubigkeit der Massen spekuliert. Je dreister, je toller der Spuk, desto sicherer der Erfolg.«

Mit den Memoiren der Adele Spitzeder startet eine neue Buchreihe zur Geschichte Münchens, in der historische Texte, literarische Veröffentlichungen, Presseberichte und Lebenserinnerungen in ungekürzten und unzensierten Originalbeiträgen vorgestellt und damit noch einmal nachvollziehbar und erlebbar gemacht werden sollen.

Dabei soll das wirtschaftliche Leben in München ebenso beleuchtet werden wie das politische und kulturelle Geschehen in der Stadt. Aber eben nicht als Analyse oder Beschreibung durch Nachgeborene, denen die Folgen von Entwicklungen und Entscheidungen bekannt sind, sondern aus der Sicht von Zeitzeugen oder Beteiligten, die den jeweiligen Zeitgeist widerspiegeln oder als Betroffene direkt Zeugnis geben.

Hermann Wilhelm

Vorwort

Wieviel ist nicht über meine Person, über die sogenannte *Dachauer Bank* und über meinen Sensationsprozeß geschrieben worden, ohne die zwischen Wahrheit und Entstellung liegende Grenze auch nur einigermaßen zu respektieren?

Was der eine schrieb, das druckte der andere gewissenhaft nach, und die über mich geschriebenen Biographien und Berichte machten die Runde durch die zivilisierte Welt, und nicht einem fiel es ein, die Spreu vom Weizen zu scheiden und zu erforschen, wieviel Entstellung an der Sache sei. Geflissentlich suchte man mich als eine raffinierte Person hinzustellen und die über mich in den illustrierten Journalien des In- und Auslandes gebrachten Bilder, welche mein Porträt darstellen sollten, waren so haarsträubend anzusehen, daß sie wirklich ganz und gar in den Rahmen der mir zugefügten Verleumdung und Erniedrigung hineinpaßten.

Ein Jedes verurteilte mich nach dem Hörensagen, und niemand fragte, ob ich denn wirklich die Schuldige sei, als welche man mich hinstellte. Ich selbst war gefangen und konnte mich nicht verteidigen! – – Gebrochen an Körper und an Geist, dem Wahnsinn nahe, so fand mich einer meiner Anwälte, als er mich im Anfange meiner Gefangenschaft besuchte. Sofort begriff er, daß ich zugrunde gehen müsse, wenn mein lebendiger, stets nach Beschäftigung dürstender Geist nichts zu tun hätte.

»Beschäftigen Sie sich mit irgendeinem Studium, lesen Sie die Klassiker!« forderte er mich auf.

»Die kenne ich alle schon«, erwiderte ich, »ich habe in meinen Jugendjahren Schiller teilweise ins Französische,

Englische, Italienische und Spanische, und ebenso Shakespeare, Sheridan, Byron, Walter Scott, Calderon, Dante, Metastasio, Ariosto, Alfieri, Raçine, Molière, Horace, Berangér ins Deutsche übersetzt, ebenso dänische, schwedische und holländische Literaturgrößen. – Etwas werde ich aber tun, ich werde Jurisprudenz studieren so gut es geht!« –

»Nein, dies ist eine zu trockene Beschäftigung«, lautete die Antwort des Anwalts. »Schreiben Sie lieber Ihre Memoiren!« –

Diesen Gedanken faßte ich sofort auf und führte ihn auch aus. Jahrelanges Leiden hinderte mich zwar vielfach daran, auch zögerte ich nach Vollendung derselben lange mit der Herausgabe, endlich entschloß ich mich aber doch, dieselben in Druck zu geben.

Ich habe mich darin so dargestellt, wie ich wirklich bin, und was ich geschrieben habe, ist reine, unverfälschte Wahrheit. Meine früheren Freunde und Bediensteten anlangend, so bin ich dabei sehr maßvoll zu Werke gegangen, auch habe ich nicht versäumt, durch Anwälte meine Memoiren durchsehen zu lassen. Was ich geschrieben habe in bezug auf die Bediensteten und andere, das kann und werde ich nötigenfalls zu beweisen wissen, und an Zeugen fehlt es mir wahrlich nicht.

Anderen, zum Teil distinguierten Personen gegenüber habe ich eben so strenge Diskretion beachtet, wie immer – es widerstrebt meinem Charakter, da zu kompromittieren, wo ich nicht positiv durch den krassesten Undank herausgefordert wurde.

Nicht Eitelkeit, nicht Selbstüberschätzung bewog mich zur endlichen Herausgabe meiner Memoiren, sondern die Überzeugung, daß es meine Pflicht sei, der Verleumdung und Lüge endlich einmal ein Ziel zu setzen.

München, im April 1878.

Adele Spitzeder

I. Kapitel

Meine Herkunft und Jugend

Von meinen geliebten und verehrten Eltern kannte ich eigentlich nur meine Mutter, da mir mein Vater frühzeitig durch den Tod entrissen wurde. Meine Mutter, zu Lübeck im Jahre 1808 geboren, die nachmals so gefeierte Sängerin Betty Vio, war die Tochter eines italienischen Edelmanns Francesco Vio, dessen Gattin, eine geborene Französin, Elise Dupont hieß. Mein Großvater verlor in der Revolutionszeit sein ganzes Vermögen und war genötigt, aus Mailand auszuwandern. Dem Freimaurerbunde angehörend, stand ihm die Welt offen, um so mehr, als er eine herrliche Baßstimme besaß, welche ihm auf der Bühne in kurzer Zeit einen gefeierten Namen verschaffte. Nach seinem Tode, er starb am Gehirnschlag, mußte meine Mutter, damals erst 5 Jahre alt, schon in Kinderrollen auf der Bühne zu Düsseldorf debutieren, und zwar erwarb sie sich daselbst solchen Beifall und derartige Popularität, daß man ihr das Prädikat »Wunderkind« beilegte.

Von Düsseldorf zog mein Großvater nach Wien. Auch hier trat die kleine Betty auf und entzückte alles, nicht bloß durch ihr reizendes Stimmchen, sondern noch mehr durch ihr angeborenes Schauspielertalent. Hoch angesehene aristokratische Familien interessierten sich für diese Künstlerin en miniature und unterstützten die ganze Emigrantenfamilie in ihrer damals so bedrängten Lage aufs reichlichste. Als meine Mutter ihr sechzehntes Jahr erreicht hatte, ließ sie Fürst Dietrichstein von den Maestri Salieri und Cicimara in der Gesangskunst vollständig ausbilden. Bald darauf wurde sie im k. k. Opernhaus engagiert, wo sie wahre Triumphe erntete. Nicht allein ihr zierliches Figürchen, ihre durchgeistigten Züge, denen ein allerliebstes

Stumpfnäschen einen besonderen Reiz verlieh und ihre wunderbare Stimme waren es, welche ihr die volle Gunst des Publikums gewannen, sondern vor allem ihre vortreffliche Darstellungskunst und lebenswahre Auffassung der Rollen. Im näheren Umgange gewann sie noch mehr. Mit herrlichem Mutterwitz erfüllt und stets zu den treffendsten Antworten gerüstet, war sie ein sprudelnder Quell voll Geistesfrische für den gesellschaftlichen Umgang. Später erhielt sie von Cerf, dem Direktor des seinerzeit auf einer sehr hohen Stufe stehenden Königstädter Theaters in Berlin, ein brillantes Engagement. Sie ersetzte dort die so hoch gefeierte Henriette Sonntag, welche einem anderweitigen glänzenden Ruf gefolgt war. Eben dieselbe Henriette Sonntag, spätere Gräfin Rossi, war meiner Mutter stets eine liebe Freundin, so wie auch die durch ihre Grazie unvergeßliche Fanny Elsler, die nachmalige Freundin des geistreichen Politikers und Schriftstellers Friedrich Gentz. Wie in Wien, so wurde meine Mutter auch in Berlin der Liebling des Publikums, ein Umstand, der schwer in die Waagschale fällt, wenn man bedenkt, daß vorher eine Sonntag ihren Platz innegehabt. Um diese Zeit lernte sie meinen Vater, Josef Spitzeder, den berühmten Baßbuffo und ebenfalls Liebling der Berliner kennen und Lieben. Auch er war am Königstädter Theater engagiert.

Diese Bekanntschaft führte zur Ehe, und das Künstlerpaar wurde im Jahre 1831 in der Hedwigskirche zu Berlin getraut. Mein Vater, der Sohn eines gleichfalls renommierten Sängerpaares, zu Bonn geboren, betrat anfänglich als Schauspieler in den Stellen eines ersten Liebhabers die Bühne. Erst in Hamburg, woselbst er später am Stadttheater engagiert wurde, bildet er sich als Baßbuffo aus und machte als solcher Furore. Auch er gehörte dem Bunde der Freimaurer an. Seine erste Frau war Henriette Schüler, die Stieftochter des bekannten Romanschriftstellers Freiherrn von Biedenfeld, welche auch als Sängerin im Genre der Sonntag excellierte.

Aus dieser Ehe entsprossen 6 Kinder. Bei der Geburt des letzten starb die erste Gattin meines Vaters. Meine Mutter kam öfters in das Spitzedersche Haus und wurde die Taufpatin eines der Kinder der Familie. Sie fühlte sich vollständig zu Hause bei dem liebenswürdigen, gastfreundlichen Paare. Ihr witziges, heiteres Wesen gefiel meinem Vater, und er unterhielt sich gerne mit der vielseitig begabten Künstlerin, die ihn, den geistreichen und witzigen Mann, an lustigen Einfällen und geistsprühenden Repliken überbot. In einer dieser belebten Unterhaltungen machte mein Vater einen Scherz, indem er meiner Mutter sagte: »Wenn einmal meine Frau stirbt, so heirate ich dich«, worauf meine Mutter erwiderte: »Warum nicht gar, Sie sind mir viel zu groß!« Mein Vater soll nämlich ein Mann von hoher Statur und äußerst stattlichem Aussehen gewesen sein. Hierauf entgegnete mein Vater: »Nun, wenn du, kleiner Kobold, dich meiner Größe zufügst, dann wird die meinige noch um einige Zoll erhöht.«

Aus diesem Scherz wurde Ernst. Meine Mutter wurde eine glückliche Gattin, obgleich sie mit dieser Heirat 6 Stiefkinder übernommen hatte. Nach Jahresfrist gab sie mir am Sonntag, dem 9. Februar 1832, das Leben, zur innigsten Freude meines Vaters. Derselbe soll mit abgöttischer Liebe an mir gehangen und mir auch den Vorzug vor meinen Stiefgeschwistern gegeben haben. Bald nach meiner Geburt kam ein Prinz des königlichen Hauses von Bayern nach Berlin. Er frequentierte das kgl. Theater mit Vorliebe und war von den Leistungen meiner Eltern entzückt. Eines Abends begab er sich nach der Vorstellung mit seinem Adjutanten in die Garderobe, machte meiner Mutter die schmeichelhaftesten Lobeserhebungen und bot ihr mit meinem Vater ein äußerst vorteilhaftes Engagement für das Hoftheater in München an.

Meine Mutter hing aber mit solch großer Liebe an Berlin, das der jungen Künstlerin eine zweite Heimat geworden, daß sie sich sträuben zu müssen glaubte, den ehrenvollen Antrag anzunehmen. Meinen sel. Vater hingegen zog es mit Macht nach München, und zwar aus dem Grunde, weil er dort seine Lieblingsschwester, die geistreiche, dramatische Schauspielerin Adelheid Fries, wußte. Mein Vater gab denn auch schließlich den Ausschlag, und beide Eltern folgten dem ehrenvollen Rufe nach München.

Leider, leider! Denn in München – so war es im Buche des Schicksals geschrieben – sollte mein Vater sein frühes Grab finden. Nur ein einziges Mal betrat er die dortige Bühne in der Oper »Der Schatzgräber von Mehul«, worin er sofort den Enthusiasmus des Münchener Publikums erregte.

Zwei Monate später starb er an der galoppierenden Lungenschwindsucht. Sein Scheiden soll herzzerreißend gewesen sein, wie mir meine Mutter erzählte. Die noch junge Mutter, seine 6 Kinder aus erster Ehe und ich noch auf dem Arm der Amme umstanden sein Sterbelager. Er ließ mich in seine Arme geben, und indem er mich mit Küssen überhäufte, sah er starr auf meine Mutter, als hätte er noch einen Wunsch auf dem Herzen, welcher ihm das Sterben erschwerte. Da ergriff meine Mutter seine erkaltende Hand und sprach unter Schluchzen: »Sei ruhig, mein guter Josef, ich werde für deine Kinder sorgen und sie nie verlassen!« Mein Vater schaute mich hierauf noch lange unverwandt an und verschied.

Er stand in der schönsten Blüte des Lebens, im 36. Lebensjahre, und die Kunst erlitt durch sein allzu frühes Scheiden einen schweren Verlust. Eine allgemeine Trauer ehrte den edlen Verblichenen; sein Leichenbegängnis war großartig, Tausende von Menschen begleiteten ihn zur letzten Ruhestätte, und Lorbeerkränze sowie zahllose Blumen schmückten seinen Sarg. Obgleich ich damals noch zu jung gewesen, um meinen Vater kennengelernt zu haben, so ruht doch in meinem Herzen eine tiefe Verehrung und unendliche Liebe für ihn, so daß sein allzu früher Verlust sich wie ein düstrer Schatten über mein Leben zieht.

Von allen Seiten wurde meiner trauernden Mutter die lebhafteste Teilnahme bewiesen, und besonders waren es König Ludwig und seine hohe Gemahlin, Königin Therese, welche der Trauernden ihre Huld und Gnade bezeigten. König Ludwig nahm sich auch sofort der hinterlassenen Söhne an.

Zwei derselben ließ er eine Erziehung in der Militärschule, einem dritten in einem Seminar zuteil werden. Meine Mutter, welche ihre künstlerische Laufbahn fortsetzte, ließ ihre 3 angetretenen Töchter aufs beste erziehen. Die eine meiner Schwestern, Josefine, traf noch als Kind ein großes Unglück. Bei einem Spaziergange, den sie in Begleitung ihrer Schwestern und der Gouvernante machte, stürzte in der Ludwigsstraße an einem im Bau begriffenen Hause ein Brett auf sie herab. Sie erlitt dadurch an beiden Beinen einen Knochenbruch, und ein unendlich langes Krankenlager war die Folge davon, so zwar, daß sie sich nur mehr mit gekrümmtem Rücken daraus erhob und infolgedessen auf die schönsten Hoffnungen des Lebens Verzicht leisten mußte.

Meine Halbschwester Karoline war eine hervorragende Schönheit, und sie widmete sich als Sängerin der Bühne, allein gänzlicher Mangel an Talent bot ihr, trotzdem ihr anfangs, ihres berühmten Namens halber, die vorteilhaftesten Anträge gemacht wurden, keine glänzende Zukunft. Sie wurde später am Hoftheater in Neustrelitz als Sängerin und Schauspielerin engagiert und verheiratete sich mit einem ehemaligen Gutspächter des Grafen von Schwerin, Wilhelm Wegner, mit dem sie noch jetzt in sehr glücklicher Ehe lebt.

Meine zweite Schwester Henriette, nach ihrer Taufpatin »Henriette Sonntag« genannt, hatte dagegen großes Talent und ein herrliches Organ.

Sie wurde später ebenfalls in Neustrelitz engagiert und lernte daselbst einen Junker mit Namen Adolf v. Zieten kennen, einen Enkel des berühmten Zieten aus dem

Busch. Große Vorliebe für die Bühne hatte denselben veranlaßt, gegen den Willen seiner Eltern sich der Kunst zu widmen. Seine hübschen Stimm-Mittel und seine einnehmende Persönlichkeit bewirkten, daß er als Künstler reüssierte.

Er verlobte sich mit meiner Schwester in München, wo er die Zustimmung meiner Mutter einholte, und dann faßte das junge Paar den Entschluß, mit der Schwester Josefine nach Amerika überzusiedeln. Seit 1848 leben sie nun glücklich verheiratet in New York, und auch Schwester Josefine wurde daselbst eine glückliche Gattin. Sie alle haben sich durch ihre vorzüglichen Talente eine gute Existenz gegründet. Mein Bruder Gustav starb als Regierungsfunktionär in Augsburg im 27. Lebensjahr, ein anderer Bruder, namens Wilhelm, ein tüchtiger Graveur, ist vor nicht langer Zeit ebendaselbst gestorben.

Mein ältester Bruder Georg, beim Münchener Stadtgericht als Gerichtsschreiber angestellt, ein treuer und zuverlässiger Beamter, hat sich unlängst als solcher pensionieren lassen.

Als ich 5 Jahre alt war, begab sich meine Mutter zu Gastspielen nach Berlin, Wien und Graz. Überall erntete sie großartige Triumphe, namentlich als Zerlina in Fra Diavolo, als Alice in »Robert der Teufel« und Zerline in »Don Juan«. In Graz lernte sie einen jungen Fabrikanten aus Wien, Franz Maurer, kennen, der daselbst wegen seines brillanten Äußern der »schöne Wiener Franzel« genannt wurde. Obwohl meine Mutter durch ihr eminentes Talent in glänzende pekuniäre Verhältnisse gekommen war, strebte sie durch die Verheiratung mit einem reichen Fabrikbesitzer ihren Besitz noch zu vermehren.

Ich war damals freilich noch zu jung, um trüben Ahnungen Raum zu geben oder deren Tragweite zu begreifen; aber ich hatte instinktiv eine Aversion gegen den zukünftigen Stiefvater, als hätte ich fühlen können, wie unglücklich er meine arme Mutter machen würde. Als meine

Mutter mit ihrem jungen, schönen Bräutigam nach Wien kam, bestätigte es sich in der Tat, daß Franz Maurer unweit Wien in Haking eine großartige Tuchfabrik besaß, aber leider total verschuldet war, ein Umstand, der sich erst nach der Verheiratung herausstellte. Meine betrogene Mutter war nun genötigt, einen Wechsel um den andern einzulösen, und sie verlor dadurch ihr bedeutendes Vermögen vollständig. Es blieb ihr nur noch eine Rente, welche ihr nach dem Ableben meines sel. Vaters von einem Protektor geschenkt worden war, und welche nach dem Tode meiner Mutter teilweise, in der Höhe von 500 fl. (Gulden, abgeleitet von Florentiner Gulden) nämlich, auf mich überging. Nach Jahresfrist ließ sich die Mutter scheiden. Sie war durch diesen Mann eine höchst unglückliche Frau geworden; denn derselbe war ebenso roh als verschwenderisch. Mich behandelte er gleichwohl mit großer Liebe, welche Liebe aber von mir nicht erwidert wurde. Ich haßte ihn sogar aus voller Seele, indem ich erkannte, wie unglücklich er meine Mutter gemacht hatte. Bald darauf wurde meiner Mutter in Wien vom Theaterdirektor Carl an der Wieden ein Engagement angeboten mit sehr hoher Gage. Dieser edle Mann wurde ihr in der Folge ein wahrer Freund und war für mich väterlich besorgt.

Mit 8 Jahren gab mich meine Mutter in eines der ersten Institute Wiens. Ich wurde daselbst zwar mit Fürstinnen und Gräfinnen erzogen, lernte aber wenig oder gar nichts, weil mich die dortige Vorsteherin, Frln. Schwitzer, gründlich verzog. Waren meine Erzieherinnen infolge meiner Trägheit gegen mich aufgebracht, so wußte ich durch die drolligsten Einfälle und Schmeicheleien bald ihren Unmut gegen mich zu entwaffnen.

Meine Mutter nahm mich dann auch wieder aus dieser Anstalt und gab mich in das Ursulinerinnenkloster in der Johannesgasse, woselbst ich ein Jahr in Pension verblieb. Auch dort wurde ich der Liebling der Oberin. Außer Einschmeicheln war es meine Gutmütigkeit, welche mir dort die Herzen gewann, obgleich sich mein Charakter dabei schon frühzeitig als jähzornig, wild und im höchsten Grade leidenschaftlich erwies.

Bevor mich meine Mutter in irgendeine Anstalt abgegeben, war ich ein unbändiges Mädchen gewesen, spielte am liebsten mit Buben und haßte jeden weiblichen Umgang. Mein liebster Gespiele damals war Hans Hopfen (der Sohn der Tänzerin Angeoletta Meier) und Wechselagent Simon Hopfen, welcher in der Folge mit der genannten Tänzerin sich zivilrechtlich trauen ließ. Die sehr bejahrte Braut war nämlich katholisch und der nicht minder junge Bräutigam Israelit. Hans Hopfen hat sich als Schriftsteller sehr ausgezeichnet.

Mein größtes Vernügen war, mich auf der Straße herumzutummeln und den Wagen nachzulaufen, mich rückwärts auf den Tritt derselben zu setzen, und so durch die ganze Stadt zu kutschieren. Die Sucht, Neues zu sehen, und meine Vorliebe für Abwechslung ließen mich die Gefahr nicht achten, welche diese neue Art von Entdeckungsreisen in den Straßen Wiens mit sich brachte.

Sobald meine Mutter in die Theaterprobe gefahren war, lief ich den Dienstboten davon und folgte meinen ebengenannten Vergnügungstouren, die mir meist tüchtige Strafen eintrugen. Allein es half nichts. Ich war eigensinnig, und wenn ich mir einmal etwas in den Kopf gesetzt hatte, so mußte es ausgeführt werden. Schon damals besaß ich die Leidenschaft des Tabakrauchens, welches meine Mutter mir natürlich strengstens untersagte. Eines Tages, als meine Mutter in der Theaterprobe war, ließ ich mir von einem Müllerburschen eine Tabakspfeife geben und rauchte in der Mühle, da ich dort ein Überraschen durch meine Mutter nicht fürchten zu müssen glaubte, so recht nach Herzenslust. Wir wohnten nämlich in der sogenannten Bärenmühle. Auf einmal hörte ich die Stimme meiner Mutter. Vor Schrecken kroch ich mit der Tabakspfeife schnell in eine Mehlkiste. Alles suchte und fand mich nicht, da ich mich still wie ein Mäuschen in meinem sehr unbequemen Aufenthalt verhielt.

Später, als alles still war, kroch ich aus der Kiste wieder heraus und lief, von Mehl ganz bestäubt und schneeweiß geworden, in den Hof, woselbst mich die Mama in größter Angst suchte. Mein Erscheinen als »Mehlsack« entwaffnete denn auch ihren Unmut, und sie und die Müllersleute mußten über mein drolliges Aussehen herzlich lachen.

Nun wurde ich eine Zeitlang der »Eulenspiegel« genannt. Geiz, Neid und Selbstsucht waren mir in den Tod zuwider. Ich bin ebenso eigensinnig, unstet und jähzornig geblieben, als ich freigiebig, weichherzig und gutmütig zu sein mir bewußt bin – die entgegengesetzten Charakteranlagen, die mir in meinem Leben sehr oft zum Nachteil geworden sind. Auch im Kloster lernte ich wenig, indem ich fortwährend kränkelte und meistens zu Bette liegen mußte. Meine Mutter nahm mich bald nachher aus dieser Anstalt, die ich äußerst ungern verließ. Ich hatte es dort nämlich sehr gut gehabt, und das Leben behagte mir daselbst, weil man sich frei und ungezwungen bewegen durfte und weder zur Heuchelei erzogen, noch der kindliche Sinn, wie es sonst in den meisten Klöstern der Fall ist, zur Frömmelei, zur Habsucht und zum Egoismus angehalten wurde. Ich wurde liebreich von den Schwestern und der Oberin behandelt und erfreute mich ganz besonders der Huld und Gnade der damaligen Kaiserin Mutter, unter deren Protektion das Kloster stand. Die Kaiserin war nämlich meiner Mutter sehr gewogen und ließ mich infolgedessen bei ihren Besuchen im Kloster häufig vor sich rufen.

Da sich meine Mutter viel mit ihrem künstlerischen Wirken beschäftigen mußte, so war ich, als ich das Kloster verlassen hatte, mir viel zu viel selbst überlassen, führte ein freies, ungebundenes Leben, schwärmte für die Bühne und für Musik, die mich von jeher begeistert hatte, lernte aber nichts und konnte im Alter von beinahe 12 Jahren kaum richtig lesen, geschweige korrekt schreiben. Die Schuld lag keineswegs an meiner Mutter, die keine Kosten scheute, mich gut erziehen zu lassen, sondern ich hatte selbst keine Lust zum Lernen, und fortwährendes Kränkeln befreite mich auch von jeglichem Zwange in dieser Hinsicht. So war ich denn ein total verzogenes, eigensinniges und verweichlichtes Kind.

Als ich das 12. Lebensjahr erreicht hatte, bekam ich eine unendliche Sehnsucht nach meinen Halbschwestern, welche sich zur Erziehung in München bei der Schwester meiner Mutter, der Gattin des Stallmeisters Lehfeld befanden. Leider gab meine Mutter in mancher Hinsicht zu schnell meinem Willen nach und verließ auch jetzt in Folge meines Drängens und Flehens die Bühne, um nach München überzusiedeln und dort für immer zu verweilen. Meine Tante hatte vier Knaben, mit denen ich zusammen erzogen wurde. Onkel Lehfeld, zu gleicher Zeit mein Vormund, hatte mich damals sehr lieb wegen meines guten und treuherzigen Gemüts. Er ließ mich mit seinen Jungen turnen und fechten, was mir außerordentlich zusagte und mich auch körperlich rasch entwickelte. Nun war es aber doch höchste Zeit, etwas zu lernen, denn ich war bereits sechzehn Jahre alt und in allen Kenntnissen noch sehr zurück. Meine Mutter gab mich daher in das damals sehr berühmte Institut der Madame Tanche, nunmehr Neumayersche Erziehungsanstalt. Dort wurde ich in der Tat sehr gut unterrichtet, namentlich machte ich gute Fortschritte in der Literatur, Geographie und Weltgeschichte, sowie auch, soweit das in Töchterinstituten möglich ist, in den Naturwissenschaften. Tüchtige Professoren waren meine Lehrer. Als ich diese vortreffliche Anstalt nach 2 Jahren verließ, bekam ich große Lust, mich in fremden Sprachen gehörig auszubilden. Sofort wurden die besten Lehrer ausfindig gemacht, und ich lernte englisch, französisch, italienisch, spanisch, dänisch und holländisch, welche Sprachen ich nicht nur geläufig zu sprechen, sondern auch leicht und korrekt zu schreiben im Stande bin. Außerdem beschäftigte ich mich vorzugsweise mit Musik und wurde durch den Unterricht des Herrn Professor Fökerer eine perfekte Klavierspielerin. Auch hatte ich zum Komponieren viel Anlage und glaube sie ohne Überhebung und Selbstschmeichelei heute noch zu besitzen.

Trotz vielen Wissens blieb aber doch mein unsteter Sinn an nichts haften, weil er immer und immer wieder nur nach neuer Nahrung suchte. Von der Welt lebte ich zurückgezogen, weil ich nicht den geringsten Gefallen an öffentlichen Gesellschaften und Vergnügungen fand, sondern lieber halbe Nächte dem Studium opferte. Ein Offiziersball, der erste, den ich mit 19 Jahren besuchte, eröffnete mir die sogenannte »Welt«. Ich wurde sofort eine leidenschaftliche Tänzerin, obgleich mir keiner der tanzenden Kavaliere entsprach. Meine Freundinnen sagten mir stets neckend: »Nun, Adele, wie muß denn der einmal ausschauen, der dir gefallen soll?« Ich erwiderte darauf stets in vollem Ernste, daß ein Ideal, wie es mir vorschwebe, in der Wirklichkeit überhaupt gar nicht existiere. Dem ungeachtet, obgleich die Persönlichkeit nichts weniger als meinem Ideal entsprach, verliebte ich mich mit 20 Jahren in einen fremden Kaufmann. Meine Liebe aber war nur ein Strohfeuer, ebenso schnell erloschen als entzündet. An Verehrern fehlte es mir überhaupt nie, weil ich sehr lebhaft und nicht ohne Unterhaltungsgabe und dabei ziemlich kokett war. Aber nichts hatte lange für mich Reiz, und besonders das, was mir ohne Schwierigkeit erreichbar war, erregte alsbald meinen Überdruß. Nur wenn sich mir Hindernisse in den Weg stellten, fand ich es der Mühe wert, nach dem Preis zu ringen. – Den Sommer brachten wir gewöhnlich in Tegernsee zu. Dort im Kreise der Verwandten und Bekannten verlebte ich wohl die glücklichsten Stunden meines Lebens. Es fehlte nicht an geselliger Unterhaltung, und ich darf annehmen, meinerseits ein gutes Teil zu derselben beigetragen zu haben. – Besondere Anziehungskraft übten auf mich immer die ländlichen Tanzvergnügungen aus, an denen ich den lebhaftesten Anteil nahm und bei denen ich auch die gesuchteste Tänzerin wurde. Besonders tanzte ich den sogenannten »Ländler« leidenschaftlich gern und wurde unter den Landleuten infolgedessen bald eine gern gesehene populäre Persönlichkeit. Nie fühlte ich mich irgendwo lebhafter angeregt, als in diesen Kreisen der urwüchsigen Heiterkeit und von Herzen kommenden Zutraulichkeit. Wenn ich mich unter die Tänzer mischen und meiner Leidenschaft für den Tanz frönen konnte oder schöne Mondscheinabende angesichts des herrlichen Gebirgslandes mit der Zither im Freien zubrachte, wo Gesang mit Schnaderhüpfeln, mit Zitherspielen abwechselte, da war ich so recht in meinem Element. Unter diesen Menschen fühlte ich mich glücklich, hier hätte ich Wurzeln fassen und den Rest meines Lebens zubringen mögen. Eine schwere Krankheit, die ich in Tegernsee durchzumachen hatte, die Blattern nämlich, die mir jedoch glücklicherweise keine Narben hinterließen, wurde mir der eklatanteste Beweis, wie lieb und gut jene einfachen Menschen es mit mir meinten, denn wie ich in der Folge hörte, hatten die lieben seelenguten Menschen um meine Wiedergenesung in der Kirche manch heißes inbrünstiges Gebet zu Gott gesandt.

In dieser schweren Krankheit pflegte mich mit großer Aufopferung unsre alte, treue Köchin Karoline Pfreimter, die mir auch jetzt noch mit großer Anhänglichkeit zugetan ist, und der ich eigentlich mein Leben verdanke. Dem Aufenthalte in Tegernsee verdanke ich übrigens außerdem noch eine interessante Bekanntschaft, die der Henriette Hölken, Frau von Frankenburg, morganatisch angetrauter Gemahlin des Prinzen Karl von Bayern. Diese Dame war ebenso geistreich als schön und liebenswürdig, und da ich deren Tochter schon vom Pensionat in München her gekannt, so wurde unsre Bekanntschaft auf die angenehmste Weise eingeleitet.

Ich besuchte diese Dame sehr häufig. Wir studierten englisch zusammen und beschäftigten uns sogar mit Astronomie. Häufig wurde auch musiziert, und mein kleines Talent erfreute sich dort der freundlichsten Aufnahme, so daß mich »Monseigneur« sogar öfters bitten ließ, ihm diese oder jene meiner eignen Piecen vorzuspielen.

Nach München zurückgekehrt, faßte ich den Entschluß, meine nicht ganz mittelmäßige Stimme ausbilden zu lassen, und nahm daher Unterricht bei einer früher sehr berühmten Sängerin, Fräulein Marie Henkel. Auf Wunsch meiner Mutter ließ ich auch zur selben Zeit mein Bild von einem zwar nicht sehr renommierten, aber doch in der Theaterwelt wohl bekannten Portraitmaler malen. Derselbe stand in intimem Verhältnis zu einer damals nicht mehr ganz jungen Hofschauspielerin, welche mit großer Hingabe aufgehende Sterne von weiblicher Schönheit der Männerwelt gegenüber bevormundete.

Bei obengenanntem Maler lernte ich dessen Sohn kennen, der dazumal in württembergischen Diensten stand und, nachdem er dieselben quittiert, in München Buchhalter in einem kaufmännischen Geschäft wurde. Sein hübsches Äußeres und sein lebhafter Geist, sowie seine einnehmenden Manieren empfahlen ihn überall. Die berühmte Kennerin männlicher Schönheit, Lola Montez, hatte ihn sogar mit ihrer Huld beglückt. Kein Wunder also, daß auch ich von ihm eingenommen wurde. Wir lernten uns näher kennen und beabsichtigten, uns später zu heiraten. Meine Mutter war entschieden dagegen, und ich selbst hatte von jeher eine Abneigung gegen das Heiraten, wohl weil mir das Los meiner Mutter als ein abschreckendes Beispiel vor Augen schwebte. Durch ein Mißverständnis entstand denn auch, ehe es zu diesem entscheidenden Schritt kam, ein Zerwürfnis, und das freundschaftliche Verhältnis löste sich, nachdem es etwa 2 Jahre bestanden hatte. Nun begann ich mir im Umgang und in der näheren Bekanntschaft mit einigen hervorragenden Größen des Münchener Hoftheaters Zerstreuung und Unterhaltung zu suchen. Auf einmal fand ich wieder Geschmack an dem Bühnenleben, besuchte das Theater häufig, studierte mit rastlosem Eifer die deutschen, französischen und englischen Klassiker, und es kam mir der Gedanke, mich selbst der Bühne zu widmen.

Zunächst zweifelte ich an meiner Befähigung und nahm deshalb Rücksprache mit einem hervorragenden Künstler, dem Hofschauspieler Dahn, mit dessen zweiter Frau, Marie Haußmann, ich bekannt war. Dahn ließ mich ihm vorlesen. Ich trug den ersten Monolog der Jungfrau von Orléans vor. Er äußerte sich nicht ungünstig über mein Talent und sagte, es scheine ihm, daß ich ein recht hübsches Organ bekomme, wenn es ausgebildet würde. Nun teilte ich meiner Mutter meinen Entschluß mit, aber sie war entschieden dagegen. Es kostete sehr viel Überredung, bis sie endlich, obgleich ungern, ihre Einwilligung gab. Sie fürchtete wohl zunächst, daß ich mit meinem Feuerkopfe den Intrigen im Theaterleben nicht gewachsen wäre. Wußte sie doch aus Erfahrung, daß sogar Sterne erster Größe sich diesem Schlangengewinde nicht immer zu entziehen vermögen. Zudem hatte sie mich streng sittlich erziehen lassen, mich stets auch überwacht und z. B. im Alter von 20 Jahren nie allein ausgehen lassen. Ich hatte mir aber das Theater einmal in den Kopf gesetzt, und es mußte also auch durchgeführt werden. Ich nahm daher Unterricht bei der Hofschauspielerin Söltl, einer sehr gelehrten Dame, welche zwar als Darstellerin nicht bedeutend, allein außerordentlich zum Unterricht befähigt gewesen und wirklich dramatische Kenntnisse besaß. Sie wollte mich für die hohe Tragödie ausbilden, da mein Organ inzwischen an Kraft und Wohlklang gewonnen hatte; doch wurde mein Vortrag zu monoton herangebildet, weshalb ich mich zu meinem weiteren Studium an Constanze Dahn, die geschiedene Frau des früher erwähnten Hofschauspielers, wandte. Sie war in der Tat eine geistvolle, gottbegnadete Künstlerin, der ich allein meine Kenntnisse auf diesem Felde verdanke. Als ich mit ihr Rücksprache nahm, so erklärte sie mir sogleich, daß sie nur dann meine Ausbildung für die Bühne übernehme, wenn ich wirkliches Talent hierzu besäße, indem ich als Trägerin eines so berühmten Künstlernamens keine mittelmäßige Stellung in der Kunstwelt einnehmen dürfe. Sie gab mir demgemäß zwei Monate Probezeit, in welcher sie mich und mein Talent prüfen und wenn sich alles zu ihrer Befriedigung erweisen sollte, mich dann als Schülerin behalten wolle. Ich gab mir alle erdenkliche Mühe, meine Aufgabe zu lösen und studierte Tag und Nacht mit eisernem Fleiße. Mein Bemühen war auch nicht vergebens, denn nach Ablauf der Probezeit, während ich die zu studierenden Dichtungen nur lesen durfte, trug ich meiner Lehrerin »Das Waldfräulein von Zedlitz« vor, infolgedessen sie mir erklärte, daß ich dramatisches Talent und ein brillantes Organ besäße, welches sie sogar lebhaft an dasjenige der Sophie Schröder erinnere. Ich war somit als angehende Künstlerin legitimiert und durfte nach Herzenslust weiter studieren. Mit Vergnügen denke ich an die Zeit meines täglichen Unterrichts bei C. Dahn zurück. Sie führte mich in das Reich der Musen ein. Dort schwärmte mein leicht erregbarer Geist in höheren Sphären. Ich vertiefte mich in die Werke unserer großen Dichterheroen, studierte eifrig die alten Klassiker, Sophokles, Euripides, Aristophanes und Aischylos in der Donnerschen Übersetzung, ferner Byron, Shakespeare, Racine, Corneille, Dante und Ariosto, die letzteren im Original, und bildete meinen Geist und mein Wissen höher aus. Während des weiteren Unterrichts gelang mir noch besonders das Studium der Phädra, Iphigenie auf Tauris, Lady Macbeth, Maria Stuart, Deborah, Fürstin Udaskin im Graf Waldemar, Jungfrau von Orléans, kurz aller jener Rollen, in denen der weibliche Charakter im Kampfe mit einem übermächtigen Geschick alle seine geistigen und moralischen Kräfte aufzubieten hat, um siegreich, wenn auch sterbend, hervorzugehen. Meine Lehrerin, C. Dahn, äußerte sich sehr günstig über meine Auffassung dieser Rollen und veranlaßte mich, eine Probe vor meiner Mutter abzuhalten, welche immer noch gegen meine neuerwählte Laufbahn war. Es gelang mir, sie vollständig mit meinem Vorhaben auszusöhnen. Nicht wenig ermunterte mich auch der Beifall von Felix Dahn, dem ich einst in Gegenwart seiner Mutter etwas vorgetragen hatte. Nach Verlauf von zwei Jahren wurde mir, da ich schon einiges Aufsehen mit meinen Deklamationen in vielen Künstlerkreisen gemacht, der Rat von Herrn Dahn zuteil, nun bald die Bühne zu betreten. Einmal war mir sogar die Ehre zuteil, vor seiner Majestät dem König Ludwig I. in Gegenwart des Grafen Karl von Seinsheim und der noch lebenden pensionierten Hofschauspielerin A. Tochtermann einen deklamatorischen Vortrag zu halten. Ich wählte »Die drei Schwestern«, Legende von Halm, die beiden Monologe der Jungfrau von Orléans, den ersten Monolog der Iphigenie auf Tauris und den letzten Akt der Phädra. Seine Majestät äußerte sich sehr günstig über meine Leistung und fand, wie meine Lehrerin, viel Ähnlichkeit in meinem Organ mit dem der berühmten Tragödin S. Schröder. Auch mit letzterer kam ich durch meine Mutter, welche mit ihr befreundet war, in Verbindung, und die gefeierte Künstlerin hatte die Gefälligkeit, mit mir einige bedeutende Dichtungen, worunter das Lied von der Glocke, einzustudieren. Bei Fräulein Marie Denker nahm ich noch einige weitere Lektionen.

Einige Konversationsstücke studierte ich später bei Charlotte von Hagen ein, wie z. B. die Herzogin Marlborough, und durch die Empfehlung der Frau v. Hagen machte ich in meinem 25. Jahre den ersten theatralischen Versuch auf der Hofbühne zu Coburg.

II. Kapitel

Vom Theater

Dem Wunsche meiner Mutter gemäß reiste ich mit Fräulein Lindner, die bei ihr Gesangsstudien machte, nach Coburg. Ich debutierte, wie bereits bemerkt, zuerst dort als Deborah. Wider Erwarten errang ich großen Beifall und wurde bei überfülltem Hause viermal gerufen.

Der damalige Intendant, Herr v. Wangenheim, äußerte sich schon in der Probe (es war nur eine einzige) sehr günstig sowohl über meine Auffassungskraft, als auch über mein kraftvolles Organ, und nach der Vorstellung wiederholte er dieselbe Äußerung. Solch glücklich überstandenes Debüt ermutigte mich ungemein.

Meine zweite Rolle war Maria Stuart (auch nur mit einer Probe), mit welcher ich, wenn möglich, einen noch größeren Erfolg erzielte, besonders in der Gartenszene, während welcher stürmischer Applaus mein Spiel unterbrach.

Da schon eine Darstellerin meines Fachs, Gretchen Ernbaum, am dortigen Theater engagiert war, so war mein Auftreten von vornherein kontraktlich nur auf zwei Rollen beschränkt. Übrigens soll meine Kollegin, den Aussagen meiner Bekannten nach, sehr gegen mich intrigiert haben, zumal ich in mehreren Kreisen freundliche Aufnahme gefunden und dort mit Erfolg größere Dichtungen, sowie auch Bruchstücke von Dramen vorgetragen hatte. Ich verlebte in Coburg einige höchst vergnügte Wochen. Die dort engagierten Mitglieder, worunter Louise v. Hagen, die Schauspieler Hiltl, Belosa und Sänger Abt, überhäuften mich förmlich mit Liebenswürdigkeiten. Der Herzog, welcher während meines zweimaligen Auftretens verreist war, war so freundlich, in den nächsten Tagen während eines Zwischenaktes der »Stummen von Portici« mich ihm auf der Bühne vorstellen zu lassen. Auch drückte mir der hohe Herr recht herzlich sein Bedauern aus, daß zur Zeit trotz meines großen Talentes, von dem ihm Herr v. Wangenheim erzählt habe, für mein Fach in Coburg keine Verwendung sei. Dieses Lob war um so schmeichelhafter, als der Herzog als anerkannter Kunstprotektor galt.

Herzog Ernst von Württemberg, der bei meinem Gastspiele zugegen gewesen, soll sich ebenfalls günstig über mich dem Intendanten gegenüber ausgesprochen haben. – Coburg bleibt mir eine stets freundliche Erinnerung, und mit schwerem Herzen schied ich davon, einem Rufe nach Mannheim folgend.

In Mannheim gastierte ich ebenfalls mit Erfolg. Dort lernte ich Fräulein Mina Birch, die nachmalige Frau v. Hiller, Tochter der Charlotte Birch-Pfeiffer kennen. Sie war damals bei der Bühne und machte den Eindruck einer bedeutenden Persönlichkeit.

Da ihr sehr gelehrter Vater, ein bedeutender Philologe, mich in München in mehreren Sprachen unterrichtet hatte, so wurde ich bald auch näher mit ihr bekannt. Die liebenswürdige Dame hatte mich eines Tages mit meiner Gesellschafterin, Fräulein Lindner, schriftlich zum Tee eingeladen, und lange Zeit hatte ich dieses Billet als Erinnerung an die nun in literarischen Kreisen so berühmte Frau aufbewahrt, bis mich später Frau Haußmann-Dahn in München, mit der ich sehr befreundet gewesen, darum bat. –

Von Mannheim kehrte ich nach München zurück, wo mir der damalige Hoftheaterintendant Dingelstedt durch Dahn ein Gastspiel anbieten ließ. Ich trat als Deborah in meiner Heimat auf und erfreute mich eines guten Erfolgs. Der Kontrakt bezüglich der drei Rollen war mir nach meiner Darstellung der Deborah auf der Bühne von dem damaligen Sekretär des Herrn von Dingelstedt überreicht worden. Ich hatte nicht darum nachgesucht. Für diese drei Gastrollen war mir ein Gesamthonorar von 100 fl. zugesichert, und ich sollte den Kontrakt nach Wunsch des Herrn

Sekretär Schmitt in der Garderobe unterschreiben. Ballettmeister Frenzel riet mir ab, mich so rasch zu binden, und meinte, ich sollte es mir zuhause noch überlegen. – Das Gastspiel schien sich in die Länge ziehen zu wollen. Es wurden mir zwei Rollen zugeteilt, wie Selma in »Mutter und Sohn« und Orest in »Clytemnästra«. Aus allem ersah ich überhaupt, daß ich hier nicht zur gewünschten Routine kommen würde, um welche es mir am meisten zu tun gewesen. Trotz der freundlichen Aufnahme, die ich gefunden, und den zwei weiteren Gastrollen, die mir in Aussicht standen, und von welchen ich die eine schon in einer Leseprobe mitwirkend dargestellt hatte, zog ich es doch vor, einem Rufe nach Brünn Folge zu leisten, schon aus dem Grunde, weil ich neben zwei so exzellenten Rivalinnen, wie die Damböck und Haußmann, vermutlich nicht aufgekommen wäre. Eine mittelmäßige oder gar untergeordnete Rolle, d. h. zweite Partie in München zu spielen, dazu hätte ich mich aber nimmermehr entschließen können.

In Brünn, einer heiteren, hübsch angelegten Stadt mit lustigen Leuten, gefiel es mir ganz vorzüglich. Das Theater stand damals unter Leitung des Direktor Gallmeyer. Ich wurde dem dortigen Stadthalter, Grafen von Laschausky, vorgestellt, trug demselben verschiedene Deklamationen vor und hatte dafür das Vergnügen, daß sich derselbe sehr günstig über mich aussprach.

Ich betrat die Brünner Bühne zum ersten Male in einem Konzerte, welches ein Violinvirtuose, namens Lasker, veranstaltet hatte, und in dem auch die weltberühmte Therese Titjens auftrat. Ich sprach die Cassandra und wurde dreimal gerufen, ein fataler Umstand insoweit, als dadurch der Stab der Bühnenmitglieder über mich so gut wie gebrochen war. Namentlich war es ein Fräulein Rudlof, welche das Fach der ersten Liebhaberinnen begleitete, die mich förmlich zu hassen schien und ihre Intrigen gegen mich in der auffallendsten Weise in Szene setzte. Ich spielte einmal meine Lieblingsrolle, die Deborah, bei überfülltem Hause.

In der ersten Szene, als mich das Volk herauszerrte und rief: »Wo ist die Jüdin?«, stürzte plötzlich eine Katze von den Soffitten herunter, lief wie toll auf der Bühne herum und verursachte selbstverständlich große Unruhe im Publikum. Weit entfernt jedoch mich hierdurch erschrecken zu lassen, spielte ich mit größter Seelenruhe weiter und erntete hierfür den vollen Applaus des Publikums.

In der Kirchhofszene bemerkte ich eine fortwährende, sich steigernde Unruhe im Publikum und ein Winken mit den Taschentüchern. Ich dachte mir gleich, daß wieder etwas Widerwärtiges gegen mich in Szene gesetzt ist, um mich zu beirren, setzte jedoch den Monolog mit größter Ruhe fort. Fünfmaliger Hervorruf lohnte diesmal meine Geistesgegenwart. Nach der Vorstellung erkundigte ich mich sogleich nach der Ursache dieser Vorfälle und vernahm von Mathilde Lindner, der nachmaligen Gattin des Kapellmeisters Dupont, daß sie, welche im Parkett gesessen, bemerkt habe, wie man während meiner Darstellung Maikäfer aus Tüten herausfliegen ließ. Man hatte geglaubt, mich hierdurch aus der Fassung zu bringen, sich jedoch ganz bedeutend hierin getäuscht.

In Brünn machte ich auch die Bekanntschaft der interessanten Pepi Gallmeyer, welche von Pest kam, um in Brünn zu gastieren. Dieselbe, obgleich noch nicht so berühmt wie heutzutage, wußte damals schon im höchsten Grade für sich einzunehmen, wenn auch ihrer heiteren und witzigen Laune durch den Tod ihrer Mutter während ihres Brünner Aufenthalts ein gewaltiger Dämpfer auferlegt worden war. – Lewinsky, der gefeierte Künstler am Burgtheater in Wien, spielte hier als Anfänger die unbedeutendsten Rollen und wirkte sogar bei Gelegenheit einer Gastvorstellung der Kathi Lanner im Ballett als Statist mit. Er studierte bei Frau Julius und zeigte äußerst wenig Talent, so daß es dazumal niemandem im Traum eingefallen wäre, daß er noch einer der bedeutendsten Sterne am Theaterhimmel werden sollte. Ich für meinen Teil entnahm aber schon damals aus vielen seiner Äußerungen über die Auffassung der Rollen, daß eine hervorragende Begabung in dem jungen Mann schlummere, welche durch günstigere Verhältnisse geweckt werden könnte.

Weiter machte ich die Bekanntschaft eines jungen Infanterieoffiziers, des Freiherrn von B., der mir in aller Form einen Heiratsantrag machte. Ich lehnte ab, denn ich hatte durchaus keine Neigung, mich zu binden, wenn ich auch für den jungen Mann freundschaftliche Gefühle hegte. – Mein Gesundheitszustand wurde durch die fortgesetzten Ärger heruntergestimmt, und zwar so, daß ich, zumal es sehr heiß war, an heftigen Kongestionen zum Kopf zu leiden anfing, die mir sogar einige Anfälle von förmlichem Irrsinn verursachten, infolge deren mir die Ärzte zu einem schleunigen Klimawechsel rieten. Und so löste ich denn nach Ablauf von einem halben Jahr mein Engagement in Brünn und kehrte zur Restaurierung meiner Gesundheit nach München zu meiner Mutter zurück, bei der ich 6 Monate verblieb.

Später nahm ich ein Engagement in Nürnberg an, obgleich meine Mutter in mich drang, mich von der Bühne zurückzuziehen, ein Verlangen, dem mein rastloser Geist nicht willfahren konnte. In Nürnberg, wo vor mir 18 Schauspielerinnen meines Faches durchgefallen waren, debütierte ich nicht ohne Besorgnis als »Adrienne Lecouvreur«, allein es ging gut. Im letzten Akte nach der Wahnsinnsszene wurde ich 4mal gerufen. Direktor Brauer war höchst erfreut, endlich, wie er sich ausdrückte, eine Repräsentantin fürs tragische Fach gefunden zu haben. In Nürnberg wäre ich übrigens beinahe ein Raub der Flammen auf offener Szene geworden, wenn mich meine Geistesgegenwart nicht gerettet hätte. Es war in »Nacht und Morgen« von Charlotte Birch-Pfeiffer, in welchem Stück ich die Rolle der Marquise spielte. Mit der Haube dem Lichte zu nahe gekommen, fing diese Feuer, ohne daß ich es ahnte, und erst der Zuruf des Publikums: »Fräulein Spitzeder, Sie brennen!« machte mich darauf aufmerksam. Das Herunterreißen der gefährlich gewordenen Kopfbedeckung war natürlich das Werk eines Augenblicks. Im übrigen spielte ich ruhig weiter, weshalb auch damals in mehreren Zeitungen ein größerer Bericht über die »Geistesgegenwart einer Schauspielerin« zu lesen war. – Bald wurde ich, ich darf das wohl sagen, der erklärte Liebling des Nürnberger Publikums. Während meines dortigen Aufenthalts gastierte auch Dr. Grunert aus Stuttgart unter anderem als »Macbeth«. Ich übernahm aus Gefälligkeit für den Direktor und aus Rücksicht für den Gast die Rolle der ersten Hexe. Grunert bedauerte, daß man mir nicht die Rolle der Lady Macbeth zugeteilt habe, was ihm selbst, meinte er, zu einem noch größeren Erfolge verholfen hätte. Noch spielte ich mit ihm Lady Claypole in »Cromwells Ende«, Gretchen in »Faust«, Recha in »Nathan der Weise«, Amalie in den »Räubern«, den Dauphin in »Ludwig dem Elften«. Wie nicht anders zu erwarten, imponierte mir Grunerts Talent ungemein. Ich erkannte in ihm einen jener dramatischen Matadore, deren Talent wohl kritisiert, jedoch nicht angezweifelt werden kann. Auch er war für mich sehr eingenommen, doch schenkte ich seinen weiteren Annäherungen kein geneigtes Ohr. Trotzdem war sein Urteil über mich mir gegenüber ein durchaus günstiges, und er stellte mir ein sehr ermutigendes Prognosticon. – In Nürnberg verblieb ich ein volles Jahr, bis Direktor Brauer nach Wien zog.

Ich begab mich daher nach Frankfurt a. M. zu einem Gastspiel, welches Direktor Brauer mir noch vermittelt hatte, debütierte dort als Luise in »Kabale und Liebe«, eine Rolle, die mir zwar, da mein eigentliches Talent sich im hochtragischen Gebiete wohler fühlte, nicht so ganz zusagte. Allein die Darstellung der Janauscheck als Lady Milford begeisterte mich derart, daß ich zuletzt die Rolle mit Vergnügen und Erfolg zu Ende führte. Sodann spielte ich die Judith in »Uriel-Acosta« und machte in der Tat Furore.

Namentlich war es mein Organ, welches allgemeinen Beifall fand, so daß selbst Damen, welche ja sonst nicht zum applaudierenden Publikum gehören, mich lebhaft beklatschten. –

In Frankfurt verblieb ich längere Zeit und wurde in einige der ersten Kaufmannsfamilien eingeführt. In der Folge entzweite ich mich mit dem Komiteepräsidenten Guaita, der noch eine Schauspielerin, mit welcher er ein zartes Verhältnis unterhielt, für mein Fach auftreten und gastieren ließ. Mein Bleiben wurde durch solch eine zweite Vertreterin meines Faches, die überdies die besondere Gunst des Komitees genoß, sehr beeinträchtigt, obwohl die dortige Presse sich stets nur günstig über mich äußerte. In meinen Rechten und in meiner künstlerischen Ehre verletzt, beschloß ich nun, das dortige Gastspiel so bald als möglich zu beenden und übte hierbei einen Gewaltstreich aus.

Man sandte mir nämlich die Rolle der Doris Quinault in Narziß; ich hatte jedoch die Pompadour auf meinem Repertoire, und da die Quinault mir wenig zusagte, so wollte ich als Gast sie nicht übernehmen. Allein Guaita, um mich zu ärgern, bestand darauf. »Narziß« war lange Zeit nicht mehr in Frankfurt gegeben und zog, als gerne gesehen, ein großes Publikum herbei. Am Vormittag der Aufführung waren schon alle Billette vergriffen. Ich ließ nun um 12 Uhr mittags, nachdem ich von der Probe nach Hause gekommen, mich plötzlich krank melden und sandte die Rolle der Quinault zurück. Wütend darüber schickte mir Guaita seinen Arzt. Ich aber, eine plötzliche Heiserkeit fingierend, redete kein lautes Wort, so daß der Arzt getäuscht wurde und das Komitee in Verzweiflung geriet, weil eine andere Repräsentantin für diese Rolle momentan nicht vorhanden war. Man telegraphierte nach Darmstadt an Gabriele Genelli, welche am dortigen Hoftheater für dieses Fach engagiert war. Sie kam, ging aber, da ich mit ihr befreundet gewesen, erst zu mir, und ich ersuchte sie selbstverständlich, in keinem Fall zu spielen. Sie erwies mir auch diese Freundschaft, und trotz eifrigen Zuredens des Guaita und der Zusage eines bedeutenden Honorars refürsierte sie die Übernahme dieser Rolle. Da man in der Eile an diesem Tage keine andere Vorstellung geben konnte, so mußte die Bühne geschlossen bleiben. Nachmittags fuhr ich vollkommen hergestellt in eine Kaffeegesellschaft bei einer Großhändlersfamilie und freute mich königlich, an allen Straßenecken das Plakat zu lesen: »Wegen plötzlicher Unpäßlichkeit der Fräulein Spitzeder muß das Theater heute geschlossen bleiben.« Einige Tage hierauf, nachdem ich mich mit Guaita gänzlich überworfen hatte, verließ ich Frankfurt und reiste zu einem Gastspiel nach Bern. – Des Morgens 9 Uhr in genannter Stadt angekommen, spielte ich abends die Deborah. Ich erntete großen Beifall und hatte mich überhaupt in der Folge sowohl in künstlicher als pekuniärer Beziehung der glänzenden Erfolge zu erfreuen. Trotzdem mit erhöhten Preisen gespielt wurde, war das Haus doch meist überfüllt. Ich wurde mit Lorbeeren, Kränzen und Gedichten überhäuft, namentlich als Adrienne Lecouvreur, welche ich selbst in Szene zu setzen hatte. Mehrere mir zugeworfenen Gedichte, darunter in echt schweizerischer Mundart, erfreuten mich besonders. Eines lautete folgendermaßen: Warum willst du in dein Vaterhaus zurück, wo der treue Schweizer dich so ehrt? –

Von da aus gastierte ich mit günstigem Erfolge in anderen Städten der Schweiz. In Zürich, wo ich mich längere Zeit aufgehalten, kam mir in den Sinn, mich auch als Sängerin zu versuchen. Man hatte meine Stimme gelobt, und mein Lehrer, Kapellmeister Zenger daselbst, munterte mich gleichfalls dazu auf. Meine eigene Mutter, gewiß sehr anspruchsvoll in dieser Hinsicht, fand ebenfalls viele Töne meiner Stimme ihrer früheren Stimme gleich. Ich debütierte also als Köchin in »Fortunos Liebeslied« – – aber, aber – nur meine vortreffliche Maske rettete mich nicht nur vor dem Fiasko, sondern verschaffte mir sogar noch einen *succès d'estime*, obgleich ich durch falsches Einsetzen das

Stück beinahe umgeworfen hätte. Infolgedessen war ich von derartigen Experimenten geheilt und verzichtete auf die für mich zweifelhafte Ehre einer Sängerin. Die zweite mir zugedachte Rolle als Orsino schickte ich natürlich zurück. – Zugleich hatte ich in Zürich Gelegenheit, die oft schwachen Anfänge nachmals erster Theatergrößen zu sehen. So z. B. trat zu jener Zeit der jetzt so berühmte Emmerich Robert auf und mißfiel in seiner ersten Rolle als Ferdinand in »Egmont«. –

Von Bern aus begab ich mich nach Mainz, wo ich besonders mit »Maria Stuart« Glück machte. Von dort reiste ich nach München zurück, um mit meiner Mutter die Sommermonate in Tegernsee zuzubringen. Noch während meines Aufenthaltes in München lernte ich Dr. Laube kennen. Ich durfte ihm einige Dichtungen vortragen, unter anderem einige Szenen aus »Adrienne Lecouvreur« und Monologe der Isabella aus der »Braut von Messina«. Seiner Aussage zufolge wäre ich sofort beim Burgtheater engagiert worden, wenn nicht mein Fach schon durch die Gabillon und Hebbel dort vertreten gewesen wäre. Er empfahl mir daher Stuttgart. Über meinen Vortrag bei ihm stand in »Über Land und Meer« eine sehr günstige Rezension. – In Tegernsee machte ich die Bekanntschaft des Herrn Löwe, Regisseur am Hoftheater zu Stuttgart. Als ich auch ihm einige Proben meines Talents abgelegt, da drückte er mir seine Zufriedenheit mit den Worten aus: »Ich begrüße Sie als die Unsrige!« Ein Engagement kam jedoch trotzdem nicht zustande.

Von München aus unternahm ich noch eine Gastrollenreise nach Karlsruhe, wo ich als Herzogin Marlborough Devrients Beifall gewann. Derselbe nahm die Rolle der Isabella in der »Braut von Messina« mit mir durch, erzeigte sich mir überhaupt sehr liebenswürdig und stellte mich auch seiner Gemahlin vor. An meiner Darstellung der Isabella fand die »Karlsruher Zeit« nur das auszusetzen, daß ich zu jung für diese Heldenmutterrolle ausgesehen habe.

Es wurde mir überall der Beifall des Publikums und eine höchst freundliche Beurteilung der Presse zuteil. Das viele Reisen erschöpfte mich aber zuletzt, so daß ich mich deshalb wieder für einige Zeit nach München zu meiner Mutter begab.

Im Gefühl meiner Freundschaft war ich aufopfernd bis zum Vergessen meiner eigenen Interessen, und daß, wenn also meine Wahl auf keine uneigennützige Freundin fiel, ich jedenfalls das Opfer meiner Gutmütigkeit werden mußte.

Leider hat sich dieses in vielen Fällen meines sehr bewegten Lebens bestätigt, und habe ich erleben müssen, daß ich wirklich das Opfer meiner großen Gutmütigkeit geworden bin.

Für meine eigene Person hatte ich von jeher wenig Bedürfnisse, fand weder Vergnügen an übertriebener Toilette, noch an opulent besetzter Tafel.

Um meine Freunde jedoch froh und heiter um mich zu sehen, gab ich von jeher das letzte Geldstück her.

Kannte ich doch den Wert des Geldes keineswegs, daher war auch meine Börse jedermann und zu jeder Zeit offen, wenn man nur überhaupt Ansprüche darauf machte.

Niemandem konnte ich einen Liebesdienst in dieser Richtung versagen.

Ein gegebenes Versprechen, jemand auszuhelfen, sogar wenn mir dasselbe hinterlistig und in einem schwachen Moment der Gutmütigkeit entlockt wurde, war mir heilig, auch wenn die Erfüllung desselben mit meinem eigenen Untergange in Verbindung gewesen wäre.

Leider war ich auch von meiner Mutter nie zur Sparsamkeit erzogen worden und hatte auch von frühester Jugend an nie gelernt, mit dem Gelde haushälterisch umzugehen.

Bis in mein 25. Lebensjahr hatte ich soviel wie gar kein Taschengeld erhalten, obgleich mir auf der andern Seite nie von ihr die Befriedigung irgendeines Wunsches versagt worden war, wenigstens in meinen jungen Jahren. Kein Wunder, daß ich vollkommen unwissend in Geldangelegenheiten war und nie genau berechnete, was ich mir in dieser Beziehung gestatten durfte oder zu versagen hatte.

Als ich ein Engagement nach Pest durch einen Agenten mit einer jährlichen Gage von 3000 fl. erhielt, ließ mich meine selige Mutter durchaus nicht dorthin gehen; da ich aber diesen Antrag gern annehmen wollte, so machte sie mir das Versprechen, jeden Monat ein Taschengeld von 50 fl. zu geben, so lange sie lebe. Dieses Wort hat sie auch treulich gehalten.

Im Herbste reiste ich in Begleitung einer Dame nach Altona. Dort war das Ende meiner künstlerischen Laufbahn.

Meine Erfolge als Pompadour und als Fürstin Udaskin in »Graf Waldemar« wurden rühmlichst in dem dort viel gelesenen Blatte »Die Reform« anerkannt und besprochen.

Aber trotz aller äußeren Erfolge war meine Gage entfernt nicht ausreichend, meinen Unterhalt bestreiten zu können, zumal ich die Kostüme, die mitunter kostspielig waren, anzuschaffen hatte.

Ich war in nicht geringer Geldverlegenheit. Durch Vermittlung meiner Jugendfreundin Sophie Fritze erhielt ich von Oscar Cerf in Hamburg, einem reichen Israeliten, 2000 Taler (d. h. in Wahrheit nur 1200 Taler) vorgestreckt, wovon ich meinen Rückstand in Hamburg deckte.

Nach der Altonaer Saison ging ich nach Berlin, wo ich mich einige Monate aufhielt, um durch dortige Agenten Engagements zu bekommen. Es wurden mir jedoch nur Gastspiele an kleineren Bühnen geboten, die mir nicht konvenierten, da ich nur an ganz bedeutenden Theatern gastieren wollte.

Ich bat die Agenten, etwaige Engagements nach München, wohin ich zurückkehren wollte, an mich gelangen zu lassen.

Eine meiner Freundinnen bestürmte mich jedoch, mit ihr nach Baden-Baden zu reisen, da ihre Familie jedes Jahr zur Erholung in derartige Bäder sich begebe. Sie war leidenschaftliche Schauspielerin und hatte eigentümlicherweise die Mittel, dieser Leidenschaft zu frönen, obwohl sie dadurch ihr früheres bedeutendes Vermögen ganz eingebüßt haben soll.

In Baden machte ich noch weitere Bekanntschaften mit interessanten Persönlichkeiten.

Die Cousine meiner Freundin hingegen beteiligte sich weniger am Spiel, sie war stets von ihren Verehrern umringt.

Meine Börse wurde daher, obgleich sie mich versichert hatte, daß ich nichts für sie auszulegen habe, begreiflicherweise stark in Kontribution gesetzt, und ich kam in die größte Verlegenheit.

Der Cousine, welche auf diesen Erholungsreisen immer gut bei Kasse war, fiel es nicht ein, mir welches vorzustrekken, so daß ich, um nach München reisen zu können, genötigt war, meine Garderobe, die ich mir in Hamburg hatte anfertigen lassen, bei entfernten Verwandten dort in Versatz zu lassen.

Da ich, in München angelangt, sie nicht sogleich einlösen konnte, so verfiel der Termin, und ich verlor meine teuer angeschafften Kleider sämtlich.

III. Kapitel

Die sogenannte »Dachauer Bank«

I.

In München mit blutwenig Gepäck angekommen, stieg ich im Hotel Garni Munkert, »Deutsches Haus« genannt, ab, um da zunächst die Vermittlungen der verschiedenen Berliner Agenten abzuwarten. Nebenbei hegte ich auch die leise Hoffnung, die zwei restierenden Rollen meines seinerzeit eigenwillig unterbrochenen Gastspieles am hiesigen Hoftheater nachträglich noch spielen zu dürfen, kam aber bald von dieser Hoffnung ab, als mir der Intendanzrath Schmitt, den ich mit dem früheren Kontrakte in der Hand besuchte, eröffnete, ich käme etwas arg spät, und es wäre hier nichts mehr zu machen.

Noch ist Polen nicht verloren, dachte ich und fuhr direkt zu Herrn Hermann Schmid, damals noch Direktor des Aktientheaters, welcher sich, wie mir mein Bruder Georg brieflich mitgeteilt hatte, gelegentlich meines ersten Auftretens in München sehr günstig über mich ausgedrückt hatte. Allein ich hatte nur Mißgeschick, denn statt einer bejahenden Antwort mußte ich allerdings herzliches Bedauern, daß gegenwärtig gar keine Stelle vakant sei, als bare Münze nehmen, womit allerdings meiner an Schwindsucht laborierenden Börse nicht auf die Beine geholfen war.

Was nun tun, sprach Zeus. Ich kam jetzt auf die originelle Idee, eine Theateragentur zu übernehmen, und konferierte zu dem Zwecke mit Herrn Louis Fries, dem Geschäftsführer der vormals Winterschen, dann von Herrn Siebert übernommenen Theateragentur. Dieser, der Sohn des geschiedenen Gatten meiner verstorbenen Tante Adelheid, ging auf mein Vorhaben ein, und die Sache war so ziemlich zum Abschlusse reif, als sie durch eine hinter meinem Rükken gesponnene Machination einer sogenannten »guten Freundin« von mir, Frau Betty Winter, sich wieder vollständig zerschlug.

Was blieb mir nun anderes übrig, als pater peccavi zu sagen und mich bei meiner Mutter feierlichst melden zu lassen. Ich dachte zwar, daß sie von meiner Ankunft nicht sonderlich erbaut sein würde, weil sie aus Erfahrung sehr wohl wußte, daß jede Rückkehr zu ihr meinerseits stets identisch war mit dem Worte »Geldverlegenheit«. Ich zog es daher vor, sie zunächst schriftlich um das mir von ihr ausgesetzte monatliche Taschengeld zu ersuchen, und sie gewährte mir das Ansuchen auch, ließ es aber bei der fixierten Summe von 50 Gulden. Zugleich ließ sie mir aber auch durch mündliche Überlieferung die wohlgemeinte Warnung zukommen, wenn ich in meiner Freigebigkeit so fortfahre, so sei ich auf dem schönsten Wege, an den Bettelstab zu kommen.

50 Gulden, was war das für mich, meine »Freundin« und mein aus 6 kleinen Hunden bestehendes Cortège und noch dazu in einem Gasthofe? Ein Tropfen auf einen heißen Stein!

Ich zerbrach mir den Kopf, woher in Erwartung auswärtiger Engagements die Mittel zur Existenz nehmen, bis sich mein nach Geld suchender Geist eines »guten Freundes«, erinnerte, welcher mir schon früher bei ähnlichen Anlässen aus der Klemme geholfen und jederzeit sein Darlehen, reichlich verzinst, retourniert erhalten hatte. Ich sandte einen geflügelten Boten an ihn, und dieser Herr, welcher in puncto Zinsen keine andere als hohe Ziffer leiden mochte, kam auch eiligst auf den Flügeln des Eigennutzes dahergebraust. Er erzeigte sich auch diesmal willig.

Ich blieb nun ruhig und harmlos wie die Wiesenquelle im Hotel Munkert wohnen, und zwar nichts weniger als anspruchsvoll – im fünften Stocke. Als die Geldmittel wiederum mehr und mehr bis auf den Gefrierpunkt herabsanken, da schränkte ich, rationell genug, meinen Haushalt mehr zusammen und – kochte selbst, obwohl ich früher nie auch nur eine Kartoffel abgesotten hatte. Morgens kaufte ich immer die unumgänglich notwendigen Viktualien hierzu und auf einem Kochapparate, dessen glückliche Besitzerin ich aus früheren, besseren Zeiten geblieben war, verfertigte ich meine einfache Nahrung und – sie mundete mir ganz vortrefflich. In den Nachmittagsstunden braute ich guten Mokka, rauchte eine Zigarre, und abends ging ich in Begleitung einer Freundin in ein billiges Restaurant und verzehrte ein frugales Abendmahl. Aber meine nunmehrige Sparsamkeit ebensowohl wie auch meine 24füßige Hundefamilie erweckte mir die allerhöchste Ungnade des Hotelbesitzers, obwohl ich stets pünktlich zahlte und dem Hausmeister, den ich stets als Hausknecht betrachtete, von Zeit zu Zeit ein Trinkgeld in die stets »offene« Hand gleiten ließ. Später gelegentlich meiner öffentlichen Verhandlung konnte dieser Mensch nicht umhin, mir die Worte in den Mund zu legen: »Ich werde noch einmal eine Rolle in der Welt spielen.« – Ein Ausspruch, der, wann er wirklich gefallen, von meiner Seite jedenfalls nur beziehentlich meiner künftigen Bühnenerfolge gemeint war.

Alle diese Entbehrungen hätten sofort ihr Ende erreicht, wäre ich zu meiner Mutter gezogen und hätte ich meine Freundschaften aufgegeben. Aber Freundschaft abzubrechen, um nicht mehr Entbehrungen ertragen zu müssen, das konnte ich nicht, es wäre ein Gewaltstreich gegen meine eigene Natur gewesen.

Als die eigenen Mittel meines Geldlieferanten aufgezehrt waren, da leistete mir der gute Mann Garantie auf Wechsel bei dem Volke Israel. Selbstverständlich erhielt er hierfür Gratifikationen, und da ich meine Zahlungen stets prompt einhielt, so erwarb ich mir bei den Herren Israeliten bald viele Gönner und die Börsen bekannter derartiger Firmen standen mir zu Gebote.

Außer diesen besorgte mir auch ein gewisser Josef Wagner Geld auf Wechsel. Damals Dienstmann, engagierte ich ihn *später* als Unterbediensteten; er ist jetzt ein reicher Mann, hat also sehr gute Geschäfte gemacht.

Eines schönen Tages präsentierte sich mir ein kleines Männchen, mit verhärmtem Gesichte, ausgehungertem Körper, und stellte sich unter dem Namen Franz Silchinger als Unterhändler vor, der, wenn ich Geld brauche, mir welches verschaffen könne. Seine Adressen waren aber leider wieder jüdische Wucherer, vor denen ich nach gar vielen bitteren Erfahrungen einen heillosen Respekt hatte. Hatten mir doch diese Kinder Israels, um Geld von ihnen zu erlangen, nicht selten die liebenswürdige Bedingung gemacht, miserable Ölgemälde und noch viel miserablere Zigarren mit als Bargeld anzunehmen, eine Geschäftspraxis sondergleichen, wenn man bedenkt, daß diese Leutchen bei Ausstellung der Wechsel schon wahre Daumenschraubenprozente in Anwendung brachten. Einige Beispiele mögen als Illustration hierzu dienen:

Ein gewisser Isaak R. lieh mir 500 Gulden, gab mir ein schlechtes Ölgemälde dazu und ließ sich hierfür auf 3 Monate einen Wechsel auf 800 Gulden ausstellen. H. Sch. gab mir 500 Gulden für einen Wechsel auf 700 Gulden. M. S. gab mir 300 Gulden auf 4 Wochen und nicht weniger als 1300 Gulden ließ sich der Edle dafür verschreiben. Ich bezahlte alle und auch diesen letzten entsetzlichen Wechsel.

Eines schönen Tages machte mir der Wirt des Hotel Munkert aus den schon angegebenen Gründen begreiflich, ich möchte die Güte haben und mich um ein anderes Logement umsehen. Selbstverständlich kam ich diesem Wunsche sofort nach und schlug mein Wigwam zuerst im »Goldenen Stern«, dann im »Österreichischen Hof« auf, wo man mir zwei Zimmer zu sehr mäßigem Preise zur Verfügung stellte und woselbst ich mit dem Wirte und seiner

Frau, gemütlichen Wienern, eng befreundet wurde und manche vergnügte Stunde mit ihnen verlebte, nachdem ich ihnen auch ein Kind aus der Taufe gehoben hatte.

Als ich in seinem Hause mein Namensfest beging, da schmückte man mir die Stiege und den Vorsaal mit Tannenreis, und in meinem Zimmer fand ich ein Transparent, den Namen »Adele« zeigend. Ich wurde durch diese Aufmerksamkeit so gerührt, daß mir die Augen übergingen und ich voll Freude ausrief: »Das bedeutet Brillanten und Reichtum!«

»Jawohl, liebe Adele«, erwiderte der Wirt Knopf, »ich wünsche dir Millionärin zu werden«, worauf ich die Antwort gab: »Dieser Wunsch bleibt Wunsch, denn wo nichts ist, da hat der Kaiser das Recht verloren.« – Ich erwähne dies alles nur deshalb, weil es für mich späterhin so bedeutungsvoll werden sollte. Eine Feuersgefahr sollte mich Ende Oktober 1870 aus diesem Hause wieder vertreiben. Es brach nämlich eines Abends im Rückgebäude des Gasthofes daselbst Feuer aus. Meine Freundin und ich im panischen Schrecken ergriffen eilends über Hals und Kopf die Flucht. Die Freundin nahm die Geldtasche mit etwa 200 Gulden Inhalt, ich die vier Hunde im Armkorb. Einen Hut der »Königin Elisabeth«, den ich damals außer einigen Theatergarderobegegenständen noch besaß, stülpte ich auf den Kopf und eilte in Schlafrock und Pantoffeln schnurstracks ins »Deutsche Haus«, woselbst ich mit der langen Feder auf dem Hute, den vier Hunden im Armkorb, Pantoffel und Schlafrock hinzugerechnet, bei Wirt Fränkel nicht geringes Erstaunen hervorrief. »Herr Fränkel, richten Sie mir zwei Zimmer im zweiten Stock, es brennt!« rief ich gravitätitsch, sprach's und stieg gemessenen Schrittes die Stufen hinan, um meine aus Feuersgefahr gerette Haut samt Vermögen in Sicherheit zu bringen. Oben angekommen, setzte ich mich mit größter Gemütsruhe auf das Sofa und qualmte eine Zigarre, während sich meine Dienerin dem Geschäfte der Hundefütterung widmete.

In diesem unter so absonderlichen Auspizien betretenen Hause sollte mir Glanz und Reichtum erblühen, denn hier begann die sogenannte »Dachauer Bank«.

Durch meine frühere Holzfrau wurde ich nämlich mit der Frau eines in der Au wohnenden Zimmermanns bekannt, welch erstere sich damals in gesegneten Umständen befand und mich im Voraus ersuchte, Gevatterstelle zu vertreten. Sie brachte mir Geld und vermittelte späterhin noch weitere Darlehen von einem Berufsgenossen ihres Mannes. Letzterer machte sodann selbst Geschäfte mit mir und war überhaupt der erste von den Tausenden, welche soviel persönliches Vertrauen zu mir faßten, ohne jedwede Sicherheit oder Deckung Geld darzuleihen. Dieser Zimmermann, den der von mir gegebene hohe Zins zu einer Art Schmusergeschäft veranlaßte, brachte mir nicht nur sein eigenes, sondern auch das Geld anderer Leute, so eines weiteren Zimmermanns, einer Geflügelhändlerin und eines Dienstmanns. Die Wechsel wurden damals und noch lange nachher in der Kanzlei des alten, bewährten Advokaten Harter auf den Namen des zuerst erwähnten Zimmermanns ausgestellt, so daß ich mit den andern Gläubigern gar nicht in Berührung kam.

Dieser Zimmermann erhielt, ebenso wie alle meine künftigen Gläubiger, 10 Prozent per Monat, und er machte sich einen ganz ansehnlichen Profit hierbei, denn der Pfiffikus gab seinen Gläubigern einen viel geringeren Zins, bis diese meinen Namen nebst Wohnung erfuhren und kamen, um ihre Geldgeschäfte persönlich mit mir zu machen. Anfangs waren es nur die früher genannten drei Gläubiger, diese führten aber wieder ihre Freunde und Bekannten bei mir ein, und zwar ohne Aufforderung, und so mehrten sich die freiwilligen Gelddarleiher nach und nach ins Unendliche, so daß ich es in der Folge mit einer wahren Kreditlawine zu tun bekam, welche mich förmlich betäubte, jedoch sich weder dämmen noch sonstwie aufhalten ließ. Und doch zahlte ich noch lange nicht jene hohen Zinsen, welche mir die Juden früher abgenommen hatten.

Oft fragte ich den alten Advokat Harter, ob diese Art von Kreditannahme eine strafbare sei, und stets erhielt ich eine entschieden verneinende Antwort. Übrigens hatte ich anfangs den Kredit nötig, um meine Schulden an die Juden zu bezahlen, den Überschuß gab ich leihweise gegen Wechsel wieder aus, auch kaufte ich um 2700 Gulden ein kleines Gut bei Oberföhring von einem gewissen J. Rosenthal, welches in der Folge um 9000 Gulden bei einem Tausche angeschlagen wurde.

An einem Sonntag nachmittag war es – ich saß eben am Schreibtische und revidierte die mir ausgestellten Wechsel –, als plötzlich eine Menge Leute aus der niederen Volksklasse mein Zimmer betrat. Mich nach ihrem Begehren erkundigend, bedeutete ich ihnen, daß sie sich möglicherweise in betreff des Zimmers getäuscht haben dürften; doch sie behaupteten, am ganz richtigen Orte zu sein, wenn ich anders Fräulein Adele Spitzeder sei, welche Gelder gegen Verzinsung annehme. Auf meine Frage, woher sie dieses wüßten, erwiderte der eine, er hätte es in der Au, der zweite, er hätte es in Giesing, der dritte, er hätte es in der Stadt gehört, und als ich ihnen haarscharf und mit unumwundener Offenheit detaillierte, daß ich nicht im Stande sei, auch nur die geringste Sicherheit oder Deckung bieten zu können (meinen Oberföhringer Besitz verschwieg ich), da erwiderten die naiven Leutchen ganz einfach: »*Das macht nix, wir wollen's probieren!*« – Nochmals setzte ich den Leuten, um sie jeder Täuschung zu überheben, ausdrücklich auseinander, daß ich Gelder nur auf persönliches Vertrauen annehme, ohne dafür auch nur einen Schein von Sicherheit bieten zu können, und sie möchten sich wohl hüten, ihr Geld unüberlegt und leichtsinnig anzulegen. Nun traten die Leutchen zusammen und beratschlagten sich leise, bis ein Zimmermann dem Conseil ein Ende machte und mit den Worten: »*Nehmen Sie nur die*

100 Stückl!« an mich herantrat und eine 100-Gulden-Rolle auf den Schreibtisch legte. Mit dem nämlichen Gebaren folgte ein zweiter, ein dritter, jeder legte ein Päckchen Geld auf den Tisch. Halb gezwungen nahm ich also diese Darlehen an, die andern schickte ich mit der Mahnung, sich die Sache noch vorher genau zu überlegen, wieder fort, da es mir selbst nicht angenehm wäre, solch große Summen auf einmal aufzunehmen, und trotz alledem entfernten sie sich erst nach nochmaliger Aufforderung und mit einer nicht zu verkennenden Unlust und Niedergeschlagenheit. Den drei Zurückgebliebenen stellte ich Wechsel auf 4 Wochen mit einem Zinsfuß von 10% aus.

Am folgenden Tage schon kamen die fortgeschickten Personen wieder, und ich mußte nun wohl oder übel auch ihr Geld annehmen. Ich lieh das nicht zu meinem Bedarfe notwendige Geld wieder aus, aber zu 15 und 20%, jedoch nur an solche Personen, welche derartige Zinsen stets zu zahlen pflegten, also Kavaliere, Offiziere und dergleichen. Selbstverständlich habe ich deren Namen zu meiner ganzen Prozeßgeschichte nie genannt und nenne sie auch niemals, da ich von ihnen stets pünktlich bezahlt wurde.

Derlei Anleihen gab ich, um Kompromittierungen zu vermeiden, stets persönlich ab. Minder bemittelte Leute, Kaufleute, Handwerker, Subalternbeamte erhielten von mir Geld zum ermäßigten Zinsfuße, manchmal sogar ohne Zins und in bezug auf Retourzahlung war ich nie hartherzig, sondern prolongierte sehr häufig. Andererseits teilte ich Kavalieren, Offizieren und dergleichen stets offenherzig mit, daß ich gezwungen sei, von ihnen hohe Zinsen zu nehmen.

Bald war ich des Andranges der Leute halber genötigt, zwei weitere Zimmer zu nehmen. Die Stelle einer Kassiererin versah eine Dame. Ich selbst notierte die Leute, welche Geld brachten, ebenso die Zeit, in welcher die gebrachten Summen fällig wurden. Bald mußte ich des großen Andranges halber den mir angebotenen Beistand der Theateragentin Betty Winter, welche in nichts weniger als brillanter Lage lebte, annehmen, und ich wies ihr das Ressort der Buchführung an. Mein Geld, fast aus lauter Obligationen bestehend, hatte Rechtskonzipient Harter, der Sohn des Advokaten gleichen Namens, in Aufbewahrung. Ein ehemaliger Schreiber verzeichnete dieselben und hatte sich um die fälligen Coupons zu kümmern. Dieser lebte damals in sehr bescheidenen Verhältnissen. Er schien ehrlich zu sein, auch flößte sein Aussehen Vertrauen ein und überdies hatte ihn ein Advokat lange Jahre gekannt.

Ich erinnere mich noch sehr gut, wie überglücklich dieser Mann war, bei mir eine Stelle erhalten zu haben. Später lieh ich ihm selbst einmal 50 Gulden zu seinem Hauszins.

Um jene Zeit erhielt ich viel Geld von den Arbeitern der Lederfabrik in Giesing, woselbst ein gewisser Knorr, der Bruder des »Neuesten Nachrichtenverlegers«, wohnte. Jener Knorr war mir gehässig und spinnefeind, und da in der besagten Fabrik viele Arbeiter aus Dachau wohnten, so brachte dieser ungeheuer witzige Herr den Namen »Dachauer Bank« auf. Diese Benennung, welche mich und meine Leute vielfach amüsierte, wurde übrigens volkstümlich und landläufig, und nicht lange dauerte es, so wurde in den öffentlichen Wirtshäusern der Refrain gesungen: »Die Dachauer Bank kriegt noch 's Geld vom ganzen Land.« Es ist nur zu bedauern, daß diesem Humoristen Knorr die Fortuna auch nicht so ganz hold geblieben ist, denn er hat unlängst einen wahrhaft jämmerlichen Bankerott gemacht, bei welchem viele arme Leute um ihr Geld und manche Bedienstete um ihre Kaution kamen. Meines Wissens ist genannter Herr mit der Staatsanwaltschaft deshalb doch nicht in Konflikt geraten, wohl aber hielt er es für angezeigt – wahrscheinlich – aus Gesundheitsrücksichten – dem Bayerland den Rücken zu kehren. – Es wurden anonyme oder vielleicht auch direkte? Anzeigen gegen mich auf der Polizei gemacht. Ich hielt es jedoch unter meiner Würde, etwaige Schritte, die mir zur Aufklärung verhelfen konnten, zu tun, obgleich mir von manchen Seiten das freiwilligste Entgegenkommen zuteil geworden und zum öftern sogar Mitteilungen förmlich aufgedrungen worden sind.

Die hierauf bezüglichen Anfragen des Untersuchungsrichters Herrn Radelkofer, sowie des Oberpolizeikommissars Becker, der mich in meiner Haft dringend um Auskunft ersuchte, konnte ich nur ablehnend beantworten, denn jede Art von Denunziation ist mir im höchsten Grade verabscheuungswürdig.

Übrigens hatten die der Polizei hinterbrachten Anzeigen zur Folge, daß meine Gläubiger vorgeladen und eingehend darüber befragt wurden, auf welche Weise ich das Geld von ihnen erlange oder zu erlangen suche. Vergebliche Mühe! Nicht ein einziger Gläubiger konnte Nachteiliges über mich aussagen. Gegen einen gewissen Fabrikarbeiter Sack, den indirekten Urheber jener Anzeigen, wollte ich durch Herrn Harter strafrechtlich einschreiten, doch bettelte derselbe beim Advokaten so lange um Zurücknahme der Klage, bis ich seiner Bitte willfahrte. Er wurde in der Folge einer meiner eifrigsten Anleger. Eines Abends kam Herr Polizeikommissar Bossert zu mir und forderte mich auf, nächsten Tags auf der Polizei zu erscheinen. Ich erschien prompt zur anberaumten Zeit, in meiner Begleitung Herr Harter jun. Im Büro fand ich Herrn Polizeirath Bauer, welcher mich, als ich meinen Namen genannt, scharf fixierte. Ich legitimierte mich mittelst Heimatschein und legte auch die Urkunde über mein Gütchen in Oberföhring vor. Kaum hatte der Herr Polizeirath die Papiere durchlaufen, so rief er erstaunt: »Ah, so! Man sagte, Sie wären aus Wien und hätten sich im Hotel förmlich niedergelassen. Ich sehe aber hieraus, daß Sie aus München sind und Ihr Wirt Sie ganz einfach nicht angemeldet hat.« Mit der höflichen Weisung, mich aufs Anmeldebüro zu begeben, hatte die Audienz ihr Ende. In der Tat erwies sich, daß mich der Wirt Fränkel nicht angemeldet hatte, in dem Glauben, daß dies bei einer Münchnerin nicht nötig sei.

Von nun an wußte ich erst, daß ich Feinde hatte, und erkundigte mich deshalb, ehe ich weiteren Kredit annahm, bei kompetenten Personen, ob mein Kredit ein gesetzlich zulässiger sei, denn als gewesene Schauspielerin hatte ich auch nicht die blasse Idee von den Gesetzesparagraphen. Ich begab mich deshalb zu Herrn Polizeirath Hilgert, der doch gewiß ein vollständiges Urteil in dieser Beziehung abgeben konnte, und tat dies um so lieber, als ich Herrn Rath Hilgert von früher her, als er mir nach langen Recherchen das Heimatrecht in München verschaffte, kannte. Dieser Herr Beamte erteilte mir auf meine Frage, ob das Aufnehmen von Darlehen und das Ausleihen einer polizeilichen Erlaubnis unterworfen wäre, die Antwort, es wäre dieses keine Polizeisache, sondern schlage in das Ressort des Herrn Magistratsraths Kummer ein, bei dem die Gewerbe anzumelden wären.

In Begleitung einer Dame begab ich mich zu diesem Herrn und erhielt auf meine desfallsige Frage die bestimmte und feste Antwort, daß das Geldaufnehmen und -ausleihen unter keine gewerbliche Rubrik falle und gesetzlich vollkommen zulässig sei. *Im strengsten Sinne des Wortes hätte ich ein Unterhändlergeschäft, und dieses sei gesetzlich vollkommen zulässig und bedürfe keiner besonderen Anmeldung.*

Mein Kredit vergrößerte sich unterdes ganz außerordentlich, und um diese Zeit glaubten sich auch die in München erscheinenden »Neuesten Nachrichten« mit meiner Wenigkeit beschäftigen zu müssen, und zwar in nichts weniger als schmeichelhafter Weise. In dem genannten »Blatte für Alles« stand nämlich mit Frakturlettern geschrieben, »daß sich im Deutschen Hause zwei Schwindlerinnen befinden, welche den Leuten, namentlich den rechts der Isar wohnenden, das Geld aus der Tasche zu holen suchten«.

Herr Billing, berühmt aus seiner Tätigkeit als Magistratsrat, Blumenfabrikant, hatte dieselbe Äußerung auch in der Magistratssitzung gebraucht. Hierdurch wandt mir

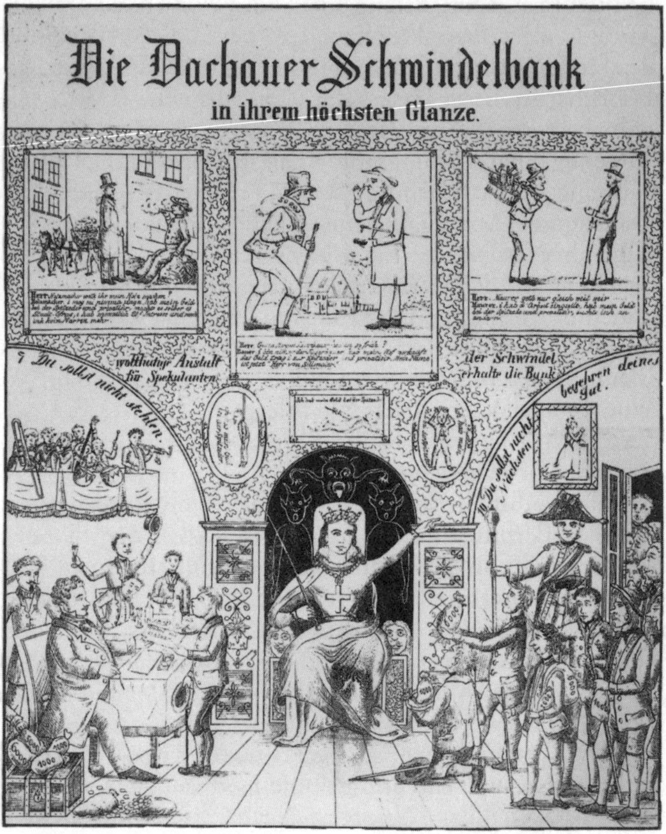

der Mann, um nicht aus der Rolle des Blumenverfertigers zu fallen, eine Dornenkrone. Ich fand es deshalb für angezeigt, ihn in Begleitung einer Freundin meiner Mutter, Frau Jeanette Ballogh, zu besuchen, um ihn über meine Verhältnisse aufzuklären, doch benahm er sich kühl wie ein Eiszapfen und ausweichend wie ein Aal im Wasser, was mir aber keine Kopfschmerzen verursachte, da mir die Persönlichkeit des Herrn Billing nicht im geringsten imponiert hatte. In derselben Absicht begab ich mich in Begleitung des Herrn Rechtskonzipienten Harter zum Bürgermeister Dr. Erhardt; dieser Herr wich nicht aus, entließ mich aber ohne bestimmte Antwort.

Genug, diese Billingsche Auslassung hatte zur Folge, daß eine wahre Sturmflut von Personen an mich heranbrauste, um ihr dargeliehenes Geld zurückzufordern. Ich stand aber fest wie die Eiche im Winde, denn sämtliche fälligen und *unfälligen* Wechsel wurden von mir prompt und ohne den geringsten Anstand honoriert!!! – Ob manches jüdische Bankgeschäft denselben Sturm ebenfalls überstanden hätte, ohne dabei zum Wrack zu werden, überlasse ich dem Urteile des denkenden Lesers.

Ich zahlte immer fort aus. Durch Wechseln des Goldes verlor ich aber ungemein viel. Ich mußte infolgedessen einen dem Abschlusse nahen Gutsankauf rückgängig machen, und erbittert über all dieses frug ich Herrn Anwalt Dr. Gotthelf, ob ich in dieser Sache nicht eine Erklärung abgeben solle. Herr Dr. Gotthelf fand eine solche für sehr angezeigt, und ich ließ deshalb durch Herrn Anwalt Ritter von Schultes eine Erklärung anfertigen, welche mir jedoch nicht genügte, weshalb ich Herrn Brücklmaier, später durch die Affaire Dosch bekannt geworden und verurteilt, mit der Abfassung einer solchen betraute. Diese Erklärung entsprach meinen Intentionen und lautete dahin:

»Daß ich auf rein persönliches Vertrauen Gelder aufnehme, dieselben an andere zum Teil wieder ausleihe, und daß ich hiermit jedermann öffentlich auffordere, mich gerichtlich oder öffentlich in der Presse zu belangen, wenn man durch mich irgendwie benachteiligt oder bewogen worden wäre, Darlehen bei mir anzulegen.«

Ebenso erklärte ich, daß nicht zwei Personen, sondern ich ganz allein diejenige sei, die Gelder annehme und ausleihe. Diese Erklärung ließ ich mit meiner Namensunterschrift versehen in sämtliche Münchener Blätter einrücken. Nur Napoleon, jetzt »Aujust« Vechioni, weigerte sich, die Erklärung aufzunehmen, und als ich ihn mit Jeanette Ballogh persönlich darum anging, gab er die Antwort, ich solle ihn nur verklagen. Ich fand dieses nicht der Mühe wert, obwohl mir Dr. Gotthelf dazu riet, und war zufrieden, daß alle *anderen* Münchener Blätter die Erklärung, auf welche übrigens *keine Erwiderung folgte*, aufgenommen hatten. Zur selben Zeit verfaßte Dr. Gotthelf eine Protestschrift, welche beim Magistrat eingereicht wurde, aber wie sich später während meiner Verhandlung herausstellte, spurlos verloren gegangen war.

Trotz all dieser Schikanen vergrößerte sich mein Kredit immer mehr, und wenn ich gewollt hätte, wäre es mir ein Leichtes gewesen, eine *Bank* zu errichten und *wirklich* Kauffrau zu werden, welche Ehre mir *vindiziert* wurde. Gelegentlich dieser meiner ersten Sturm- und Drangperiode kam auch der späterhin so bekannt und nun auch reich gewordene Volkszeitungs-Marchner zu mir und pumpte mich um 90 fl. an. Aus Dankbarkeit, welche ja bekanntlich eine seiner hervorragendsten Eigenschaften ist, erzählte mir derselbe eine Unmasse von Stadtklatsch. Er spionierte auch herum und hinterbrachte mir alles, was die Leute über mich sagten, verschwand aber dann für einige Zeit, um eine Reise zu machen, wie er sagte. Wohin diese Reise ging, wird M. am besten wissen. Ich werde auf diesen Herrn in der Folge noch zu sprechen kommen.

Ich war nun genötigt, einen Schreiber zu engagieren, um das Formular meiner Wechsel auszufüllen. Hierzu empfahl sich ein junger Skribent, welcher arm, aber ehrlich mir erschien.

Mir wurde auch der Rat erteilt, ich solle mich nun doch gewerblich anmelden, da das Rentamt der gewaltigen Dimensionen halber, die mein Kredit angenommen, mich der Steuer halber belangen wolle. Ich schickte auf das hin zu Rath Kummer, ließ ein Bank- und Wechselgeschäft gewerblich anmelden und sandte den erhaltenen Ausweis sofort dem K. Rentamte zu, setzte aber in meinem Begleitschreiben auseinander, daß ich zwar Gelder aufnehme und ausleihe, dieses deshalb aber noch lange nicht als Bankgeschäft betrachte. Ich tat dieses, um dem Vorwurf zu parieren, als wolle ich dem *Staate Steuern* entziehen. Der Steuerausschuß fand mich auch *würdig* der Besteuerung und setzte mich in die zweite Klasse der Bankiers; hierdurch hätte ich nun die Befugnis gehabt, Gelder und Obligationen einzukaufen und sie wieder mit Gewinn zu veräußern, ich hätte ferner auch mit Fug und Recht Geschäfte auf der Börse abschließen können, *unterließ dieses* jedoch *alles.* Obligationen nahm ich 1% über dem Tageskurs an, da ich den Personen, welche mir dieselben an Geldes Statt brachten, keine Sicherheit bieten konnte. Ich betrachtete dieselben aber *nie* als *Spekulationspapiere,* sondern als *rentierendes Papiergeld,* das ich je nach Bedarf versilbern konnte, wenn ich *baren Geldes bedurfte.* Genauso betrachtete ich *andere Werteffekten.* Übrigens ließ ich einmal um 11 000 fl. Köln-Mindener und Braunschweiger Lose ankaufen in dem Vetrauen, mein Glücksstern werde mir Fortuna dienstbar machen und einen Gewinn erzielen lassen; doch wurden dieselben *sämtlich* der *Gantmasse* einverleibt. Ferner kaufte ich einmal Aktien von einem Angestellten der Handelsbank in München, welch letztere meine Gelder stets bereitwilligst wechselte. Doch war es mir hierbei weniger um Aktien zu tun, als um dem betreffenden Beamten eine Gefälligkeit zu erweisen. Auch diese Aktien fielen an die Gantmasse; ich kann also wohl behaupten, daß ich mich in An- und Verkauf von Papieren stets streng in die Grenzen des Geldumsatzes eines Privaten hielt.

Nachdem ich meine Anzeige beim Rentamt gemacht hatte, tauchte plötzlich und unerwartet ein Marktinspektor bei mir auf und erkundigte sich nach dem Ausweise meines angeblichen Geschäftes. Wahrscheinlich war der Mann als Kundschafter abgeschickt, um mich bei etwas Unerlaubtem zu attrapieren, überdies mochte er auch nicht wissen, daß ich bereits beim Rentamt angemeldet war. Als er nichts Unerlaubtes fand, und ich ihm den verlangten Ausweis gezeigt hatte, entfernte er sich.

Ich kam mittlerweile immer mehr in den Flor, und die Leute brachten nun von allen Seiten das Geld in Körben und Säcken herbei, obwohl ich den Zins auf 8% heruntersetzte, und die Wechsel auf 3 Monate ausfertigen ließ.

Die Zinsen wurden den Leuten auf 2 Monate vorausbezahlt, und da sich die Leute darüber beschwerten, daß sie in den Gängen so unendlich lange warten müßten, bis sie ihr Geld, wie man zu sagen pflegt, an den »Mann« brächten, so ließ ich jeder Person ohne alle Ausnahme 2 fl. für die erlittene Zeitversäumnis auszahlen. Derartige Remunerationen wurden von niemand verschmäht, auch nicht von Leuten aus den besten Klassen, welche zahlreich zu mir kamen.

Hatte ich doch früher für Geldvermittlungen bei Israeliten den Unterhändlern Silchinger und Weber gar oft 20 fl. geben müssen, folglich konnte ich ja diese Leute, welche mir das Geld freiwillig ins Haus brachten, für die bedeutende Zeitversäumnis – sie mußten oft stundenlang warten – wohl auch eine Kleinigkeit geben.

Im dritten Monat erhielten die Leute regelmäßig ihr Geld zurück samt dem noch betreffenden Zins. Damals schon mußte ich viele Leute mit ihrem Gelde zurückweisen, da sonst das Einkassieren bis spät in die Nacht hinein gedauert haben würde. Im Auszahlen der Wechsel beobachtete ich stets die größte Pünktlichkeit, und nie – gar nie – ist je eine Wechselklage vorgekommen.

Viel erzählte man davon, daß ich durch meine Grobheit die Leute so sehr anzuziehen verstände, und ich gestehe auch ganz ohne Rückhalt, daß ich mit ihnen genauso gesprochen habe, wie sie es eben verstanden. Wenn ich mich durch Grobheit eingeschmeichelt haben sollte, so ist dies allerdings ein merkwürdiger Umstand. Meine Anreden lauteten allerdings drastisch genug, etwa so: »Kalbsköpfe, ich sage euch rund heraus, daß ich keine Sicherheit für euer altes Geld gebe!« »Ich habe euch Pack nicht gerufen!« »Ihr könnt euch alle zum Kuckuck scheren!« – Diese und ähnliche Ausdrücke und Anreden hatten seitens der Menge die Antwort zur Folge:

»Wir han nun a mol Vertrauen zu Enk und wenn ma was valier'n, na machts a nix, mir han schon mehra valoren.« Das so ziemlich historisch gewordene »große Kreuz« trug ich damals noch nicht, sondern erhielt es erst ein halbes Jahr vor der Katastrophe von einem Bettelmönche, der mir von einem Wohltätigkeitsvereine zugeschickt worden war, geschenkt. Der betreffende Mönch, welcher von mir unterstützt wurde, verteilte auch unter meinen Leuten kleine Kreuze. Auch waren damals noch keine Heiligenbilder in meinen Zimmern aufgehängt, sondern ich erhielt dieselben erst späterhin von den geldbringenden Leuten zum Geschenk. Wenn es galt, jemandem auszuhelfen, so fragte ich nicht, ob Katholik, Protestant, Jude, Liberaler oder Ultramontaner, stets teilte ich mit offener Hand aus.

Merkantile Kenntnisse besaß ich nicht, konnte deshalb auch keine Handelsbücher führen, um so mehr, als viele Leute heute das Geld brachten, um es zuweilen morgen schon wieder abzuholen. Überhaupt hatte ich den Leuten erklärt, daß für den Fall, als ihnen ein Unglück zustieße, der Mann oder das Weib stürbe, Feuer bei ihnen ausbräche, die Kuh krepierte oder eine Hypothekenforderung zu zahlen wäre, sie ihr angelegtes Geld zu jeder Stunde des Tages wieder zurückfordern könnten. Diesem Versprechen kam ich denn auch stets pünktlich nach.

Demzufolge mußte ich denn auch stets ein großes Kapital tot liegen lassen, und erwies sich diese Vorsichtsmaßregel in der Folge nie als überflüssig, weil es sich gar oft zur Evidenz erwies, daß man von verschiedenen Seiten rastlos bemüht war, mich zu stürzen.

Gerade diese oftmals heranbrausende Wechselflut, welche gewissermaßen stets indirekt geleitet war, legte bei mir die Spekulation geradezu vollständig lahm, denn ich konnte durchschnittlich den mir zu Gebote stehenden Kredit schließlich nur zur Aufrechterhaltung meiner Pünktlichkeit verwerten.

Hätte ich mit meinen Geldern spekulieren, dieselben so rentabel als möglich verwerten können, oder besser gesagt, dürfen, mir wäre mein Unglück und vielen Hunderten ein Verlust erspart geblieben.

Ein weiterer Talisman – es mag nun lächerlich und arrogant klingen oder nicht – war mein eigenes Ich. Mein Erscheinen unter diesem Konglomerat von Leuten – besonders in der Sturm- und Drangperiode – übte stets eine, ich möchte fast sagen magische Wirkung. Die Leute – und es waren oft sehr verwegene Kumpane darunter, welche gegen mich aufgereizt und aufgestachelt waren – hatten oft nicht die besten Absichten, und es setzte dann meinen Bediensteten gegenüber oft viel Spektakel und Lärm ab, so daß man es dann für nötig hielt, mich herbeizuholen. Kaum trat ich dann unerschrocken und festen Blickes vor die Menge, so herrschte auch schon vollkommene Ruhe, und alles benahm sich – wenn ich mich so ausdrücken darf – ganz ehrerbietig. Mein Erscheinen allein zähmte jeden Ausbruch der Rohheit, der meine Bediensteten in meiner Abwesenheit oftmals ausgesetzt waren.

Mein Rechtsbeistand Harter vermittelte mir um diese Zeit viele Plätze, an denen ich mein Geld gut anlegen konnte, leider mißlang auch eine derartige Spekulation, und ich verlor viel Geld dabei. Harter hatte des Umstandes halber, daß er sich meinen Geschäften widmete, viele Anfeindungen und Unannehmlichkeiten zu ertragen und hierin hat man ihm sehr Unrecht getan. Er wurde allerdings von mir stets gut honoriert, aber eine übertriebene oder unmäßige Forderung hat er nie an mich gestellt. Ein Reitpferd, welches ich billig erstanden und das nach meiner Verhaftung vielfach zur Sprache kam, hatte ich ihm als Honorar für seine Bemühungen in Zürich, wohin ich ihn zur

Regelung der Schulden geschickt hatte, welche ich als Schauspielerin dort gemacht hatte, geschenkt.

Diese Züricher Affaire ist in der Verhandlung ebenfalls zur Sprache gekommen, jedoch nicht ins rechte Licht gestellt worden. Folgendes die Wahrheit: Ich war in Zürich mit 150 Fr. monatlich für das Fach der Charakterrollen und ersten Anstandsdamen engagiert und bedurfte hierzu vieler Garderobe. Auch wohnte ich im Hotel, in welchem mehrere Schauspieler sich einfanden, welche ich, der Theatersitte nachkommend, regalierte, was mit den Garderobekosten verbunden mein Budget weitaus überstieg. Ich war gezwungen Schulden zu machen, kehrte aber früher als ich erwartet hatte, nach München zurück, ohne das Maß meiner Schulden getilgt zu haben. Ich betrachtete sie aber deshalb nicht für quittiert, wie dies im Theaterleben ja vorzukommen pflegt, sondern zahlte späterhin alles bei Heller und Pfennig. Meine Mutter hatte schon früher – durch Vermittlung des Advokats Berghofer – von meinem Taschengelde geringfügige Abzahlungen leisten wollen, doch hatten die Gläubiger dies Ansinnen rundweg abgeschlagen. Ich hatte keine Aufforderung zum Zahlen jener 900 fl. betragenden Schuld erhalten, sondern hierin ganz aus eigener Initiative gehandelt, und Herrn Harter die Summe von 1000 fl. mitgegeben. Auf eigene Faust bezahlte er aber den trotzdem freudig überraschten Gläubigern nur 50%, ein Umstand, der mir aber durchaus nicht angenehm war, weshalb ich jeden Gläubiger in Zürich, welcher mir den desfallsigen Wunsch ausdrückte, sofort voll auszahlen ließ.

Infolge der vielen Anfeindungen, welche Harter zu erdulden hatte, zog er es schließlich vor, mein aus ungefähr 300 000 fl. bestehendes Depot niederzulegen und der Hypotheken- und Wechselbank zu übergeben. Mir tat dies sehr leid, um so mehr, da Herr Harter auch vieler Geschäfte halber nicht mehr als Rechtsbeistand für mich tätig sein konnte und ich nun gezwungen war, den Ludwig Kolb, Rechtsconzipient, unter dem Beinamen »der Rote« bekannt, zu engagieren. Louis Kolb war ein Lebemann, praktisch und leicht verwendbar, gewiegter Unterhändler, dabei aber egoistisch bis zum Exzeß und wie geschaffen, um Geheimnisse auszuforschen.

Dieser neue Rechtsbeistand forschte überall, selbst in den Vorstädten und Kaffeehäusern nach, und hinterbrachte mir haarklein, wie der Wind gehe. Er wurde von mir stets sehr gut honoriert und konnte dies in seinen damals nichts weniger als glänzenden Verhältnissen auch sehr gut brauchen. Eines gefiel mir an dem Manne durchaus nicht: er pflegte nämlich, wenn er seinen Kopf nicht durchsetzen konnte, sich in schriftlichen Warnungen resp. Drohungen zu ergehen. Ich ignorierte dieselben aber vollständig.

Was die in München erscheinenden »Neuesten Nachrichten« betrifft, so fuhren diese mit eisernem Fleiße fort, sich in vulkanischen Ausbrüchen gegen mein Tun und Treiben auszulassen. Die Redaktion dieses Blattes schien es sich überhaupt zur Aufgabe gemacht zu haben, mich ausspionieren zu lassen, um ihren Lesern stets pikanten Stoff vorsetzen zu können.

Eines Tages erschien ein ziemlich junger Mann und stellte sich mir als ein Herr Theophil Bösl, Redakteur des »Freien Landesboten«, vor. – Es war jedoch, wie sich später zeigte, nicht derselbe. – Er drückte mir sein tiefgefühltes Beileid aus, daß ich immer und immer wieder von den »Neuesten Nachrichten« angegriffen werde und erbot sich als Ritter der Presse mein Verteidiger zu werden, da ich als Dame doch eines Schutzes bedürfe. Auch flüsterte er mir in die Ohren, daß er schon lange gewünscht, meine Bekanntschaft zu machen, und nachdem ich ihm einen Stuhl angeboten hatte, sagte er, daß er für mich schon einen recht passenden Artikel »im Kopfe« habe. Ich gab aber zu verstehen, daß mir ein derartiger Artikel viel lieber ungedruckt bliebe, schon weil man aus seinem heutigen Besuche schließen könnte, daß ich ihn hierzu veranlaßt habe. Als ich einer geschäftlichen Angelegenheit halber die Unterhaltung abbrechen mußte, bat dieser Herr um die Erlaubnis, mich am folgenden Tag besuchen zu dürfen und apostrophierte hierzu noch die kleine Randbemerkung, daß er einer Ehrenschuld halber gerade große Pein leide. Den Schlußeffekt der Unterhaltung bildete denn auch ein regelrechter Pump im Betrage von 50 Gulden. So auffallend mir dies auch schien, ich willfahrte dem Verlangen dieses Menschen schon deswegen, um ihn loszuwerden.

Nächsten Tags sandte ich sofort meinen Bediensteten Weber in die Redaktion des »Freien Landesboten« und ließ dem Redakteur desselben sagen, daß ich heute seinen Besuch einer Geschäftsangelegenheit halber nicht annehmen könne. Es zeigte sich nun sonderbarerweise, daß Herr Theophil Bösl vom »Freien Landesboten« auch seinen falschen Demetrius gehabt hatte, denn Herr Bösl zeigte sich dem Weber gegenüber nicht wenig entrüstet, wie Fräulein Spitzeder ihm so etwas sagen lassen könne, indem er sie noch nie besucht habe und überhaupt gar nicht kenne. Herr Bösl witterte auch etwas ganz Besonderes hinter dieser Geschichte und erklärte, die Sache der Polizei hinterbringen zu wollen.

Ich war nicht wenig frappiert hierüber und beschloß, diese Doppelgängergeschichte um jeden Preis aufklären zu wollen. Ich ersuchte zu diesem Behufe den mir wohlbekannten Polizeioffizianten Herrn Weißbart, zwischen 2 und 3 Uhr mich zu besuchen, um welche Zeit dieser Pseudo-Bösl angerückt kommen wollte. Richtig, kaum schlug die Glocke 3 Uhr, so wurde der Erwartete auch schon durch Silchinger angemeldet und eingeführt. Pseudo-Bösl zeigte sich heute merkwürdig scheu und ängstlich, und seine erste Frage war: »Ist nicht der Polizeidirektor bei Ihnen? Ich habe einen großen Herrn in grauem Rock in Ihr Zimmer gehen sehen!« Die Kreatur meinte damit offenbar den mich oft besuchenden Hofschauspieler Büttgen, welcher einige Augenblicke vorher bei mir gewesen und mit einem solchen Rocke angetan war.

Ich verneinte selbstverständlich das Vorhandensein eines Polizeibeamten im Hause und bot dem Doppelgänger einen Stuhl an. Dem armen Teufel war aber offenbar schwül zu Mute, denn er stotterte ängstlich und verlegen, sich schnell wieder entfernen zu müssen, weil er einen Gang zu machen habe, blieb aber doch, als ich ihn bat, nur einen Augenblick zu verweilen. Mittlerweile trat Weißbart ein und verabredetermaßen stellte ich ihn als meinen Onkel und den andern als Herrn Bösl vor.

»Also Sie sind der Redakteur des Freien Landesboten?« fragte Weißbart. »Ja, der bin ich!« erwiderte Bösl II., knickte aber förmlich wie ein Taschenmesser zusammen, als Weißbart in die Tasche griff, seine Legitimationskarte als Polizeioffiziant hervorholte und mit den Worten »der bin ich« unter die Augen hielt.

Tags darauf begab ich mich in Begleitung Webers in das Redaktionsbüro des »Freien Landesboten«, klärte den Irrtum auf und lernte auf diese Weise den wirklichen Bösl kennen. Dessen Doppelgänger wurde verhandelt, und ich als Zeugin vorgeladen, war aber nicht wenig erstaunt, den früher so ängstlich aufgetretenen Menschen jetzt ein ganz dreistes Benehmen an den Tag legen zu sehen, so suchte er sich z. B. durch die köstliche Lüge, daß ich ihn geküßt hätte, herauszubeißen, eine entsetzlich dumm-dreiste Behauptung, über die ich nur lachen konnte. Abgesehen hiervon, müssen meine Küsse doch etwas sehr Interessantes an sich gehabt haben, denn man forschte sehr eingehend hierüber nach. Als ob ein aus Freundschaft zuweilen gegebener Kuß mit dem Reste, dessen ich angeklagt war, etwas zu tun gehabt hätte.

Mein Kredit erlitt während dieser und anderer Intermezzi keine Störung. Die einzelnen Einlagen bewegten sich zwischen 50 und 1000 Gulden, höhere Beträge wurden nur ausnahmsweise – im ganzen etwa 10 Wechsel à 1500 Gulden – angenommen. Stets habe ich mich geweigert, das ganze Vermögen eines einzelnen als Einlage anzunehmen, und hat solches jemals stattgefunden, so geschah es sicherlich ohne mein Wissen und Willen.

Eines Tages präsentierte sich mir ein himmellanger Mensch, mager wie der Tod, und stellte sich mir als Alfred Jochner, Literat und Redakteur des (nicht viel gelesenen, dafür aber umso langweiligeren) »Puck« vor. Dies Individuum schrieb und schreibt heute noch Romane unter dem Pseudonym Adolf Reichner. Mein späterer Verteidiger Angstwurm stellte diesen Jochner ganz einfach unter die Kategorie der Gauner, eine Klassifizierung, welche eine Randbemerkung meinerseits unnötig macht. Dieser nämliche Jochner suchte bei mir um ein Darlehen für einen bis über den Hals verschuldeten Kavalier nach, ich schlug das Ansinnen jedoch rundweg ab. Nichtsdestoweniger wiederholte er nächsten Tags seinen Besuch, riskierte aber diesmal für sich selbst der stereotypen »momentanen Verlegenheit« halber einen Pump, und zwar in der Höhe von vorläufig 100 fl. Ich nahm keinen Anstand, ihm diese Summe vorzustrecken, und er unterzeichnete mir mit Grandezza und vornehm mit Glacé überzogener Hand einen Solawechsel und versicherte mich vor seinem Abgange unter tausend Bücklingen seiner ferneren Hochachtung. Herrn Jochners Zeit mochte wohl sehr kostbar sein, denn kaum hatte er das Geld in der Tasche, so beurlaubte er sich auch schon.

Trotzdem sich dieser Jochner, welcher von nun an häufiger als mir lieb war, ein- und ausging, mittelst Revers verpflichtet hatte, seine Feder nicht in beschimpfender Weise gegen mich zu gebrauchen, und dafür fast bare 8000 fl. eingesteckt hatte, so war er doch vor und nach meiner Verhaftung erbärmlich genug, über mich zu räsonnieren. Der Vermittler bei dem genannten Revers war Rechtskonzipient Gustav Kolb, welcher ein Honorar von 1300 fl. dafür erhielt.

Einst begegnete mir auf der Straße ein alter Bekannter, der mir, als ich noch ein junges Mädchen war, in Tegernsee ein Liebesgedicht gesandt und späterhin über mein erstes

Auftreten als Deborah in München sehr günstig rezensiert hatte. Dieser Jemand war Herr Ferdinand Fränkel, Buchdruckereibesitzer und Redakteur der »Stadtfraubas«. Er freute sich ungemein, die Adele Spitzeder wiederzusehen, und trug mir sein »schätzbares« oder vielmehr »unschätzbares« Organ, die »Stadtfraubas«, zum Abonnement an. Er besuchte mich auch einige Zeit drauf, und nahm an meinen damals sehr guten Verhältnissen lebhaften Anteil, so zwar, daß er es für angezeigt hielt, mich um 300 fl. anzupumpen, welche er baldigst zurückzahlen wollte. Selbstverständlich sah ich von diesen 300 fl. keinen Pfennig mehr. Dies war das Entrée des Fränkel.

Zur selben Zeit beehrte mich auch ein Unterhändler namens Krapf mit seinem Besuche. Er war ein Freund jener Frau Therese Ulceß, welche später als Gründerin einer sog. Dachauer Bank verurteilt wurde, und einer dicken Freundschaft des Herrn Literaten Jochner sich erfreute. Diese wurde weit milder abgeurteilt als ich; man bewilligte ihr sogar die Übersiedelung vom Gefängnis in ein Krankenhaus. Mir würde man diese Gunst wohl entschieden abgeschlagen haben, obwohl ich doch furchtbar leidend gewesen, wenngleich, dem Himmel sei Dank, in ganz anderer Weise als Frau Ulceß.

Fränkel, mein sogenannter Freund, gab mir einmal den Rat, mit einigen hunderttausend Gulden einen Klimawechsel vorzunehmen. Der reelle Herr machte mir sogar das wahrhaft uneigennützige Angebot, mein Begleiter zu werden, wenn ich ihm anders die Kleinigkeit von 10 000 fl. als Entschädigung dafür gebe, denn voraussichtlich müsse er – so deklamierte er mir vor – ein Jahr auf die Festung, woraus er sich aber nicht viel mache. Ein ander Mal riet er mir, ein Haus auf meine Gesellschafterin einschreiben zu lassen, z. B. meine Villa »Rosa«. Durch diese Ansinnen erwarb sich dieser Mensch meine volle Verachtung, und ich untersagte ihm strengstens, mir noch einmal ein derartiges Angebot zu machen.

Der Rat, mich mit meinem Gelde aus dem Staube zu machen, wurde übrigens von vielen bedeutenden Persönlichkeiten, deren Namen hier aber ungenannt bleiben sollen, erteilt. Viele dieser Leute, denen ich sogar Gutes getan, verdienten diese Berücksichtigung nicht, und mancher, der dies Buch liest, wird sich getroffen fühlen.

Advokat Dr. Thürmayer in Freising wurde mir durch Herrn Literat Fränkel empfohlen, doch hatte er nicht viel für mich zu tun, da ich seinen Rat nur einholte, wenn ich eine gerichtliche Zustellung bekommen hatte. Er erhielt von mir nur ein unbedeutendes Honorar und einen Brillantring, den er späterhin, wie ich hörte, der Gantmasse zurückgegeben hat. Den Ring hatte ich ihm übrigens nur deshalb geschenkt, weil mir seine geistreiche Unterhaltung zusagte, während ich seine Ratschläge gar nicht befolgte.

Der vorher erwähnte Unterhändler Krapf trug mir auch ein Darlehensgeschäft für einen gewissen Herrn Napoleon Homolatsch, Druckereibesitzer und Redakteur eines Theaterblättchens, an. Des letzteren Name erinnerte mich sofort an eine damalige Sängerin am Münchener Hoftheater, welche er tüchtig heruntergekanzelt hatte, sowie an die Hofschauspielerin M. M., welcher er den Beinamen »Wanduhr« erfunden hatte.

Homolatsch war mit Schriftsteller Dempwolf bekannt. Da ich mich etwas interessierte, den in der Theaterwelt ziemlich respektierten Kritiker kennenzulernen, so entschloß ich mich, seinen mir betreffs des gewünschten Darlehens angekündigten Besuch anzunehmen. Er tänzelte tags darauf im Gewande der Unschuld – er war nämlich ganz weiß gekleidet – bei mir ein, hob das linke Bein graziös in die Höhe und schwang wohl, um die Balance nicht zu verlieren, mit der Rechten seinen Hut unter dem lauten Aviso: »Homolatsch!« – – –

Er präsentierte sich überhaupt mit einer Art Siegesgewißheit, und obgleich ich seine Züge nichts weniger als fein fand, so machte er doch im ganzen genommen einen gefälligen Eindruck. Er erzählte mir, daß er der Sohn einer berühmten Kammersängerin sei, deren gefeierten Namen ich als Kunstenthusiastin und Künstlerin selbst wohl gehört haben würde. Im übrigen könnte er 200 fl. auf die Dauer von 8 Tagen brauchen, und ich gab sie ihm sofort ohne Zins, gegen Ausstellung eines Wechsels. Diese Summe brachte mir der pfiffige Kunde nach 8 Tagen pünktlich retour, ebenso spätere kleinere Beträge. Der Mann spekulierte hierin ganz richtig auf mein Vertrauen, denn dasselbe wurde durch diese anscheinende Ehrlichkeit und Pünktlichkeit nicht wenig befestigt. Ein Schachzug aus späterer Zeit, von ihm gegen meine Geldkasse unternommen, möge den Charakter dieses Menschen aber hier schon illustrieren. Er erschien nämlich mit seinem Posaunengesichte eines Tages ganz echauffiert und meldete mir gehorsamst, daß bei Stöckert in Stuttgart ein mich und meine Familie im höchsten Grade kompromittierender Roman im Drucke sei. Nicht weniger als 30 000 Personen sollten schon auf das Werk subskribiert sein! – Ich hatte im Laufe der Zeit längst Gelegenheit gehabt, den schmutzigen Charakter Homolatschs kennenzulernen und sagte ihm daher frei ins Gesicht: »Den haben Sie wohl selbst geschrieben!« – H. vergoß nicht zum ersten Male Tränen und schwor bei allen Heiligen, an die er nicht glaubte, daß er damit nichts zu schaffen habe.

Nun sandte ich Advokat Dr. Will nach Stuttgart, um eventuell sofort Strafantrag zu stellen. Wirklich fand sich ein derartiges Werk vor und als Preis für die Unterdrükkung desselben wurden nicht weniger als 6000 fl. verlangt. Will riet mir von einer Zahlung ab und riet klagbar aufzutreten, meine Mutter dagegen bewog mich, die Summe zu bezahlen, weil sie erfahren hatte, daß Familiensachen in dem betr. Machwerke in lügnerisch entstellter Weise zur Sprache kommen sollten. Dieses »literarische« Erzeugnis soll, wie ich in der Folge erfuhr, von Jochner und Homolatsch gemeinschaftlich in des letzteren Villa bei Starnberg verfaßt worden sein, und ich bedauere heute noch unendlich, daß ich gegen die Verfasser nicht klagbar aufgetreten bin. Staatsanwalt Barsch selbst sagte, daß diese Klage Erfolg gehabt hätte.

Überdies wuchs mein Kredit zu einer wahrhaft enormen Höhe an; Millionen und abermals Millionen kamen und gingen. Die täglichen Tischgäste des »Deutschen Hauses«, aus Ladenjünglingen und Schreibebeflissenen zusammengesetzt, rümpften dem Wirte Fränkel gegenüber der großen Volksmassen halber, die zu mir strömten, die Nase und bestürmten ihn, wie ich vermute, sich die odiöse Darlehergesellschaft vom Halse zu schaffen.

Ich war mit der Familie Fränkel stets auf gutem Fuße bisher gestanden, und sie hatte mich nicht selten auf meinen Landpartien begleitet. Auch bezahlte ich meine täglichen Rechnungen stets aufs prompteste und Herr Fränkel büßte hierbei sicherlich nichts ein. Als ich mich nun einmal darüber aufhielt, daß ein im Rückgebäude wohnender Schlosser mich durch sein frühzeitiges Hämmern aus dem Schlafe störe, da erwiderte mir Fränkel lakonischen Tones: »Der Schlosser ist mir lieber als Sie!«

Flugs ließ ich durch Herrn Ferd. Harter für mich ein eigenes Haus kaufen, und zwar das Anwesen Nr. 9 in der Schönfeldstraße. Dorthin verlegte ich nun meine Wohnung, und in diesem neuen Terrain begann für mich auch eine neue Periode.

Es war an einem Oktobersonntag, als ich in mein schon vorher möbliertes neues Haus einzog. Das Wetter war regnerisch, der Himmel sah grau herab – wahrlich ein böses Omen. Ich konnte denn auch ein eigentümlich beklommenes und drückendes Gefühl nicht loswerden, trotz aller Ovationen, die, wie ich später erzählen werde, mir von meinen Anlegern bei dieser Gelegenheit entgegengebracht wurden. Das Haus war zweistöckig, lichtgelb angestrichen und hatte ein ziemlich freundliches Aussehen. An der eisenbeschlagenen Haustüre war eine Messingplatte angebracht, worin die Worte eingraviert waren:

Adele Spitzeder
Privatière.
Sprechstunden von 1–2 Uhr.

Hinter dem Hause, woselbst lauter eiserne Fensterläden sich befanden, war ein großer schöner Garten, zur ebenen Erde befand sich das Auszahlungszimmer. Dasselbe hatte ein Vorzimmer, in welchem sich ein großer Tisch, eine Kopiermaschine, ein Schreibtisch nebst Strohstuhl und Papierkorb befanden. – Dies war das Kabinett meines Privatsekretärs. Im Auszahlungszimmer stand gleichfalls ein Schreibtisch für einen meiner Controleure, auf jenem Tisch lag stets das Strafgesetzbuch und Wechselstempelbuch zur Einsicht bereit, um mich vor Betrug sichern zu können. Schien mir nämlich eine Person verdächtig (und es kam oft vor, da viele Personen ihre Gelder auf anderen Namen eintragen ließen), so bekam dieselbe von mir die betreffenden Artikel in feierlichstem Predigttone zu hören, und manche wurden abgeschreckt, als ich ihnen die diesbezüglichen Strafen auf Betrug, Erpressung oder gar Diebstahl vorgelesen hatte.

Die Mitte des Zimmers war durch ein eichenes Gitter abgeteilt, und hinter diesem Gitter war ein großer mit Wachstuch überzogener Tisch aufgepflanzt, auf welchem die Gelder zum Auszahlen gezählt wurden, und daneben stand ein kleiner Tisch mit dem Quittungsbuch, in welchem die Leute die Zurückgabe ihrer Kapitalien bestätigen mußten. Auf der anderen Seite stand wieder ein kleiner Tisch, und vor diesem saß der erste Controleur, welcher die bezahlten Wechsel in Empfang nehmen und einen kleinen Riß zum Zeichen der Ungültigkeit hineinmachen mußte. Die Wechsel wurden sodann zusammengebunden und aufbewahrt. Beim Zahltische thronte auf einem Podium einer meiner drei Zahlmeister, während wieder an einem anderen Tische sich mehrere Geldsortierer breit machten. Vor der Türe meines Auszahlungszimmers, vor dem Vorzimmer und auf dem Hofe vor der Eingangstüre in meine Wohnung war je ein Bediensteter aufgestellt, und auch vor dem oben erwähnten Gitter hielten zwei Mann Wache. Alle diese Leute hatte ich unumgänglich notwendig, um dem *immensen Menschenandrange gegenüber* Ordnung zu halten.

Im Hausflur wiederum machte sich ein breitschulteriger Portier geltend, welcher die ankommenden Personen anweisen mußte, nach welcher Windrose sie sich zu bewegen hatten. Vor allem mußte er an das Publikum die Frage richten: »Wollen Sie Zinsen oder Kapital?«, und je nach der erfolgten Antwort dirigierte der Cerberus des Hauses sodann die Marschroute der Leute. Sonst durfte seinerseits nicht die geringste Konversation geführt, resp. *irgend bestimmend* auf die Leute *eingewirkt* werden.

Vor der Haustür stand wiederum ein Portier, und dieser trug wie überhaupt alle meine Türsteher und Unterbediensteten, eigene Livree, um sie von den *Geldanlegern* unterscheiden zu können. Neben dem Auszahlungszimmer in der hinteren Front des Hauses befand sich die Wohnung meines Hausmeisters, auf der linken Seite des Hauses ferner wurden die Kapitalien angenommen und auch ausgezahlt. Die Zimmereinteilung war auf der linken Seite des Hauses genauso wie rechts. Verschiedene Plakate kennzeichneten die Lokalitäten, damit jeder sich orientieren konnte.

Das eine besagte z. B.: »Alle Beschwerden über mein Dienstpersonal hat man mir persönlich vorzutragen«, ein anderes: »Die fälligen Wechsel werden täglich ausbezahlt.« Später in den Sommermonaten wurde ein weiteres Plakat in dem Hausflur angeschlagen, welches kund und zu wissen tat, daß meiner geschwächten Gesundheit halber an Samstagen, wie auch an Sonn- und Feiertagen keine Geschäfte abgeschlossen würden. Dieses geschah deshalb, weil mein Hausarzt, Herr Professor Amann, den dringenden Rat erteilt hatte, ich solle mir mehr Ruhe gönnen. Wie oft stellte dieser Arzt die Frage an mich: »Fräulein, können Sie denn gar nicht, und sollte es auch nur auf vier Wochen sein, nach Karlsbad, um dort die Kur zu gebrauchen«, und stets erwiderte ich darauf: *»Lieber Professor, das ist leider unmöglich; denn die Leute könnten auf die Idee kommen, ich sei echappiert und das will ich um keinen Preis der Welt, lieber will ich sterben, als den Leuten solche Angst bereiten.«* – »So fahren Sie wenigstens öfter aufs Land, damit Sie sich durch frische Luft etwas erholen und stärken«, meinte der Professor. Diesen Rat befolgte ich denn auch, setzte jeden Samstag und Sonntag als Erholungstag an, und kaufte mehrere Pferde, um für längere Touren Abwechslung zu haben. Warum wohl solcher Luxus? wird der Leser fragen. Ganz einfach deswegen, weil ich mit der Eisenbahn nicht fahren wollte, um ja nicht den Schein des Durchbrennens zu erregen. Eben deswegen beauftragte ich stets den Controleur Zeitler, der Polizei das Ziel meiner Landpartie im voraus zu avisieren, eine nichts weniger als unnötige Vorsorge, denn es wurde nicht selten von meinen Feinden die Lüge ausgesprengt, ich sei auf und davon oder ich beabsichtige, im ersten besten Augenblicke durchzubrennen. Fanden sich doch oft auch des Morgens an meinen Häusern Plakate angeklebt, welche dartaten, daß ich des Nachts auf Nimmerwiedersehen auf und davon gefahren sei.

Die Zeit, während welcher Leute, welche Kapitalien bei mir zurückverlangten, hereingelassen wurden, hatte ich der Ordnung halber von 8–10 Uhr angesetzt. Schlag 10 Uhr wurde abgesperrt, und alle diejenigen wurden nun ausbezahlt, welche sich in meinen Räumlichkeiten eingefunden hatten. Diese Maßregel war wegen des Andranges von Geldanlegern unumgänglich notwendig, im übrigen ließ ich den Leuten, welche oft nach der festgesetzten Stunde noch Geld abholen wollten, sagen, sie möchten ihre Wechsel nur dem Gerichtsvollzieher übergeben, damit dieser sie mir zusammen präsentiere und den Wechselbetrag einkassiere. Ich wollte ja lieber die Kosten dafür tragen, als den ganzen Tag hindurch das Haus voller Leute haben, wie gelegentlich meiner Verhandlung durch verschiedene zeugschaftlich vernommene Gerichtsvollzieher denn auch bestätigt wurde.

Das Geschäft des Auszahlens selbst dauerte immer bis Mittag 1 Uhr, diejenigen, welche Zinsen in Empfang zu nehmen hatten, konnten sich schon von 9 Uhr an einfinden, im übrigen wurde mit ihnen dasselbe Verfahren beobachtet, wie bei der vorigen Gruppe. Erst nach der Effektuierung sämtlicher Auszahlungen wurden auch Einlagekapitalien in Empfang genommen. Während der Sturm- und Drangperioden fanden sich oft schon um 4 Uhr morgens die Leute vor meiner Haustüre ein, um ihre Gelder abzuholen und ich ließ deshalb zu solchen Zeiten schon von früh 8 Uhr an auszahlen.

Aber wenn die Leute während meiner Sturm- und Drangperiode sich um 4 Uhr morgens schon vor dem Hausstore einfanden, so kann ich auch sagen, daß ich zu aller und jeder Zeit ungleich mehr bedrängt wurde von jenen Leuten, welche ihre Kapitalien bei mir anlegen wollten. Auch diese fanden sich massenhaft früh um 4 Uhr schon ein, mußten sich aber bis nachmittags 1–2 Uhr, also zehn volle Stunden oft gedulden, bis ihr Geld *angenommen* werden konnte. Nur bei solchen Leuten, welche aus *weiter Ferne* kommend sich melden ließen und um Abfertigung baten, machte ich eine Ausnahme und ich ließ sie in mein Speisezimmer kommen.

In ganz ruhigen Zeiten war mein ziemlich großer Hof, der Hausflur, wie auch das gegenüberliegende mir gehörige und in Pacht gegebene Gasthaus »Wilhelm Tell« vollkommen überfüllt von Menschen, welche ihre Kapitalien um jeden Preis bei mir anlegen wollten, ohne jedoch jemals auf meine Kosten daselbst zu zechen. In jenem Zimmer, wo die Kapitalien angenommen wurden, wo mir die Millionen förmlich an den Kopf geworfen wurden, befand sich das erwähnte Lokal, worin die bezahlten Wechsel aufbewahrt wurden und dort befanden sich auch meine Privatgeschäftsbücher in Gewahrsam. Vor diesem Lokale waren zwei Wechselschreiber installiert, und am breiten Gesimse des Fensters, woselbst am meisten Licht war, da befand sich der Wechselstempler. Dieser hatte eben nicht wenig zu tun, denn die bei mir gebrauchten Stempelmarken veranlaßten jährlich eine Ausgabe von 40–50 sogar 60 000 fl., welche Summe dem Staate zugute kam. In der Mitte des Zimmers befand sich ein Antritt, und auf diesem ein einfacher lederner Stuhl, worauf ich thronte. Diesen Stuhl hatte ich einst beim Ankaufe des Hauses vom Millionär Kohn erstanden, und zwar war es derselbe Stuhl, auf welchem sich der Unglückliche erschossen hatte. Neben diesem Stuhl befand sich ein großer, einfacher, unpolierter Tisch, auf welchem Geld gezählt und sortiert wurde, während an der Seite der Wand ein ledernes Kanapee und zwei Rohrstühle standen. Ferner existierte im selben Zimmer noch ein Tischchen, und an diesem saß ein Bediensteter, welcher meine Unterschriften mittelst Streusand zu trocknen hatte. Tintenfaß und Feder, deren ich mich bediente, waren von der allereinfachsten Art, überhaupt herrschte in meinen Lokalitäten nicht der geringste Luxus. Ein Plakat, welches auch in den andern Zimmern angeheftet war, ermahnte die Leute, daß sie ihr Geld, welches sie ausbezahlt erhielten, nachzählen sollten! Ferner befand sich an der Wand dem Eingange gegenüber noch die Inschrift: »Tue Recht und scheue Niemand«, ein Denkspruch, den ich schon von meiner frühesten Jugend auf liebte und beachtete.

Zur Aufrechthaltung der Ordnung mußten sich meine Diener neben meinem Sitze zu beiden Seiten aufstellen, ebenso mußten sie sich auch an der Türe postieren. Vor diesem Zimmer befand sich noch ein Wartezimmer mit hölzernen Bänken fürs Publikum bestimmt, und auch hier waren Plakate angeschlagen des Inhalts: »Die fälligen Wechsel werden täglich, ausgenommen an Sonn- und Feiertagen, ausgezahlt.« Von diesem Vorzimmer aus führte ein Gang über den Korridor in ein anderes Zimmer, worin zwei Schreiber an einem Tische Ort und Wohnung der Gelddarleiher verzeichneten. Einer dieser Schreiber trug die Namen derjenigen ein, welche bares Geld brachten, der andere notierte die Obligationen. Als Barriere für die sich Einzeichnenden diente eine Reihe von Rohrstühlen, die von denselben umgangen werden mußten, um bei den Schreibern ankommen zu können. Ferner gab es noch drei Wartezimmer mit den schon erwähnten Plakaten, und dies alles zusammengefaßt bildete die »brillante« Einrichtung in den Lokalitäten der »Dachauer Bank«. – – Alles zusammengenommen machte einen fast ärmlichen Eindruck.

Neben meinem Schlafzimmer befand sich ein Wandschrank, welcher von den früheren Bewohnern des Hauses als Speisekasten benützt worden war. Dies altehrwürdige Möbel wurde von mir zum Aufbewahren meines Silbergeldes benützt, um es stets in unmittelbarer Nähe zu haben. Dieser Verschlag war zuweilen dergestalt angefüllt, daß der Boden zu brechen drohte; in selben Verschlag legte ich auch das Depot, welches mir in den letzten 14 Tagen vor der Sperre nach und nach von meinem Hauptkassier zurückgebracht worden war.

Dieses Geld betrug ungefähr eine Million und fiel der Gantmasse zu.

Die Türe dieses Verschlags hatte einen guten Verschluß, und ich allein besaß den Schlüssel hierzu. Manchmal aber gab ich auch den Schlüssel meiner Gesellschafterin, um für die Bediensteten Geld daraus zu holen, da ich stets mit Silber auszuzahlen pflegte.

Mein Kredit nahm unterdes riesige Dimensionen an, so zwar, daß ich fort und fort gezwungen war, neue Bedienstete zu engagieren. So nahm ich denn auch einen gewissen Eduard Reißig, Schwager des Kaufmanns Schüssel, an. Reißig war selbst Kaufmann gewesen und hatte als solcher mehrmals Bankerott gemacht, wie mir während meiner

Untersuchung von kompetentester Seite mitgeteilt wurde. Diesen Mann lernte ich gelegentlich einer Schwurgerichtsverhandlung kennen, in welcher ich als Hauptzeugin verschiedener gefälschter Wechsel halber auftrat, welche man mir präsentiert hatte. In dieser Verhandlung fungierte dieser Reißig als Reporter des »Freien Landesboten«, und beim Verlassen des Saales stellte der gute Mann sich mir unter vielen Komplimenten vor und bat, mich besuchen zu dürfen.

Ich gestattete ihm einen Besuch, und er kam sehr bald danach, unterhielt mich mit allerlei Stadtklatsch und erzählte, daß er als Reporter des »Freien Landesboten« überall herumschnüffle. Dem ersten Besuche folgte in kürzester Bälde ein zweiter und der lila gekleidete Gentleman Reißig verfehlte diesmal nicht, mich ganz devotest um 5 Gulden anzupumpen. Ich willfahrte seinem Verlangen und ergötzte mich innerlich nicht wenig an seinen tiefgefühltesten Dankesbezeigungen. Späterhin offenbarte er mir auch seine Vermögens- und Familienangelegenheiten und erzählte mir, daß er durch vieles Unglück in ganz mißliche Verhältnisse geraten sei. Als ich ihn hierauf fragte: »Nun, Ihre Frau Gemahlin hat vielleicht Vermögen«, da schüttelte Reißig tiefernst das edle Haupt und entgegnete mit hohler Grabesstimme die schaurigen Worte: »O nein, die hat auch nichts!« –

Ich nahm herzlichen Anteil an ihm und verabreichte ihm des öfteren noch heilsame 5-Gulden-Banknoten, welche jedesmal mit tiefen Bücklingen eingeheimst wurden.

Eines Tages, als ich gerade viel zu tun hatte, half mir der eben anwesende Reißig ein Wechselformular ausfüllen, und da er eine gute Hand schrieb, so machte ich, um seinem schwindsüchtigen Geldbeutel durch ein bestimmtes Monatsgehalt auf die Beine zu helfen, den Vorschlag, als Wechselschreiber bei mir einzutreten. Das Anerbieten wurde von Reißig dankend akzeptiert und erhielt er von mir anfangs 50, hernach 80 fl. monatlich.

Ich war mit ihm sehr zufrieden, da er sich trotz meiner Zornesausbrüche stets willig und bescheiden erwies. Er erzählte mir auch u. a., daß er Freimaurer sei und bald »Andreasritter« würde und stieg dadurch nicht wenig bei mir im Respekt, da ich, von einer Freimaurerfamilie abstammend, für diesen Orden stets eine große Zuneigung hatte. Reißig setzte sich, als er, um mir zu imponieren, öfter eine Schürze vorband und sich als Mitglied der Loge in Fürth ausgab, bei mir sattelfest in Gunst. Hatte mir doch meine Mutter so oft von dem verschwiegenen Charakter und dem Wohltätigkeitssinn der Freimaurer erzählt!

Gelegentlich meines Aufenthaltes in Zürich hatte ich auch einen Kaufmann namens Wigand kennengelernt, welcher nur gesprächsweise mitteilte, daß er zur Johannisfeier in die Freimaurerloge müsse. Als ich Herrn Wigand sodann zu wissen machte, daß alle männlichen Mitglieder meiner Familie diesem Orden angehört hätten, da meinte er: *»Wenn Sie von Freimaurern abstammen, werden Sie das ganze Leben hindurch einen Schutz haben, wann und wo Sie dessen auch bedürfen, denn die Freimaurer gewähren den Angehörigen ihrer Mitglieder Hilfe und Beistand in jeder Lage des Lebens.«*

Eben deswegen stellte ich nun auch an Reißig die Frage, ob ihm denn die Freimaurer nicht aufgeholfen hätten, und die Antwort lautete: »O ja, es nehmen sich meiner noch viele an!« Anknüpfend an dieses nannte mir Reißig die Namen vieler hochgestellter bayrischer Beamter, welche seine Wohltäter sein sollen.

Ich gab Herrn Reißig einmal 100 fl. *um arme Familien damit zu unterstützen* und wurde von ihm nach einiger Zeit benachrichtigt, daß er die Summe *in der Freimaurerversammlung übergeben habe*, und man hierüber sehr erstaunt gewesen sei! – – Eine Quittung erhielt ich nicht. – Am Allerseelentage teilte mir Reißig mit, das Grab meines Vaters sei mit einem Akazienzweige, dem Zeichen der Freimaurer, geschmückt; er wird wohl selbst dieses getan haben!

Ich sandte zu einer Zeit, während welcher man am Leipziger obersten Handelsgerichte darüber zu entscheiden hatte, ob ich eine Kauffrau sei oder nicht, den Reißig nach Leipzig, um – – mich unter dem siebenfachen Siegel der tiefsten Verschwiegenheit dem gerechten Schutze der Freimaurer empfehlen zu lassen!!!

Was tat Reißig? Er konnte natürlich selbstverständlich beim Gerichte gar nichts bezwecken, und fuhr, wie mir später mitgeteilt wurde, mit seiner Frau Gemahlin von Leipzig nach Berlin und lebte dort herrlich und in Freuden. Der Pfiffikus telegraphierte von Leipzig hierher, daß er dort in »höherer Mission« für mich tätig sei! –

Ein weiterer meiner rühmlichst bekannten Bediensteten wurde der schon einmal erwähnte Napoleon Homolatsch. Derselbe besuchte mich eines schönen Tages im Geschäftslokale, und da er eine gute Konversationsgabe besaß, so lud ich ihn ein, bei mir zu speisen. Über Tisch richtete ich nun spaßweise die Frage an ihn, ob er nicht bei mir die Auszahlstelle übernehmen wolle, da dieser Posten für die Dame nachgerade zu anstrengend würde, und zu meinem größten Erstaunen wurde dieses spaßhaft gemachte Angebot von Homolatsch sofort in vollstem Ernste akzeptiert. Die Dame nahm mir diese ihre Quasi-Absetzung ungemein übel, allein ich mochte mein wenn auch nur im Spaße gegebenes Wort nicht zurücknehmen, und Homolatsch erhielt von diesem Augenblicke an von mir eine Monatsgage von *250 fl.*

Im Auszahlen zeigte er sich sehr gewandt, so gewandt, daß einst eine Schlossersfrau bemerkt haben wollte, wie Homolatsch heimlich hinter meinem Stuhl Geld in seinen Manschetten verschwinden ließ. Da die Frau sofort Lärm schlug, so entstand unter dem angesammelten Volke, welches darüber sich ganz empört zeigte, eine förmliche Revolte. Homolatsch wusch aber alsobald seine Hände in Unschuld und versicherte mir unter heißen Tränen, er hätte durchaus kein Geldstück verschwinden lassen. Er machte eine so unschuldige Miene und zeigte sich so tief beleidigt, daß ich ihm vollen Glauben schenkte und ihn leider nicht durch meine männlichen Bediensteten visitieren ließ. Nicht selten war ich genötigt, eine Art Hausjustiz in Szene zu setzen, bei welchen hochnotpeinlichen Prozeduren ich als oberster Richter fungierte.

Eines Tages z. B. hatte eine meiner eifrigsten Anlegerinnen auf der Kellertreppe im Hausflur ihre Päckchen, welche sie für andere Leute zu besorgen hatte, vor sich aufgestellt, um die »Häupter ihrer Lieben« zu zählen. Plötzlich schien es ihr nun, als ob eines der neben ihr aufgepflanzten Geldpäckchen spurlos den Weg ins Schattenreich angetreten hätte. Sie blies sofort ein schreckliches Hallali und beschuldigte eine neben ihr sitzende Frau, welche gleichfalls mit Zählen beschäftigt war, ihre langen Finger mehr als nötig auf Kontribution ausgeschickt zu haben.

Die so schmählich in Verdacht gekommene Dame der Halle ließ sich aber solchen Schimpf nicht zweimal antun. Resolut und ohne die geringste Ziererei entledigte sie sich vor der Türe meines Mieters, des Generals Bösenegger, sofort ihrer baumwollenen und kattunenen Ober- und Untertogas, so zwar, daß Mutter Eva im Paradiese nichts vor ihr voraus hatte. Ein fortwährendes lautes Gelächter, welches mir in die Ohren tönte, veranlaßte mich, nachzusehen und – ich traute meinen Augen kaum, als ich die 40jährige Schöne à la Venus aus dem Meeresschaum entstiegen einer nichts weniger als plastischen Statue ähnlich vor mir stehen sah. Sofort nahm ich sie bei den Ohren und bedeutete ihr, in das Vorzimmer zu kommen. Diesem kategorischen Befehl wäre sie nun gerne nachgekommen, nur wurde ihr Inneres von furchtbaren Zweifeln gepeinigt, in welcher Gestalt sie ins Vorzimmer treten solle und sie wiederholte daher in einem fort die Frage: »Anzog'n oder a so?« – Ein homerisches Gelächter des Publikums war unter solchen Umständen natürlich nicht übel zu nehmen und auch nicht zu unterdrücken.

Derartige Szenen kamen des öfteren vor und nicht selten mußte ich handgreiflich werden. Mochte aber der Tumult noch so arg, der Lärm noch so groß sein, mir, aber auch nur *mir*, gelang es stets – allerdings ohne Glacéhandschuhe – die Ruhe wieder herzustellen.

Homolatsch war einmal wegen einer 14tägigen Gefängnishaft, welche er einer Ehrenbeleidigung der Lucile Grahn halber zu erstehen hatte, abwesend und seine werte Frau Gemahlin Therese half während dieser Zeit im Geschäfte aus, jedoch beobachtete sie das siebente Gebot *bei mir* mit einer solchen Gewissenhaftigkeit, daß sie späterhin vom Gerichte abgestraft wurde. Ich – die niemandem Schlechtes zutraute – hatte wie gewöhnlich nichts bemerkt.

Homolatsch verließ überhaupt nach geraumer Zeit meinen Dienst freiwillig. Warum, war wohl leicht zu erraten, es mochte ihm eben nach all dem Vorgefallenen in meinen Räumen nicht mehr recht heimisch zu Mute sein. Im übrigen hatte der Hamster seine Sache auch ins Trockene gebracht, denn – – Homolatsch kaufte sich in der Knöbelstraße ein eigenes Haus und errichtete seine eigene Buchdruckerei!!! Erkläret mir Graf Örindur?! –

Mein Kredit vergrößerte sich fort und fort, und ich mußte, da täglich 300 bis 500 Personen in meinem Hause verkehrten, noch mehr Bedienstete engagieren. Ich werde mich in einem anderen Kapitel über dieselben näher verbreiten.

Als ich wieder einmal ganz unbehelligt war, da konnte es Napoleon Vecchioni nicht unterlassen, in den »Neuesten Nachrichten« wieder in die Lärmtrompete zu stoßen. Der Herr Erzbischof von München beliebte nämlich um diese Zeit einen Hirtenbrief gegen die Dachauer Bank zu schleudern, ein Zeichen, daß ich wohl doch nicht jene *fanatisch Ultramontane* gewesen sein mag, zu der mich die liberale Presse – erbärmlich genug – stets zu stempeln suchte. Jener Erlaß des Erzbischofs war nun Wasser auf Vecchionis Mühle. Er stellte denselben nämlich im Schalter der Expedition als Transparent mit Flammen beleuchtet aus, um die Menge darauf aufmerksam zu machen. Mag sein, daß seine Gedanken ihn hierbei ins Jahr 1848 zurücktrugen, wo er mit seinem Fürstenmord predigenden »Michel Gradaus« Feuerbrände unter das Volk zu werfen gewohnt war.

Wie mir erzählt wurde, herrschte über dieses Transparent große Unruhe unter dem vor den »N. Nachr.« angesammelten Publikum, und man hatte nicht übel Lust, die Fenster einzuwerfen, ein Umstand, der eben nicht von großer Sympathie für Napoleon Vecchioni sprach. Dr. Sigl, welcher mich in seinem »Bayrischen Vaterland« schon des öfteren den »N. Nachr.« gegenüber verteidigt hatte, schrieb bei dieser Gelegenheit eine Entgegnung zu meinen Gunsten auf und stellte diese seinerseits in seinem Zeitungsschalter zur Besichtigung aus.

Dabei ist jedoch zu bemerken, daß ich, was Dr. Sigl anbetrifft, nichts als *Fehdehandschuh* war, um mit den »N. Nachr.« eine Lanze brechen zu können. Als mir einmal ein Arbeiter Schertel aus der Maffeischen Maschinenfabrik einen solchen zu meiner Verteidigung geschriebenen Artikel im »Vaterland« zu lesen gab, da freute es mich aber doch, daß ein mir gänzlich Unbekannter sich zu meinem Verteidiger aufgeworfen und ich frug den Arbeiter, ob er Herrn Dr. Sigl kenne? »O ja, ich komme mit ihm oft in einem katholischen Vereine zusammen«, lautete die Antwort. Ich beauftragte nun diesen Arbeiter, dem Herrn Dr. Sigl für seine Verteidigung meinen besten Dank auszusprechen und ihn wissen zu lassen, daß mich ein Besuch von seiner Seite sehr erfreuen würde. Kurze Zeit darauf kam Dr. Sigl wirklich zu mir, wiederholte jedoch seine Besuche höchst selten. Unsere sehr kurzen in Gegenwart von Zeugen geführten Unterhaltungen drehten sich stets um gleichgültige Sachen, um Parteisachen selbst kümmerte ich mich aber nie.

An jenem Abend, wo der erzbischöfliche Erlaß in der Expedition der »N. Nachr.« als Transparent ausgehängt war, war in der Schönfeldstraße alles totenstill. Plötzlich kam Herr von Laroche, welcher in meinem Hause nebenan wohnte, in größter Besorgnis herübergestürzt und erteilte mir dringendst den Rat, sofort alle Fensterläden zu schließen, weil die Fenster eingeworfen werden könnten. »Im Gegenteil«, erwiderte ich, »alle Fenster werde ich öffnen lassen und mich selbst an dieselben stellen, damit man wenigstens weiß, warum man Steine wirft!« – Ich tat dies auch und harrte der Dinge, die da kommen sollten, aber alles blieb ruhig. Tags darauf erwartete ich, daß die Leute massenhaft kommen würden, um ihr Geld zurückzuholen, möglich auch, daß an diesem Morgen vielleicht hundert Personen mehr Geld holten als brachten, aber dies war ja eine Null, die gar nicht bemerkenswert war. Ich selbst hielt mich dem Erlasse und der hiedurch erfolgten Volksaufregung gegenüber vollständig neutral. In Folge einer Erkältung, welche ich mir am offenen Fenster zugezogen hatte, mußte ich übrigens auf ärztlichen Befehl das Bett hüten. Abends gegen 8 Uhr wurde mir nun gemeldet, daß sich im »Wilhelm Tell« eine große Anzahl von Menschen versammelt hätten, welche mir ihre Entrüstung und ihr Bedauern über den erzbischöflichen Erlaß und dessen Ausbeutung ausdrücken wollten.

Es waren ihrer über zweihundert, sie hatten keinen Platz im Gasthofe mehr und sammelten sich deshalb in meinem Hofe an. Ich ließ den Leuten für ihre herzliche Teilnahme danken, aber auch die Bitte an sie richten, mich zu verschonen, da ich leidend sei. Nichts konnte aber die Leute von ihrer Absicht abbringen, sie wollten mich selbst sehen oder lieber die Nacht in meinem Hause zubringen. Nun war guter Rat teuer und da ich Unruhen befürchtete, so ließ ich den Eintritt zu mir gestatten. Die Leute kamen nun paarweise und äußerst ruhig an mein Bett, drückten mir die Hand und erklärten, daß sie sich *nicht befehlen ließen, was sie mit ihrem eigenen Gelde anfangen dürften.* Sie drückten auch fest und bestimmt die Absicht aus, am anderen Morgen auf die Regierung zu ziehen, um sich zu beschweren. Ich konnte sie nur mit Mühe von dieser Absicht abbringen, und bat sie, still nach Hause zu gehen, ein Verlangen, dem die guten Menschen auch bereitwilligst nachkamen. Dieses war der zweite Sturm, welcher mir aber nicht den geringsten Schaden oder Verlust bereitete. Einige Zeit später erschien sogar im »Volksboten« ein Inserat, in welchem eine große Anzahl Arbeiter und Bauern mittelst Namensunterschrift bestätigten, daß sie ihr Geld der Adele Spitzeder freiwillig gäben und daß sie kein Mensch hievon abhalten könne.

Frau Räthin Kummerer, welche meine Wäsche besorgte, teilte mir auf einmal mit, daß Polizeiassessor Pfister spätabends noch bei ihrem Mann auf dem Büro gewesen sei und sich befragt habe, ob man denn gar nichts machen könne, um dieser Dachauer Bank ein Ende zu machen. Rath Kummerer habe ihm jedoch eine positiv verneinende Antwort erteilt.

Plötzlich bekam ich – auf Veranlassung der *Polizei* – eine Aufforderung des Handelsgerichts, binnen 8 Tagen mich als Kauffrau ins Handelsregister einzuzeichnen. Ich holte hierüber den Rat des Herrn Advokat Fuß ein, und dieser erklärte mir, daß die Pflicht der Einzeichnung ins Handelsregister nur *Kaufleuten* obliege, mein Geschäft sei aber *kein* kaufmännisches und infolgedessen wolle er einen Protest dagegen anfertigen.

Derselbe wurde aber angefertigt durch dessen Rechtskonzipient Schamberger, welchen ich durch Herrn L. Kolb kennengelernt hatte. Das Schriftstück war ganz im Sinne des Advokaten Fuß angefertigt und war darin hervorgehoben, daß die Manipulation, fremde Gelder anzunehmen und auszuleihen, noch lange nicht die Identität mit einem Kaufmannsgeschäfte herstelle.

Die Entscheidung ließ denn auch von seiten des Handelsgerichts nicht lange auf sich warten, und es kam ein von den Handelsräten, mehreren Sachkundigen, und vom Präsidenten des Handelsgerichts, Rath Hammelbacher, unterzeichnetes Schriftstück des Inhalts:

»daß mein Geschäft ein solches sei, wie es in den meisten großen Städten jetzt vorkomme und ich weder die Pflichten eines Kaufmanns zu erfüllen hätte, auch nicht die Ehren eines solchen genösse, die Firmen-Einzeichnung ins Handels-Register daher wegfalle. – Unterschrieben vom Senat!!!« ––

Da ich mich nie als eine Handelsfrau betrachtet hatte, auch die Juristen mir stets versichert hatten, *daß ich keine kaufmännischen Bücher zu führen brauche,* ich auch von einer Führung derselben nichts verstanden hätte, weil nicht kaufmännisch gebildet, so kam mir dieser endgültige Bescheid sehr erwünscht. Übrigens wäre es mir auch faktisch unmöglich gewesen, meine Bücher in so kurzer Zeit kaufmännisch einzuteilen. Man hätte schon gleich beim ersten Sturme, der im »Deutschen Hause« über mich hereinbrach, von mir kaufmännische Buchführung verlangen sollen, ich würde dann Buchhalter engagiert und mich von diesem Augenblicke an überhaupt als Kauffrau installiert haben. Schlimmstenfalls hätte ich mich damals mit meinen Gläubigern abgefunden und mir wäre dadurch eine lange Leidensperiode, wie auch einem großen Teile des Volkes ein schwerer Verlust erspart geblieben. Für den Protest, der solch angenehmen Entscheid zur Folge gehabt hatte, ließ ich Herrn Schamberger die Summe von *2500 fl.* auszahlen.

Dr. Zandter, der Redakteur des damaligen »Volksboten« dahier, dem ich einst auf Empfehlung des Commissionärs Frei ein kleines Darlehen gegeben hatte, und zwar im »Deutschen Hause« noch, beehrte mich auch in der Schönfeldstraße mit seinen Besuchen. Auch er verteidigte mich *unaufgefordert* in seinem Blatte gegen die »Neuesten Nachrichten«, aber in so derber Weise, daß mir seine Parteinahme nichts weniger als angenehm war, weshalb ich ihn des öfteren ersuchte, seine Feder in bezug auf meine Person in Ruhestand zu setzen. Zandter pumpte mich auch um nicht weniger als 13 000 fl. auf einmal an, »um sich von einer großen Schuld freizumachen«, wie er sich ausdrückte. Nach dem Tode seines Vaters, so erklärte er, wolle er mir die Summe zurückzahlen, und ich, in dem Glauben, daß sein Vater Vermögen zu hinterlassen hätte, willfahrte seinem Wunsche. Der alte Mann starb, hinterließ aber leider – nichts. Ich habe denn auch von den 13 000 fl. nie einen Pfennig wieder gesehen, obwohl mir Zandter nach dem Tode seines Vaters die Zeitung verpfändete. Gelegentlich meines Sturzes fand es übrigens Zandter für gut, in die Schweiz zu verduften.

Zandter empfahl mir auch den Abgeordneten Dr. Rittler, welcher mich auch um kleines Darlehen ersuchte. Späterhin besuchte er mich oft, legte einmal auch im Auftrag einer Dame etliche hundert Gulden an, kramte mir Stadtneuigkeiten aus und versäumte sogar nicht, mir Briefe zu schreiben, welche ich aber offen gestanden niemals gelesen habe.

Ferner empfahl mir Zandter noch den Abgeordneten Dr. Carl Barth, mit welchem ich des Handelsgerichtes halber verschiedene Konsultationen hatte. Ich sprach auch mit ihm über die ewigen Angriffe der Presse, und er schrieb über dieses Thema einmal einen Artikel in meine eigene Zeitung. In den letzten Tagen noch vor meinem Sturze hatte ich ihn angesichts der drohenden Gewitterwolken zu einem anwaltlichen Konzilium berufen.

Auch mit einem Pfarrer aus Hirtelbach bei Dachau hatte ich zu tun. Derselbe, mit Namen Michael Buchele, legte mehrere tausend Gulden bei mir an und, da er die Zinsen stets selbst holte, vom Publikum aber nicht gesehen sein wollte, so empfing ich ihn seinem Wunsche gemäß in meiner Wohnung. Mehr Weltmann als Geistlicher und durchaus nicht mit religiösen oder bigotten Gesprächen mich inkommodierend, sagte mir seine (stets in Gegenwart von Zeugen abgehaltene) Konversation ungemein zu. Da er sich nach Abwicklung seiner geschäftlichen Angelegenheiten stets direkt von mir weg auf den Bahnhof zu begeben pflegte, so lud ich ihn zuweilen ein, an meinem Tische zu speisen. Mir und auch anderen erzählte er, daß die Leute seiner Gegend alle ihre disponiblen Gelder bei mir liegen hätten und daß ich mich bei ihnen großer Sympathien zu erfreuen hätte. Wir kamen auch manchmal auf die Aufhetzereien zu sprechen, welche man gegen mich periodisch inszenierte, und er meinte bei einer solchen Gelegenheit, ich solle mich nicht viel darum kümmern, die Hauptsache sei, daß ich den Leuten nie und nimmermehr Sicherheit für ihr Geld versprochen hätte und wenn die Anleger trotzdem zufrieden wären, so sei das eine persönliche Vertrauenssache, gegen welche kein vernünftig denkender Mensch, es müßte denn ein Neidhammel sein, etwas einzuwenden habe.

Nachdem ich diesen leutseligen Pfarrer etliche Male eingeladen, wollte er sich revanchieren und lud mich deshalb einmal brieflich ein, mit meiner Gesellschafterin seinen Pfarrhof in Hirtelbach zu besuchen. Da er wußte, daß ich eine leidenschaftliche Raucherin bin, so machte er auch das nota bene, ich möchte gute Zigarren selbst mitbringen, denn bei ihm draußen sei eine Havanna identisch mit dem Kraute auf den Kartoffelfeldern. Nebenbei bemerkte der Herr Pfarrer auch, daß die Stimmung in seiner Gegend betreffs meiner eine ganz ruhige sei.

Diesen meiner Anschauung nach ganz und gar unschuldigen Brief benützte man in der Verhandlung als belastendes Aktenstück. Außerdem hatte ich keinen Verkehr mit Herren aus dem geistlichen Stande, obwohl mehrere (jedoch keine Erzbischöfe oder sonstwie hoch chargierte Personen des Kultus, wie man bemerkte) Gelder bei mir anlegten oder erhielten. Mit den ersteren verkehrte ich stets öffentlich vor dem Publikum, den letzteren begegnen wir im Kapitel »Humanitätswerke«. Der eine davon soll übrigens gleich hier angedeutet werden.

Mir wurde nämlich einmal von vielen Geldeinlegern mit größter Entrüstung mitgeteilt, daß ein Prediger in der Au von der Kanzel herab sich beleidigende Ausdrücke gegen die Besitzerin der Dachauer Bank erlaubt habe, so daß ein großer Teil seines Auditoriums, unangenehm berührt hierdurch, es vorgezogen habe, die Kirche zu verlassen. Die Leute meinten auch, ich solle mir solches nicht gefallen lassen, sondern mich allen Ernstes dagegen verwahren.

Ich fand dies auch ganz in der Ordnung und beauftragte deshalb den Rechtsconzipienten Schamberger, den Herrn Kanzelredner zur Rede zu stellen mit dem Bemerken, daß ich ihn im Wiederholungsfalle laut Artikel 187 des Strafgesetzes wegen verleumderischer Beleidigung belangen lassen werde. Auch ließ ich ihn wissen, daß viele seiner Zuhörer sich bei mir dahin geäußert hätten, daß derartige persönliche Sachen kein Stoff zu einer Predigt wären.

Einige Zeit darauf war ich nicht wenig erstaunt, als der Portier mich benachrichtigte, daß der betreffende geistliche Herr in Begleitung eines seiner Kollegen unten stehe und mich zu sprechen wünsche. In der Meinung, daß der Hochwürdige mir in Gegenwart eines Zeugen einen Vorhalt machen wolle, ließ ich ihn sogleich eintreten und fragte nach seinem Begehr.

Der Herr Prediger trat nun ein und ganz sanft und höflich brachte er mir vor, daß er, nachdem er gehört, daß ich mich bei Unterstützungen gerne beteilige, sich die Anfrage erlaube, ob ich nicht geneigt wäre, 1000 fl. zu Wohltätigkeitszwecken zu opfern? »Sehr gerne, Hochwürden«, erwiderte ich lächelnd, begab mich in mein Schlafzimmer, nahm 1000 fl. aus dem Schranke und übergab sie ihm mit den Worten: »Sehen Sie, Hochwürden, so rächt sich eine Christin! Werden Sie diese Schenkung nun auch von der Kanzel herab predigen?« Leicht errötend nahm der Verschämte die Summe in Empfang und entfernte sich mit seinem Kollegen, nachdem er sich lächelnd mit den Worten: »Ich danke Ihnen bestens«, verabschiedet hatte. Sinnend und mit verschränkten Armen sah ich den beiden Herren nach.

Die Gelder strömten unterdessen immer mehr und die Anlagesummen erreichten *täglich die kolossale Höhe von 80–100 000 fl.* Nun kam Napoleon Veccioni wieder und blies in den »Neuesten Nachrichten« Lärm gegen mich. Selbstverständlich kamen nun wieder eine Menge Leute, um ihre Gelder zurückzuholen, und ich – zahlte sämtliche fällige *und unfällige* Wechsel ohne Ausnahme. Sogar in den öffentlichen Wirtshäusern machte man den Leuten Angst um ihr Geld, indem man das Gerücht aussprengte, es werde demnächst gesperrt werden. Man preßte den armen Menschen die Wechsel um die Hälfte, ja um ein Dritteil ihres Wertes förmlich ab, ließ sich dieselben bei mir voll auszahlen und trieb in dieser Weise Wechselreiterei im höchsten Grade.

So erzählte mir späterhin ein Bauer, als er wieder Geld bei mir anlegte, vor vielen Leuten, daß man ihm in einem öffentlichen Lokale einen auf 800 fl. lautenden Wechsel um *300 fl.* herausgelockt habe. Ich kann mit vollem Rechte behaupten, daß durch diese Umtriebe viele weit mehr Geld verloren haben als durch meinen gewaltsam herbeigeführten Sturz; selbstverständlich bereicherten sich auch viele Schlauköpfe durch diese Manipulationen.

Ich zahlte während dieser Zeit in einer Tour fort aus, und zwar täglich, Sonntag mit inbegriffen, von frühmorgens bis spätabends. Gerichtsvollzieher, Notare, sogar *Advokaten* entblödeten sich nicht, von mir Zahlung *auch für unfällige Wechsel* zu fordern. In dem untern Lokale sammelten sich die Leute aus den niederen Ständen an, um ihr Geld in Empfang zu nehmen, in der Wohnung hingegen empfing ich die sog. »feinere Welt« und zahlte ihnen ihre Wechselgelder aus.

Ein Rechtskonzipient, namens Michael Bertchold, Substitut beim Advokaten Hierneis, präsentierte sich täglich zweimal, ja sogar dreimal bis in die späte Abendstunde hinein, um das Geld für *unfällige* Wechsel in Empfang zu nehmen. Ich zahlte ihm in einem fort Tausende aus, und der

Mann mußte sich wie ein Lastknecht abschleppen, um das Geld in seiner Droschke unterzubringen. Gott sei Dank war ich in der Lage, allen Forderungen gerecht zu werden, allein meine Obligationen schwanden bei dieser Gelegenheit mit enormen Verlusten dahin, sodaß ich schließlich nur noch 50 000 fl. in Obligationen und 11 000 fl. in Losen liegen hatte. Von obigen 50 000 fl. in Obligationen fehlten mir späterhin 26 000 fl., welche mir aller Wahrscheinlichkeit nach *gestohlen* wurden, ohne daß ich es in meiner furchtbaren Aufregung bemerkte. Ich kann letzteres wohl annehmen, nachdem doch späterhin einer meiner Bediensteten, der spitzbübische Gröbmaier, wegen eines an mir verübten *kolossalen Obligationen-Diebstahls* gerichtlich abgeurteilt wurde.

In dem Momente nun, als ich den letzten Rest der mir zur Verfügung stehenden Obligationen in bares Geld umwechseln lassen wollte, schlug die Sache plötzlich wieder um und die Glückssonne ging wieder strahlend über mir auf.

In dieser höchst bedrängten Lage, welche außer mir keiner menschlichen Seele bekannt war, hatte mich tatsächlich der Glaube an meinen Glücksstern keinen Augenblick verlassen. Und wirklich, auf einmal strömte mir das Geld wieder in *Hunderttausenden* zu. Die Leute, welche mir nun wieder ihr Geld brachten, klagten nun unter Tränen, wie ungeheuer viel sie durch den Verkauf ihrer Wechsel verloren hätten, und ich befragte infolgedessen den Rechtskonzipient Brücklmaier, ob man denn nicht bei Abfassung der Wechsel eine Änderung dahin treffen könne, daß die Leute in Zukunft ihre Wechsel in eigener Person präsentieren müßten. Brücklmaier gab mir nun den Rat, künftig, die Wechsel nicht mehr an Ordre lauten zu lassen, und nachdem mir ein Advokat sowohl als ein Notar bestätigt hatten, daß die Wechsel hierdurch nicht im geringsten an ihrer Gültigkeit verlieren würden, so ließ ich von nun an dementsprechende Formulare drucken – und von diesem Augenblicke an war der Wechselreiterei ein Riegel vorgeschoben. Nachdem mein Kredit eine Zeitlang wieder unangefochten geblieben war, da wurde plötzlich von meinen boshaften Feinden das Gerücht verbreitet, ich hätte meine Zahlungen eingestellt. Erbittert über solch bodenlose Niederträchtigkeit ließ ich nun in sämtlichen Münchener Blättern eine Erklärung einrücken, »daß ich wie bisher die fälligen wie auch die unfälligen Wechsel bis zum Betrage von 80 000 fl. ausbezahlt hätte«.

Nachdem diese Annonce zum Abdrucke gelangt war, erhielt ich vom selben Handelsgericht, welches mich vor nicht langer Zeit als Nicht-Kauffrau erklärt hatte, eine Aufforderung, mich als Kauffrau einzuzeichnen, da – man höre und staune – mein »Geschäft« sich nun anders gestaltet hätte. Es war wirklich, um närrisch zu werden! –

Ich ließ gegen dieses Ansinnen wieder schriftlichen Protest einreichen und durch meinen Anwalt erklären, daß in keinerlei Weise eine Änderung eingetreten sei. Dieses Mal wurde ich jedoch abgewiesen. Durch den Advokaten Kammerecker ließ ich gegen diesen Beschluß Einspruch erheben, aber es wurde ausgesprochen, daß ich eine Kauffrau sei und meine Firma im Handelsregister eintragen lassen müsse. Kammerecker erhielt für seine Mühewaltung *1000 fl.* Ein gewisser Sonnenstein verlangte zwar für ihn (ob in seinem Auftrage, bleibe dahingestellt) die Summe von *10 000 fl.*, doch glaubte ich einer solchen exorbitanten Forderung nicht nachkommen zu müssen.

Nun ließ ich durch Advokat Dr. Will gegen den erwähnten Entscheid appellieren und nachdem auch das Appellgericht mich als Kauffrau erklärte, die Nichtigkeitsbeschwerde ergreifen; der oberste Gerichtshof verwies die Sache an das Reichsoberhandelsgericht Leipzig, dieses aber erklärte die Nichtigkeitsbeschwerde als nicht zulässig.

Da ich mich noch immer nicht ins Handelsregister eintragen ließ, so fing das Handelsgericht an, mich mit Geldstrafen zu belegen. Aber die Adele Spitzeder war auch eigensinnig. Da das Handelsgericht mein »*Ausleih*-Geschäft« als ein Handelsgeschäft betrachtete, so gab ich nun dasselbe als solches auf und beauftragte einen meiner Bediensteten, keinen Wechsel mehr zu prolongieren, sondern sämtliche einzukassieren, aber auch von nun an keine Gelder mehr auszuleihen. Denselben Auftrag erteilte ich der Betty Winter und ließ hierüber vom K. Notar Dettenhofer sogar ein eigenes Protokoll aufnehmen.

Dem Handelsgerichte zeigte ich nun an, daß ich keine Gelder mehr ausleihe, sondern nur mehr in Immobilien anlege, *vergebens, ich war eine Handelsfrau!* –

Infolge dieser vielen Aufregungen wurde ich leidend und mußte auf dringendes Anraten meines Hausarztes das Bett hüten. Die Leute ließen sich jedoch hierdurch nicht abwehren, sondern stellten sich vor meinem Zimmer und auf der Treppe auf, so daß niemand mehr hindurchdringen konnte und ließen mich unter Jammern und Flehen bitten, ich möchte doch nur ihr Geld annehmen. Zu jener Zeit waren es täglich nicht weniger als *130–150 Personen, welche ich samt ihren Kapitalien zurückweisen mußte.* Es gab bei derartigen Gelegenheiten wahrhaft erheiternde Szenen. Wenn ich beispielsweise zu den Leuten sagte: »Macht, daß Ihr fortkommt mit Eurem Geld«, so erwiderten sie: »Wir gingen ja gern, wenn man nur unser Geld anbracht hätt'n!« – »So steckt's Euch in die Nasenlöcher, ihr dummen Mopsgesichter«, sagte ich dann wieder, und darauf folgte dann die ebenso drastische Antwort: »Jo do hab'n ma ja kan Platz drin, gnädig's Fräula!« –

So konnte z. B. eine Mitbewohnerin meines Hauses, die Köchin des Generals Bösenegger, in meiner Schwurgerichtsverhandlung als Belastungs-Zeugin eidlich vernommen, die Tatsache angeben, daß die Leute mich fast kniefällig oft gebeten hatten, ihr Geld anzunehmen. Ich versuchte es auch, durch Grobheit die Leute fortzubringen, indem ich sie in corpore hinausjagte, bei welchen Gelegenheiten meine Bediensteten für die weitere Expedition Sorge tragen mußten und es hierbei an sanften Rippenstößen wahrlich nicht fehlen ließen. Und trotz alledem schlichen sich viele zur selben Türe, durch welche sie erst hinausgejagt waren, wieder herein, so daß ich mich genötigt sah, das Tor ganz schließen zu lassen.

Es ist unglaublich, aber vollkommen wahr, die Leute versteckten sich ohne mein Wissen im Hause, sogar unter den Tischen und Bänken, und so oft ich mich in das untere Lokal verfügte, dasselbe leer glaubend, – – wieder war es von lauter Geldanlegern gefüllt. Viele der fortgeschickten Personen hatten ihr Geld in meinem Hause, in Ofenlöchern, an anderen Orten, ja sogar unter dem Bette meines Portiers versteckt, nur um das Geld nicht nach Hause schleppen zu müssen und es im Falle, daß die Haustüre wieder geöffnet wurde, gleich bei der Hand zu haben. Sagte ich ihnen, daß ich für heute zu müde sei, um weiter noch Wechsel unterschreiben zu können, daß ich Kopfweh habe usf., so gaben sie mir ganz einfach zur Antwort, ich möchte ihnen nur gestatten, das Geld – ohne Wechsel – bei mir zu lassen, denn »es pressiert ja net, wir könna 'Wechsel jo an andersmol a hol'n!« – –

Im Münchner Hofgarten saßen um diese Zeit die Menschen scharenweise mit ihren Geldsäcken auf den Bänken umher und lamentierten und jammerten, daß ich ihr Geld nicht angenommen hätte.

Einst machte sich mein Laufbursche Karl Ludwig den Spaß, den Leuten die faustdicke Lüge aufzubinden, ich hätte mir die Hand verbrannt und könnte infolgedessen keine Wechsel mehr unterschreiben. Auf diesen dummen Witz folgte sofort ein kolossales Jammergeschrei und viele riefen: »Jetzt san ma Alla valoren, wenn d'Fräul'n nimma unterschreib'n kann.« Der Lärm drang bis zu mir und als ich mich nach der Ursache desselben erkundigt hatte, da konnte ich die Belogenen nur dadurch beruhigen, daß ich ihnen meine unversehrten Hände zeigte.

Sofort schlug der Jammer in ein Jubelgeschrei um. Überhaupt wäre es für manchen interessant gewesen, das Verfahren bei mir zu beobachten. Nachdem die Wechselformulare von meinen Wechselschreibern ausgefüllt waren, wurden sie von einem meiner Zahlmeister ausgerufen, damit die Betreffenden sich zu deren Empfangnahme melden konnten. Zu diesem Behufe war mitten im Garten ein Tisch plaziert, an dem sich der Zahlmeister aufstellte und mit lauter Stimme die Namen ausrief. Das Publikum stand in dichten Scharen um ihn, und die Ausgerufenen gaben sich wie bei einem militärischen Appell durch den Ruf »Hier« zu erkennen. »Mir z'erst, daß i mit dem Zug noch fort kimm«, hörte man da und dort, »na, mir zuerst, sonst krieg' i Schläg von mei'm Mann«, ertönte es wieder von anderer Seite, und so ging dies tagtäglich fort, ein Schauspiel, welchem der in meinem Hause wohnende General Bösenegger mit seiner ganzen Familie oft zusah. Wenn nun die Verlesung vorüber war, dann strömte alles wie ein Bienenschwarm in das Lokal, und zwar in solcher Überstürzung, Hast und Eile, daß den Weibern die Zopfbänder und Hauben vom Kopfe flogen, und sie nicht selten Unterröcke und Schürzen verloren. Das hierbei ausgestoßene Zetergeschrei war wahrhaft betäubend und wenn ich mich für einen Augenblick nur am Fenster sehen ließ, so schrien ganz absonderlich die Weiber herauf: »Geltens gnädigs Fräul'n, i kumm z'erst dran, i muaß bald z'Haus, meine Kinder san ganz alloa, i hab's daweil einsperren müssen und bin scho seit in der Früah um a 7 Uhr da!« – Andere wieder streckten ihre Milchkübel herauf und schrien: »Fräul'n gelt'ns, meine Obligationen nehma's glei, mir müaß'n macha, wenn d'Kübel lar san, d'Mili austrag'n!« – Die Männer machten hingegen geltend, daß sie Pferd und Wagen eingestellt hätten, ins Geschäft oder mit dem nächsten Zug fort müßten usw. – Meine Bediensteten, besonders die Wechselschreiber, wurden ebenfalls bestürmt, nur wurde ihnen im Gegensatze zu mir oft förmlich Rache geschworen, wenn sie ihnen die gewünschten Wechsel nicht sofort schrieben.

Kam ich dann selbst hinunter, so drängte alles auf mich zu, man drückte mir die Hände, zerrte mich an den Kleidern und bat mich mit aufgehobenen Händen, ich möchte doch das betreffende Geld gleich nehmen. Es war dann so voll von Menschen im Wartezimmer, daß, wie man zu sagen pflegt, kein Apfel zu Boden fallen konnte; die Leute standen und saßen sogar auf den Fenstergesimsen, vom Hofe gar nicht zu reden, der so voll war, daß meine Hausbewohner kaum durchkommen konnten. Jene Personen nun, welche gar keine Aussicht vor sich hatten, heute noch vorzukommen, übergaben ihr Geld jenen, welche weiter vorne standen und also mehr Aussicht hatten, bald abgefertigt zu werden. Wenn dann einer dieser Zwischenträger, wenn ich mich so ausdrücken will, oft mit dreißig Wechseln in der Hand zurückkam, dann ging das Geschrei an: »Hob'ns unser Geld anbracht?« Fiel die Antwort bejahend aus, dann lautete der Antwortsseufzer aus der nun nicht mehr von bangen Zweifeln bedrängten Brust: »Gott sei Dank, endlich!« – – Ich muß hier noch eines Umstandes erwähnen, der, wenn auch nicht sonderlich ästhetisch, so doch sehr bezeichnend ist, um den Eifer zu charakterisieren, mit welchem diese Leute ihre Kapitalien bei mir anzubringen suchten. Standen nämlich die Scharen so recht dicht beieinander, so nahmen sich die Weiber nicht Zeit, ihre natürlichen Bedürfnisse am geeigneten Orte zu befriedigen, sondern – – der Fußboden zeigte oft vielfache, und zwar nicht gerade wohlriechende Beweis-Merkmale davon, daß man nicht gesonnen sei, von einem einmal eroberten Platze zu weichen. Die Donnerworte, welche ich dann dieser Abscheulichkeit halber predigte, hatten nur zur Folge, daß man mir mit unerhörter Naivität zur Antwort gab: »Ja gnädig's Fräul'n, wenn ma rausgenga, bring' ma unsa Geld heut' gar nimmer a!« – – –

Man glaube ja nicht, daß ich übertreibe oder mit dieser eigenartigen Popularität, welche ich genoß und heute noch genieße, etwa brüsten will, sondern ich schreibe *reine und nackte Wahrheit, faktische Tatsachen,* welche von *Tausenden und abermals Tausenden von Augenzeugen bestätigt werden können.*

Kam einer der erwähnten Zwischenträger aus dem Zimmer mit den Wechseln in der Hand zurück, so begab sich der Glückliche mit dem ganzen Schwarm seiner Kreditoren in eine der Gartenlauben und geriet sich dort wie ein Bankinhaber. Einer derselben z. B., namens Johann Breitweg, dem eine Unmasse von Landleuten ganze Körbe voll Geld zum Anlegen übergeben hatten, welche er sich durch Dienstleute nachtragen ließ, kam einmal zu mir in meine Privatwohnung und bat mich, seine 20 000 fl., welche er für andere anzulegen hätte, doch gleich anzunehmen, denn – – er würde bei den Leuten sonst seinen ganzen Kredit verlieren! – Dieser Mensch, den ich späterhin nur den »Bankier« Breitweg nannte, war keineswegs ein »Agent« von mir, wie ich überhaupt nie »Agenten« hatte, sondern er legte für sich und andere Leute das Geld bei mir an, ohne daß ich es ihn je geheißen hätte. Er hat jetzt Haus und Hof und wird mir als nun sehr wohlhabend geschildert.

Ein weiteres psychologisch-interessantes Phänomen war es auch, daß die Leute sich viel lärmender beim Geldbringen benahmen, als beim Geldholen. Da, wie schon mehrfach erwähnt, die Leute schon von früh 6 Uhr an warten mußten, bis sie oft erst gegen Mittag an die Reihe kamen, so ließ ich ihnen auch anstandshalber einen Eimer Bier und für 2 fl. Semmeln verabreichen.

Einst besuchte mich auch Herr Bezirksgerichtsrath Bauer und ersuchte mich als Vormund für einen Mündel, eine auf meinem Hause in der Maximiliansstraße ruhende Hypothek, obwohl dieselbe noch nicht fällig war, zurückzuzahlen, ein Ansuchen, dem ich bereitwilligst Folge leistete. Bei dieser Gelegenheit sprach ich mit dem genannten

Herrn auch über die Zulässigkeit meines Betriebes und derselbe fand an demselben durchaus nichts Ungesetzliches.

Da ich aber immer und immer wieder das Gerücht zu hören bekam, es solle bei mir gerichtlich gesperrt werden (ein Ding der Unmöglichkeit, wie ich glaubte, weil ich meine Zahlungen stets prompt einhielt), so nahm ich mir vor, den Minister des Innern persönlich hierüber zu befragen und führte diesen Gedanken auch wirklich aus, indem ich mir die Freiheit nahm, Sr. Exzellenz Herrn v. Pfeuffer meine Aufwartung zu machen.

Der Herr Minister empfing mich freundlichst, wies mir mit Höflichkeit einen Platz an und hörte mit sehr gespanntem Interesse den verschiedenen Einzelheiten zu, welche ich ihm erzählte. Ich erlaubte mir sogar, an den Herrn Minister spaßweise die Einladung zu richten, sich einmal incognito in meinem Hause einzufinden, indem es für Se. Exzellenz sicher äußerst interessant sein würde, dem Tun und Treiben daselbst zuzusehen. Nebenbei knüpfte ich auch noch die Bemerkung daran, daß der Herr Minister sich ja als Geldanleger gerieren könne, worauf er mir mit lächelnder Miene die Antwort erteilte: »Mein Fräulein, die Minister haben nicht immer Geld zum Anlegen!« –

Auf meine Frage, ob es möglich wäre, daß bei mir jemals gesperrt würde, erwiderte Herr v. Pfeuffer, er glaube *nicht*, daß dies der Fall sein könne. Als ich mich nach etwa einer halben Stunde wieder entfernte, da entließ mich Herr v. Pfeuffer höchst freundlich.

Später wollte ich auch den k. Polizeidirektor Herrn v. Burgdorf besuchen, um auch ihm eine Auseinandersetzung meines Verfahrens zu geben. Einer meiner Anwälte riet mir jedoch davon ab, weil es den Anschein gewinnen möchte, als wolle ich dessen Protektion mich versichern, und so ließ ich diese Idee auch fallen. Auch einen Brief an Herrn v. Burgdorf, den ich bereits angefangen, ließ ich unbeendigt auf meinem Schreibtische liegen.

Herrn von Burgdorf sollte ich übrigens doch noch persönlich kennenlernen, und zwar gelegentlich einer Unterredung, welche ich mit Herrn Polizeirath Schuster in dessen Büro hatte. Genannter Herr Rath hatte mir nämlich betreffs einer zur Egalisierung der Straße wünschenswerten Territoriumsabtretung von einem meiner Häuser eine Vorladung gesandt. Bei Abwickelung dieser Angelegenheit erschien nun auf einmal Herr von Burgdorf, wahrscheinlich von meiner Anwesenheit avertiert, im Büro des Herrn Polizeiraths Schuster. Herr von Burgdorf beachtete, nachdem ich ihm vorgestellt war, eine ganz diplomatische Artigkeit gegen mich. So frug er mich, ob ich vielleicht vierspännig vorgefahren sei. Nicht im geringsten um eine Antwort verlegen, gab ich im selben Tone zurück: »Nein, vorläufig noch zweispännig!« – Und nun kam aus dem Munde des Herrn Polizeidirektors jene nun längst bekannt gewordene doppelsinnige Bemerkung: »Mein Fräulein, wenn Sie je einmal die Absicht hegen sollten, München zu verlassen, dann bitte ich ja nicht zu vergessen, mich davon in Kenntnis zu setzen!« – Mich verbindlich verneigend, retournierte ich: »Werde nicht ermangeln, falls ich München je verlasse, was ich übrigens nicht beabsichtige, dem Herrn Regierungsrath meinen Paß zum Visa einzuschicken und, wenn es erlaubt ist, auch einen Abschiedsbesuch zu machen. Bis dahin aber bitte ich, mir Ihren Schutz freundlichst angedeihen zu lassen.« »Derselbe wird Ihnen niemals fehlen«, war die Antwort des Herrn von Burgdorf.

Herr v. Burgdorf ging in den letzten Zeiten sehr häufig durch die Schönfeldstraße und sah sich mein Haus mit ganz absonderlichem Interesse an. So promenierte er auch einmal mit dem Stallmeister Baron v. Lerchenfeld in eifrigem Gespräche begriffen an meinem Hause vorbei, und Baron Lerchenfeld konnte sich, als er die Fenster des Auszahlungszimmers offen stehen sah, nicht enthalten, hineinzuschauen und neugierig-spöttischen Tones zu fragen: »Nun, wird recht bezahlt?« – Mit einem Satze stand ich am

Fenster und erteilte die Antwort: »Jawohl, Herr Stallmeister, haben Sie vielleicht auch einen Wechsel?« Derselbe war ganz verblüfft und entfernte sich. Herr von Burgdorf ließ mir einmal durch den Bezirkskommissär Niederreiter die Warnung zukommen, ich möchte mich doch nicht so ganz ohne alle Begleitung in den mir benachbarten Englischen Garten begeben, da mir in Anbetracht meiner vielen Feinde sonst leicht ein Unglück zustoßen könnte. Ich ließ für diese Warnung verbindlichst danken, befolgte dieselbe aber keineswegs, sondern promenierte meiner Gewohnheit gemäß in meinem roten Schlafrock, die Hände auf dem Rücken dem Terrain meiner Häuser täglich entlang in der Schönfeldstraße und im Englischen Garten.

Zuweilen stellten sich bummelnde Herren in der Nähe meines Hauses auf und beobachteten mich mit ironischen Blicken. Gewöhnlich ging ich gemessenen Schrittes an ihnen vorbei, zuweilen blieb ich aber auch vor ihnen stehen und stellte die Frage an sie, ob sie vielleicht im Sinne hätten, das Haus zu kaufen und ob sie die hierzu nötige Barzahlung leisten könnten; sah mich aber einer dieser Gaffer mit impertinenten Blicken an, dann blieb ich auch augenblicklich stehen und fixierte ihn ebenso scharf, worauf er sich dann gewöhnlich sofort abzuwenden und fortzugehen pflegte.

Auch Herr Polizeioffiziant Walch promenierte sehr häufig in der Schönfeldstraße, und einmal sah ich von der Entfernung eine ganze Zeitlang gemütlich zu, wie er mit meinem Portier eine Konversation angeknüpft hatte, zu welchem Zwecke, soll dahingestellt bleiben. Plötzlich trat ich langsamen Schrittes auf ihn zu und sagte: »Ich bin Adele Spitzeder, wenn Sie Auskunft über irgend etwas wünschen, dann bitte ich direkt sich an mich zu wenden, ich kann Ihnen jedenfalls die beste Auskunft erteilen.« Verblüfft ging der Offiziant von dannen. Sogar in meinem Hausflur hatten die Offizianten Walch und Stich Miene gemacht, sich aufzuhalten, so daß ich mich veranlaßt sah, meinen Dienern den Befehl zu erteilen, den genannten Herren diesen Aufenthalt nicht mehr zu gestatten. Herr Walch soll sich sogar einmal, wie einer meiner Bediensteten rapportierte, angelegentlich nach – meinem Betschemel erkundigt haben.

Einmal kam ein Mann und machte mir die Mitteilung, daß in einer Viertelstunde zwei gefälschte Wechsel präsentiert werden würden. Richtig wurden die prophezeiten Falsifikate durch einen Arbeiter präsentiert, und zwar war mein Name täuschend ähnlich nachgeahmt, während das Wort »Privatière« weniger getroffen war. Auf meine Frage, wie er zu den Wechseln käme, antwortete der Mann, er hätte sie im Wirtshause gekauft, eine Angabe, die sehr leicht auf Wahrheit beruhen konnte, da meine Wechsel, besonders wenn das Gerücht der Sperre auftauchte, vielfach in den Wirtshäusern gekauft und verkauft wurden. Ich machte indes von den Falsifikaten sofort Anzeige, und Herr Polizeioffiziant Walch hatte nun endlich die Gelegenheit in der Hand, in meinem Hause einen Besuch abstatten zu dürfen. Nachdem ich ihm in betreff der Wechsel die gewünschte Auskunft erteilt, führte ich ihn in das Zimmer, wo mein Betschemel stand und zeigte ihm denselben mit den Worten: »Sehen Sie Herr Walch, das ist der Betschemel, welcher Sie so sehr interessiert.«

Die Wechselfälscher wurden ermittelt, und es kam zu einer Schwurgerichtsverhandlung, bei der ich als Zeugin zu erscheinen hatte. Bei Nennung der Generalien sagte der Präsident, da ich mich Privatière nannte, zu mir: »Nein, Sie sind Banquière!« Ruhig erwiderte ich: »Nein, ich bin Privatière!« Und die Antwort lautete: »Nein, Sie sind Kauffrau!« Die beiden Fälscher, welche, wie sich herausstellte, meine Schrift durchs Fenster pausiert hatten, wurden verurteilt. Der Mann, welcher die Wechsel gekauft und nun den Verlust hatte, weinte bitterlich, so daß es hätte einen Stein erbarmen können, und was tat ich? – Ich ersetzte ihm den vollen Schaden!

Gelegentlich eines Zivilprozesses, den eine meiner Darleherinnen gegen eine andere Partei angestrengt hatte, mußte ich auch als Zeugin erscheinen. Im Laufe dieser Verhandlungen betonte ich, *daß ich keine Handelsbücher* führe, worauf ein Advokat, welcher eine der beiden Parteien vertrat, die Äußerung tat: »Nun, die Wechsel der Fräulein Spitzeder sind eben ihre Handlungsbücher.« »Ganz richtig«, erwiderte ich hierauf, *»meine Wechsel sind meine Bücher!«*

Bezirkskommissär Niederreiter legte stets ein großes Interesse für mich an den Tag, er patrouillierte nämlich oft und oft vorbei, um sich zu vergewissern, daß vor dem Hause alles in Ordnung sei, und als ich eines meiner Nebenhäuser renovieren ließ, da waren bald die Bretter, bald dieses, bald jenes nicht recht und immer brachte er mir seine Anliegen und Beschwerden persönlich vor, obwohl er genau wissen konnte, daß er kein gern gesehener Gast war.

Ich wollte dieses Herrn halber sogar einmal Beschwerde bei der Polizeidirektion einreichen, fand es aber dann doch nicht der Mühe wert.

Einmal passierte es, daß ein paar Bauern mir ein paar Rollen, welche an Stelle des Silbers mit Blei gefüllt waren, an Zahlungs statt hinlegten; ich ließ die beiden Kerle sofort festnehmen. Ein andermal wieder wurde mir eine Vexir-Banknote mit der Aufschrift »Räucher-Balsam« hingelegt, in der Meinung, man werde in der Eile die Spreu vom Weizen nicht zu unterscheiden wissen, allein niemals glückte ein derartiges plump angelegtes Manöver.

Gar häufig wurde auch zu wenig Geld einbezahlt, oftmals irrten sich aber auch meine Zahlmeister, ohne daß sie hernach angesichts des Publikums ihren Irrtum einsehen wollten, so daß ich gewöhnlich ganz kategorisch dazwischentreten mußte.

Hier ein Beispiel: Der Zahlmeister Rupp behauptete einmal steif und fest, eine Frau Hütt habe ihm 1000 fl. zu wenig gegeben. Die betreffende Frau weinte schrecklich und versicherte hoch und heilig, daß das Geld richtig gewesen sei und daß sie es ihren Auftraggebern ersetzen müsse.

Rupp und die anderen bestritten diese Angabe auf das Lebhafteste, und die Frau Hütt geriet darüber in solche Verzweiflung, daß ich ihren Worten unwillkürlich Glauben beilegen mußte. Zum großen Unmute des Zahlmeisters gab ich nun die 1000 fl. der Frau, ließ sie aber ein Protokoll unterschreiben, worin sie sich verpflichtete, das Geld wieder zurückzuerstatten, wenn es sich herausstellen sollte, daß der Zahlmeister doch in seinem Rechte gewesen wäre. Abends nun, als die Kasse revidiert wurde, da löste sich förmlich ein Stein von meiner Brust, als sich die 1000 fl. vorfanden. Selbstverständlich erhielt der Zahlmeister ein fürchterliches Donnerwetter.

Als Rechtskonzipient Schamberger die Stelle eines Ratgebers, welche er mit einem Monatsgehalt von 100 fl. bei mir innegehabt, wegen Mangel an Zeit (er war gleichzeitig bei Advokat Fuß installiert) niederlegte, da nahm ich auf besondere Empfehlung des Silchinger den Konzipienten Brückelmaier, welcher damals in Dachau als Winkeladvokat wie eine Eule in einem alten Ruinengemäuer hauste, als Rechtsbeistand an, da er mir von einem Anwalt als guter Jurist empfohlen worden war.

Schon früher hatte ich ihn kennengelernt, und zwar durch Vermittlung der bekannten Unterhändlerin Frau Stauch, und zwar hatte Brückelmaier diese Bekanntschaft mit einem Pump von 2000 fl. eingeleitet, welche Summe er in der Folge – wenn auch mit vieler Mühe – zurückbezahlte.

Mehrere Monate lang begleitete er die Stelle eines Rechtsbeistandes bei mir, und zwar bestand seine erste Arbeit darin, daß er mit meinen Bediensteten Verträge abschließen mußte. Dieselben wurden darin auf 3 Jahre mit 3monatlicher Kündigung engagiert.

In dem Kontrakte meines Privatsekretärs war auf Wunsch desselben die Verpflichtung meinerseits mit aufgenommen worden, daß, im Falle ich ein *Bankgeschäft* einmal eröffne, er bei mir als Buchhalter fungieren dürfe. Rechtskonzipient Brückelmaier war, wie sich in der Folge herausstellte, eine nichts weniger als säuberliche Natur. Er wurde wegen Diebstahls später in Untersuchung gezogen, derenthalben aber vom Schwurgerichte von Oberbayern freigesprochen, hingegen wurde er wegen Teilnahme am betrüglichen Bankerotte der Pauline Dosch verurteilt.

Brückelmaier wurde mir verschiedener Verdachtsmomente halber schon bei Zeiten ein unheimlicher Geselle, und ich gab ihm deshalb den Laufpaß. Sein Nachfolger im Amte bei mir wurde nun Rechtskonzipient Gustav Kolb.

Von diesem kann ich weiter nichts sagen, als daß er im Vereine mit Marchner täglich mit meinen Bediensteten zu Mittag speiste und sich sogar nicht scheute, seine Geliebte zur Fütterung mitzubringen.

Ungefähr zwei Monate vor meinem Sturze wurde mir von mehreren Geldanlegern mitgeteilt, daß die Unterhändlerin Pauline Dosch eine »Bank« gründen wolle und daß mehrere Personen, deren Bekanntschaft sie gesucht, schon Kapitalien gegen eine monatliche Verzinsung von 15% und einem Extrahonorar von 10 fl. bei ihr angelegt hätten. Auch war der edle Brückelmaier häufig dort zu sehen. Späterhin wurde ich von mehreren Anlegern darauf aufmerksam gemacht, daß sich »Dosch-Agenten«, wie sie sich nannten, in mein Geschäft einzuschleichen pflegten und die Leute zu überreden suchten, ihr Geld doch lieber bei der Dosch, welche viel höheren Zins zahle, anzulegen. Man erzählte mir sogar, daß sich nicht nur an den Zugängen der Schönfeldstraße Individuen aufgepflanzt hätten, welche die Leute überredeten, nicht zu mir zu gehen, sondern daß diese »Agenten« sogar an der Eisenbahn Posto gefaßt hätten und den aussteigenden Passagieren Visitenkarten der Frau Dosch mit Angabe der Adresse einhändigten. Gar manche Landleute, welche zu mir wollten und von diesen

Leuten zu der Dosch geführt wurden, verlangten aber sofort ihr Geld wieder zurück, als sie auf den ihnen ausgestellten Wechseln meinen Namen vermißten.

Zur selben Zeit fingen auch ein gewisser Herb und Lindner ein derartiges Geschäft an. Sie teilten Karten aus des Inhalts, daß sie 10–15% per Monat gäben und mit den »ersten Häusern« in Verbindung ständen.

Derartige Karten kamen mir auch in die Hand, und ich sandte dieselben auf die Polizei mit der Bemerkung, daß man mich ja nicht mit derartigen Leuten in eine Kategorie stellen möchte. Herb und Lindner hatten ihr Geschäftslokal bei Weinwirt Panzer, woselbst sie mit den Bauern erst tüchtig zechten und dann die Geldgeschäfte mit ihnen abschlossen. So teilte mir ein Bauer, welcher 500 fl. bei mir anlegte, mit, daß er dieses Geld einige Tage lang bei H. und L. angelegt, jedoch nun wieder geholt habe; die beiden Herren hätten ihn beim Aussteigen im Bahnhofe gleich mit Beschlag belegt und in ihrer Equipage mit nach Hause in die Weinwirtschaft geführt, woselbst man ihm so lange zu trinken gab, bis seine Sinne in Dunst und Nebel dahinschwanden und er bereitwilligst seine Silberlinge gegen Wechsel umtauschte.

Der naive Landbewohner erzählte mir weiter, daß er – wieder zur Besinnung gekommen – das mit einem wuchtigen Faustschlag auf den Tisch begleitete Verlangen an die beiden gestellt habe, ihm augenblicklich sein Geld wieder zu geben, und daß man nicht gewagt, ihm dasselbe vorzuenthalten.

Um jene Zeit wurden täglich nicht weniger als 130 bis 150000 fl. bei mir angelegt. Ich erklärte deshalb damals den sich bei mir einfindenden Geldanlegern, daß ich von Neujahr an nur noch 3% monatlich zahlen wolle.

Die obengenannten beiden Herren Herb und Lindner wurden übrigens unmittelbar nach meinem Sturze verhaftet und wegen betrügerischen Bankerotts zu je 1 Jahr Zuchthaus verurteilt. Beide appellierten gegen dieses Urteil, weil sie sich nicht als Kaufleute betrachtet hätten – und diese beiden wurden in der Tat freigesprochen. –

Wie schon bemerkt, beabsichtigte ich von Neujahr ab meine Zinsen zu reduzieren. Ja noch mehr! Ich wollte wirklich ein Bankgeschäft einrichten, mit meinen Gläubigern schlimmstenfalls ein Arrangement treffen und dann auf dem Felde der Projekte und Spekulationen operieren, was mir bis dato ganz und gar unmöglich gewesen war.

Ich erklärte diese meine Absicht der Zinsenreduzierung den Geldanlegern oftmals und bemerkte dabei stets, wer mit diesem Verfahren nicht einverstanden sei, der möge am Verfalltage seine Gelder zurücknehmen. Und was war die Antwort? »Es ist uns Alles recht, bei Ihna bleib'n tuan ma doch!« – Herrn Dr. Will beauftragte ich, mir um einen gut beleumundeten und kaufmännisch gebildeten Buchhalter zu schauen und Herr Advokat Hettersdorf verfaßte einige Tage vor der Sperrung noch eine Erklärung, worin ich meine Absicht aussprach, mich späterhin als Bankinhaberin immatrikulieren zu lassen, sobald ich nur die unumgänglich notwendigsten Vorkehrungen hierzu getroffen hätte. Diese Erklärung wurde vom Untersuchungsrichter auch in meinem Schreibtische vorgefunden.

Mit meinen Gläubigern hatte ich im Sinne, dieselben im Dezember (1872) durch einen Aufruf in sämtlichen Blättern zu einer Versammlung in die Westendhalle einzuladen, um mir von ihnen ihre Darlehen angeben zu lassen, darnach meinen Schuldenstand zu verzeichnen, damit ich in die Lage käme, auszurechnen, wieviel Prozente ich jedem bieten könne. Das Geschäft hätte dann von diesem Augenblicke an einen kaufmännischen Charakter an sich getragen, und ich hätte mich auch von diesem Momente an als Inhaberin einer Bank betrachtet und meine Firma ins Handelsregister eingetragen.

Die Plakate mit der Aufschrift »Bank- und Wechselgeschäft« waren bereits in Fränkels Druckerei angefertigt und bei mir in Verwahrung bis zum Gebrauch. Um jene

Zeit nun sollen die Leute in den Vorstädten Münchens sowohl als auf dem Lande aufgefordert worden sein, sich bei mir zu melden, um ihre Wechsel einzulösen; Gendarmen, welche bei mir Gelder angelegt hatten, wurde strengstens befohlen, selbiges zu holen, überhaupt machten sich alle Anzeichen eines herannahenden Sturmes geltend.

Trotzdem ich infolgedessen wieder viele Kapitalien retour zu zahlen hatte, so wurde doch auch viel Geld zum Anlegen gebracht, überhaupt konnte ich einem herannahenden Sturme mit größter Gemütsruhe entgegensehen, denn ich war Millionärin und – konnte und wollte zahlen. Nichtsdestoweniger hatte ich ein eigentümlich banges, beklemmendes, bis dahin mir ganz unbekanntes Gefühl, eine Ahnung sagte mir, daß an meinem Horizonte ein schweres Ungewitter heraufziehe, ein Ungewitter, das mich zermalmen konnte.

Fehlte es doch wahrlich auch an Sturmvögeln nicht, welche mich deutlich genug von der herannahenden Gefahr unterrichteten. Nicht *einmal,* sondern *vielmals,* und zwar mitunter von sehr angesehenen Persönlichkeiten, wurde mir um diese Zeit der Rat erteilt, zu fliehen – zu fliehen um jeden Preis! –

»Nimmermehr« – war meine Antwort, »soll das Gebäude stürzen, dann will auch ich unter den Trümmern begraben sein! Adele Spitzeder ist zu stolz, um vor der Gefahr zu fliehen!« – – –

In den letzten Tagen vor meinem Sturze befand sich der Polizeikommissär Niederreiter auch ununterbrochen in der Schönfeldstraße, nicht nur bei Tag, sondern auch bei Nacht. So oft er mein Stubenmädchen auf der Straße erblickte, eben so oft forschte er sie aus, wie es bei mir aussehe, ob schon Obligationen gewechselt würden und sie möchte doch ja aufpassen und ihn von allem in Kenntnis setzen, was bei mir vorgehe; er wolle an ihr Fenster klopfen (sie schlief nämlich zu ebener Erde), oder sie solle bei außerordentlichen Vorfällen seine Wohnung besuchen, denn

– – mit der Dachauer Bank gehe es zu Ende und müsse es zu Ende gehen. Das Mädchen sagte mir dies alles wieder, und ich schickte sie deshalb nicht mehr auf die Straße. Niederreiter stellte sich sodann beim Portier auf und verbot diesem strengstens, irgend jemand, der Geld holen wollte, abzuweisen. Als ob dies jemals schon der Fall gewesen wäre! Ferner soll er, wie mir eine gewisse Sauer mitteilte, auch Leute aufgefordert haben, die Wechsel doch auf die Polizei zu tragen. Kamen dann die Leute auf die Polizei, so schickte man sie zum Advokat Berghofer, welcher die unfälligen Wechsel entgegennahm, jedoch kein Geld auszahlte, sondern damit Material zu einem Gantantrage sammelte. Diese unfälligen Wechsel im Betrage von nur *13 000 fl.* waren es auch, welche mir am Tage der Sperre präsentiert wurden.

Ein Erlaß des Ministeriums, welcher eine öffentliche Warnung gegen die Dachauer Banken enthielt, veranlaßte mich, ein aus drei Advokaten bestehendes Konzilium bei mir zu arrangieren, und es war dabei speziell die Frage zu erwägen, ob eine Sperre oder ein Gantantrag möglich wäre. Außer dem Abgeordneten Dr. Carl Barth waren noch zugegen die Rechtsanwälte Dr. Hettersdorf und Dr. Will. Sie *alle* rieten einstimmig, keine unfälligen Wechsel zu bezahlen, indem man nicht befugt sei, gesetzlich gegen mich einzuschreiten.

Sämtliche Gesuche um Vorsichtsverfügungen, auf welche damals die gegnerischen Advokaten drangen, wurden vom Bezirksgerichtsdirektor Kopp abgewiesen.

Als mir der Anwalt Ritter v. Schultes eine Anzahl unfälliger Wechsel mit der Drohung präsentierte, er würde sonst auf Ganterklärung dringen, da befragte ich Advokat Hettersdorf wieder um Rat, und dieser lautete dahin: »Seien Sie froh, wenn Sie die fälligen Wechsel alle bezahlen können.« Weiter fragte ich Herrn Advokat Hettersdorf, ob es nicht geraten wäre, ein Depot von *100 000 fl.* auf dem Gerichte zu hinterlegen, er war jedoch nicht damit einverstanden.

Zu dieser Zeit machte Hettersdorf die Eingabe ans Handelsgericht, worin um einige Monate Frist nachgesucht wurde. Die Eingabe wurde aber nicht sofort eingereicht, da Hettersdorf eine auswärtige Sache zu besorgen hatte, und während seiner Abwesenheit – trat die Sperrung ein.

Einige Tage vor meinem Sturze erhielt ich ein parfümiertes Briefchen, worin mit zierlicher Schrift die Worte standen: »*En bas les Juifs! Vive la révolution!*«

Sonntag, den 10. November, erhielt ich ein nicht parfümiertes Schreiben vom Lande aus Oberbayern mit dem drastischen Inhalte: »Mut, Fräulein Spitzeder, zehntausend Bauern kommen mit den Sicheln und lassen Ihnen nichts tun.«

Ein dritter Brief lautete: »Euer Wohlgeboren, wir raten Ihnen, sich sofort bankerutt zu erklären.

Nur so können Sie sich des Schutzes der Polizei versichern. Schicken Sie auf die Polizei und lassen Sie Ihr Geschäft sperren!« –

Ein vierter Brief, unmittelbar vor der Sperre eintreffend und mit verstellter Hand geschrieben, enthielt die Worte: »So Kanaille, jetzt geht's mit Dir zu Ende!«

Ein vom 11. November datierter Brief brachte folgende Zeilen: »Halten Sie mutig aus, man wird Sie schützen! Fahren Sie heute nicht aus, die Polizei will Sie in Ihrem Wagen überfallen. Ihr Haus ist bereits seit 8 Tagen bei Tag und Nacht überwacht. Harren Sie aus! Ein Freund.«

Am 12. November, eine Stunde vor der Katastrophe, erschien Max Schulze in Begleitung seines Schwagers Dr. Solbrig mit einem Paket Wechsel, welche von den Bediensteten des Irrenhauses stammen sollten. Obwohl die Wechsel samt und sonders noch nicht fällig waren, so löste ich dieselben doch ein. Dieser Schulze zeigte sich auch sehr erzürnt, als die massenhaft angesammelten Leute mich mit einem Hoch empfingen; dafür wurde auch ihm – zu seinem *Abgange* – lebhaft applaudiert.

In voller Tätigkeit des Auszahlens noch begriffen, brach plötzlich das Ungewitter über mich herein... Um 4 Uhr nachmittags wurde mir das Erscheinen einer gerichtlichen Kommission angemeldet.

Ich war besiegt! Millionen waren durch meine Hände gegangen, Berge von Gold waren zu meiner Verfügung gestanden, die Wogen der Volksgunst hatten mich getragen, und nun war ich eine Gefangene! – – –

Die sogenannte Dachauer Bank hatte ihr Ende erreicht.

Ehe ich hier weiter fortfahre, will ich erst noch einiges über meine Bediensteten, meinen Haushalt, meine Unternehmungsprojekte und meine Humanitätswerke mitteilen.

IV. Kapitel

Meine Bediensteten

Ich komme nun auf jene Leute zu sprechen, welche ich aus Dürftigkeit und Armut emporgehoben, denen ich nur Gutes getan, denen ich Wohltaten ohne Zahl erwiesen und von denen *ein Teil* sich deshalb doch nicht entblödete, mich hernach zu beschimpfen. Unter diesen Bediensteten waren einige, von denen sich später herausstellte, daß sie Menschen ohne Ehrgefühl, ohne Rechtlichkeitssinn, ohne Dankbarkeit, speichelleckerisch und kriechend so lange waren, als Gold vorhanden. Diese Leute kamen arm wie Kirchenmäuse zu mir, und jetzt sind sie mit wenigen Ausnahmen, die ich besonders aufführen will, entweder sehr reich oder zum mindestens wohlhabend, Besitzer von Villen, Häusern und Geschäften. Diese nämlichen Menschen, welche mir Ergebenheit, sogar Verehrung heuchelten, sprachen späterhin, als das Schicksal seine schwarzen Schatten über mich geworfen, boshaft, verächtlich und verleumderisch von mir, sie schlugen die Hand, welche sie mit Wohltaten überhäuft und wagten es sogar, als ihnen die Nachricht von dem baldigen Erscheinen meiner Memoiren das böse Gewissen aufrüttelte, mir nach meiner Entlassung aus dem Gefängnisse bis in die jüngste Zeit anonyme Drohbriefe ins Haus zu schicken.

Einige von ihnen kamen auch zu mir in die Wohnung gelaufen und bettelten, ihrer in den Memoiren nicht zu erwähnen; selbstverständlich bemühten sie sich dabei soviel wie möglich, ihre Hände in Unschuld zu waschen, diese Menschen, betreffs derer mir sogar der Untersuchungsrichter sagte, er könne es mir nicht verargen, wenn ich mit verbittertem Gemüte ihm abstoßende Antworten gebe, denn ich sei ohne es zu wissen, von einer beispiellos niederträchtigen Bande umgeben gewesen, welche jeden ehrlich und rechtschaffen denkenden Menschen notwendig mit Ekel und Verachtung erfüllen müsse und welche ich durchaus nicht zu schonen habe. Schwurgerichtspräsident Müller hat in der Verhandlung ebenfalls diese Menschen hinlänglich gestempelt.

Ich führe meine Bediensteten, von welchen einige wie Blutegel an mir sich festgesaugt hatten, nun auf, beschränke mich dabei aber nur auf das Tatsächlichste, da mir selbst erst die Augen über sie geöffnet wurden, als ich bereits verhaftet war und es infolgedessen heutzutage sehr schwierig ist, die einzelnen Beweismomente zu führen, ohne dabei einen wahrhaft riesigen Zeugenapparat in Bewegung setzen zu müssen.

Karl Schifferl war Gendarm, quittierte den Dienst aus eigenem Antriebe und trat bei mir ein. Er empfahl sich durch seine schöne Handschrift und wurde deshalb von mir anfänglich mit einem Monatsgehalte von 50 fl. als Wechselschreiber installiert. Späterhin machte ich ihn zum Direktor der Volksküche mit einer Monatsgage von 100 fl. Anscheinend ein ruhiger gebildeter Mann, entdeckte ich jedoch an ihm bald die Eigenschaften eines Verschwätzers, denn er suchte fortwährend das in der Volksküche ihm beigegebene Personal bei mir anzuschwärzen.

In meiner Verhandlung sagte er unter anderem aus, ich hätte mich für reich ausgegeben und die Behauptung aufgestellt, daß ich geheime Hilfsquellen besäße.

Diese lächerliche Bemerkung erklärte ich sofort für unwahr, machte dem Zeugen den Vorwurf des Meineids und zog mir dadurch einen Ordnungsruf von Seite des Präsidenten zu. Späterhin dachte ich über diese Behauptung des Schifferl nach und da erinnerte ich mich, daß mir einmal ein Zeitungsschreiber mitgeteilt hatte, es ginge das Gerücht, als hätte ich in meinem Keller 18 Millionen versteckt, welche ich von den Jesuiten erhalten haben sollte. Dieses erzählte ich dem Literaten Fränkel im Beisein mehrerer meiner Bediensteten und darunter mag sich wohl auch dieser Schifferl befunden haben. Wir lachten damals recht herzlich über dieses dumme Gerücht, welches übrigens von einem anderen an Albernheit noch überboten wurde, wonach mir nämlich der verstorbene König Ludwig einen ganzen Koffer voll Gold hinterlassen haben sollte.

Schifferl war arm zu mir gekommen, nach meinem Sturze war er ein wohlhabender Mann und kaufte Bauerngüter und Waldungen.

Georg Rupp, aus Schwaben gebürtig, legte Geld bei mir an und fragte mich einmal, »ob, wenn er den Militärdienst quittiere, er wohl in meinem Geschäfte ankommen könne«. Ich bejahte dieses und installierte ihn in der Folge als Zahlmeister. Als solcher war er sehr gewandt. Er, der vorher nur ein kleines Kapital besaß, besitzt jetzt ein bedeutendes Vermögen.

Josef Rupp fand sich schon als Unteroffizier häufig bei mir ein und wurde späterhin als Wechselschreiber bei mir engagiert. Auch er soll jetzt ein sehr vermögender Mann sein, obwohl er von mir nur 50 fl. monatlich Gehalt erhielt.

Dieser Rupp, welcher in Ausnahmefällen auch die Quittungsbücher führte, behauptete in der Verhandlung, daß die Namen der Ausgezahlten nicht immer eingetragen worden wären, eine vollständig unwahre Behauptung.

Wenn es übrigens jemals der Fall gewesen, dann hätten die Schuld meine Bediensteten, deren Aufgabe es war, alles gewissenhaft einzutragen. Auf Versäumnis stand sogar augenblickliche Entlassung. Solche Leute, welche nicht schreiben konnten, unterzeichneten mit drei Kreuzen, ein auch bei den Behörden den Schreibunkundigen gegenüber eingeführter Brauch. Meine Leute hatten aber in diesem Falle die strengste Ordre, diesen Kreuzen die Namen des Betreffenden sowohl als auch derjenigen beizufügen, für welche das Geld eigentlich geholt wurde. Übrigens besaß ich ja außer den Quittungsbüchern auch noch die Wechsel, welche wenngleich durchrissen, zusammengebunden verwahrt wurden.

Johann Kastner, ehemaliger Ausgeher in einer Buchhandlung, wurde dadurch mit mir bekannt, daß er aus eigener Initiative, wahrscheinlich in dem Glauben, sich hierdurch bei mir einzuschmeicheln, dem Redakteur Napoleon Vecchioni eine Ohrfeige gab. Ich hatte diesen Menschen vorher nicht gekannt und nie gesehen, als er plötzlich für andere bei mir Geld anlegte. Bei dieser Gelegenheit wurde er mir von den Anwesenden mit dem Zurufe bezeichnet: »Seg'ns, gnädig's Fräulein, dös is der, der'm Vecchioni a Watsch'n geb'n hat!« – Ich hatte von der Geschichte gehört, und ich kann auch heute mit gutem Gewissen sagen, daß mir diese ganze Ohrfeigenaffaire nichts weniger als angenehm war, da ich sehr richtig annahm, daß man diesen Kastner nur als das von mir kommandierte Werkzeug betrachten würde. Ich sah mir auf dieses hin diesen Kastner näher an und bedeutete ihm, daß es mir durchaus nicht lieb sei, daß er sich in solch gewalttätiger Weise zu meinem Ritter aufgeworfen habe. Er antwortete hierauf, daß er, der durch Anlegen schon viel Geld bei mir verdient, erbittert gewesen sei über diese ewigen Schimpfereien in den »Neuesten Nachrichten« und daß er sich deshalb an dem Redakteur derselben gerächt habe. Zum Schlusse bemerkte er, daß er dieser Geschichte halber seine Stelle verloren habe, was ihm als Familienvater in pekuniärer Hinsicht ziemlich schwer falle. Da ich – wenn auch nur indirekt – hieran Schuld war, so bot ich ihm einen Posten als Wechselstempler mit einem monatlichen Gehalte von 50 fl. an, bedeutete ihm jedoch, daß er sich jeglicher Exzesse für alle Zukunft zu enthalten habe, was er auch feierlich gelobte.

Auch er ist jetzt ein sehr wohlhabender Mann und Hausbesitzer.

Den Handelsgerichtsdiurnist Josef Molitor lernte ich kennen, als er um ein kleines Darlehen bei mir nachsuchte und um eine Anstellung bat. Er war ein ruhiger Mann, hatte eine schöne Handschrift und wurde deshalb von mir als Kontrolleur über die Bediensteten, welche Geld auszuzahlen hatten, mit 100 fl. monatlich engagiert. Anfänglich war ich mit ihm zufrieden, späterhin wurde er aber nachlässig und war mehr in den Weinhäusern, als in seinem Dienste bei mir, sodaß ich zur Zeit der Sperre bereits den Entschluß gefaßt hatte, ihn zu entlassen.

Als er zu mir kam, besaß er in der Nymphenburger Straße ein kleines Häuschen, jetzt ist er Besitzer einer Villa in Kissingen! –

Frau Betty Winter erhielt die Stelle bei mir auf die sie längst spekuliert hatte. Ich lernte dieselbe schon als Theateragentin gelegentlich meines ersten Auftretens in München kennen.

Damals, einen Tag nach der Vorstellung, schrieb sie mir einen äußerst entflammierten Brief, worin sie versicherte, daß ich mir durch meine Darstellung alle Herzen gewonnen hätte. Als sich Frau Winter bei mir und meiner Mutter vorstellte, da machte sie durch ihre anscheinende Liebenswürdigkeit auf mich sowohl, als auf meine Mutter den besten Eindruck, und meine Mutter befreundete sich mit ihr, während sie in meiner speziellen Gunst schon deswillen stieg, weil sie ebenso leidenschaftlich Zigarren rauchte als ich. Als ich späterhin nach München zurückkehrte, da befand sie sich nicht in den glänzendsten Verhältnissen, was man auch heute noch von ihr glauben könnte, wenn man nach ihrer Kleidung urteilen wollte.

Sie trat also in meine Dienste, zeigte sich aber in der Besorgung meiner Angelegenheiten sehr nachlässig und versäumte sogar öfters bei der Bank die Bezahlung der Hypothekzinsen, so daß ich sie wie ein Schulmädchen auszankte. Doch wußte sie mich stets durch ihre Demut zu entwaffnen, indem sie jede Grobheit ganz bescheiden einsteckte.

Als ich keine Gelder mehr auslieh, da ersuchte sie mich, ich möchte ihr gestatten, daß sie davon zu ihrem Profite ausleihen dürfe, eine Bitte, welche ich sofort zusagte.

Kurze Zeit vor meinem Sturze sagte sie einmal zu mir: »Du Schneckerpezerl, gelt ich brauch dir das Geld, welches du mir erlaubtest zu meinem Profite auszuleihen (die Summe belief sich damals auf 6000 fl.) nicht jetzt zu bezahlen, denn die Leuterln, diese armen Häute (ihr stetiger Ausdruck) zahlen alle so pünktlich in monatlichen Raten mit guten Zinsen, daß ich sie wirklich nicht drängen möchte; wenn du aber absolut das Geld bald haben willst, so muß ich mir's halt von meinen Verwandten in Nürnberg zu leihen nehmen, denn ich selbst habe nicht soviel.«

Ich verlangte dieses nicht, bemerke aber, daß ich sie oftmals aufforderte, mir wenigstens Rechnung über die gemachten Einnahmen meiner Mietzinsen abzulegen – vergebens, sie tat es nicht. Schließlich sandte ich ihr den Kontrolleur Zeitler, um sie dringend und zwar zum letzten Male hiezu aufzufordern, sie wußte jedoch durch Ausreden und Verschieben von einem Tage zum andern die Abrechnung bis zur Sperre zu verzögern!

Warum hat sich Frau Betty Winter wohl geweigert, mir Rechenschaft abzulegen??? – – Und solche Leute waren meine Diener und Freunde!

Der k. Untersuchungsrichter sagte mir einmal:

»Ihre Freunde sind Ihre Verräter, es waren die Ratten, welche an dem versinkenden Schiffe nagten. Sie haben keine Gründe, dieselben zu schonen, denn Ihre Bediensteten und Schmarotzerfreunde werden nicht gebrandmarkt genug vor der Welt dastehen.«

Jakob Weber wurde als Hausmeister für meine sämtlichen Häuser, ferner als Auswechsler für meine Obligationen und für sonstige Kommissionen angestellt und genoß solches Vertrauen, daß ich ihm die Schlüssel zu dem Silbergelde während meiner Ausflüge übergab, um allenfallsige Zahlungen zu leisten. Auch er, welcher einen Monatsgehalt von 50 fl. bezog, soll sich in wohlhabenden Verhältnissen befinden, obwohl er sich sehr arm stellt.

Zur Aufsicht über meine verschiedenen Häuser fand sich ein Mann in der Person eines mir gegenüberwohnenden ältlichen Ministerialfunktionärs, namens Heinrich Zeitler.

Dieser Herr ließ mich eines Tages durch meinen Portier fragen, ob er mir nicht einen nachbarlichen Besuch abstatten dürfe. Ich bewilligte dies gerne und fand in ihm einen äußerst angenehmen heiteren Gesellschafter, für den ich schon deshalb Sympathie faßte, weil er meinem Onkel Lehfeld sehr ähnlich sah.

Er wußte den Verkehr mit mir geschickt fortzusetzen, indem er sich sehr witzig zeigte, viele Späße machte und mir auch humoristische Briefe schrieb, welche zu Gerichtshänden gelangten und vorgehalten wurden. Er verkaufte auch einige Brillanten an mich, darunter eine Uhr mit einem Smaragdschlüssel, welche ich meiner Mutter zum Geschenk machte.

Später stellte Zeitler die Anfrage an mich, ob ich ihm nicht eine Anstellung bei mir geben könnte, da er nur ein ganz kleines Gehalt beziehe, und ich übergab ihm nun die Oberaufsicht über meine sämtlichen Häuser.

Ich kann nicht anders sagen, als daß er dieses Geschäft sehr gewissenhaft besorgte, indem er die Mieteinnahmen sehr gut verbuchte. Er verlor nach meinem Sturze seine Stelle, was mir eigentlich leid tut, da ich ihm außer einer gewissen Schmarotzermanier nichts vorzuwerfen habe.

Michael Kreutzer, früherer Wirt, lernte ich dadurch kennen, daß er bei mir viel Geld einlegte und sich durch den reichlichen Gewinn, der ihm hierdurch zufiel, lebhaft für mich interessierte. Er trat in meine Dienste, nachdem er seine Wirtschaft aufgegeben, und seine Aufgabe bestand darin, jene Leute einzuschreiben, welche Obligationen brachten.

Mein Privatsekretär hatte meine Korrespondenz, sowie auch ein Kopierbuch zu führen, in welchem alle von ihm abgeschickten Briefe eingetragen werden mußten.

Briefe erhielt ich von nah und fern; aus Berlin, Karlsruhe, Tirol, Österreich usw. erhielt ich solche, teils mit Geld von ganz unbekannten Leuten zugeschickt.

Diese Sendungen hatte mein Sekretär in meinem Auftrage dahin zu beantworten, daß Adele Spitzeder für die geschickten Summen keinerlei Sicherheit biete und daß die Übergabe der Gelder reine Vertrauenssache wäre.

Als Literat in meinem »Münchener Tagblatt« hatte ich einen gewissen Faißt, welcher mir empfohlen worden war, als Redakteur angenommen.

Ein anderer Literat hatte ohne einen Auftrag von meiner Seite gegen die »Neuesten Nachrichten« eine Broschüre geschrieben. Der ganze Inhalt mißfiel mir derart, daß ich eine Unmasse von Exemplaren, welche er mir zur Verfügung gestellt hatte, als Makulatur einstampfen ließ. Derselbe wollte auch in meiner Zeitung schreiben, doch ich refusierte meistens und ließ diese Produkte oft noch spätabends aus der Druckerei holen, ehe sie zum Abdrucke gelangten.

Schließlich gab ich dem Buchdrucker Koch den Auftrag, überhaupt nichts mehr von andern aufzunehmen, ehe ich nicht davon in Kenntnis gesetzt sei. Man sagte mir seinerseits wiederholt und eindringlich: »Sie müssen erlauben, diese Leute tüchtig herunterzuhauen, man begreift nicht, warum Sie sich von diesen salva vene ›Neuesten Nachrichten‹ herunterputzen lassen.« Ich antwortete stets, daß mitunter die höchsten Persönlichkeiten von der Presse angegriffen würden und daß es noch nie die schlechtesten Früchte gewesen seien, woran die »Neuesten Nachrichten« genagt hätten.

Einige Male nur, als in den Blättern behauptet wurde, ich hätte meine Zahlungen eingestellt, die Volksküche wäre geschlossen und ich zöge meiner Gesundheit halber in ein milderes Klima, da ließ ich durch ihn Erwiderungen in die Blätter setzen, worin all dieses als erfunden und unwahr bezeichnet wurde. Dies waren die einzigen Artikel, welche in meinem Auftrag vom Stapel liefen, und diese ließ ich nur deshalb schreiben, weil ich über solche Unwahrheiten empört war.

Alles andere, was man noch zu veröffentlichen beliebte, geschah nicht in meinem Auftrage, geschweige denn unter meiner Inspektion.

Ich bezahlte übrigens meine Steuern und brauchte nicht zu dulden, daß man mich durch boshaft erfundene unwahre Nachrichten schädige. Niemand hatte von mir den Auftrag erhalten, die Leute durch Anpreisung der »Rentabilität« oder durch andere Vorspiegelungen zu bestimmen, mir ihre Gelder anzuvertrauen. Ein solches Gebaren wäre in offenbarem Widerspruche mit dem in meinem Kopierbuche heute noch zu findenden Passus gewesen, wonach ich für dargeliehene Gelder keinerlei Garantie biete.

Verschiedene Schriftstellerleins beliebten über mich Theaterstücke zu fabrizieren, welche aber, obgleich nicht in sehr schmeichelhafter Weise abgefaßt, doch nur Reklame für mich waren. Einmal gab ich jemand den Auftrag, nach Augsburg zu fahren, um mir über ein derartiges Theaterstück berichten zu können. Kaum war derselbe fort, so tauchte in mir die Idee auf, ob nicht ein Bediensteter von mir selbst dabei beteiligt sein könne. Ich sandte deshalb meinen Kontrolleur Zeitler nach, von dem ich wußte, daß er alles aushorchen kann. Zeitler, eine gewandte Spürnase und ein echter Spion, wie ich später ausführlich dartun werde, folgte mit einer wahren Lust der Fährte und rapportierte mir hernach, daß wirklich ein Bediensteter bei der Sache beteiligt gewesen sei.

Dieser machte aber, als ich ihm dieses vorhielt, ein ganz unbefangenes Gesicht und leugnete alles ab. Der nämliche war es auch, der mir den Rat erteilte, eine Volksküche zu gründen, auch verfaßte er die Statuten und die Plakate: »Aus dem Volke und für das Volk! Aus dem Volke ward's gegeben, und dem Volke sei's geweiht; Gott ohne unser Streben, daß es daure Zeit und Ewigkeit!« – Er hoffte nämlich Direktor dieser Volksküche zu werden, allein ich fürchtete seine zwei Gesichter und gab diese Stelle einem anderen. Dieser war auch Almosenier; er mußte nämlich die verschiedenen Bittschriften, denen Atteste von Bürgermeistern und Ärzten beigegeben waren, mir vorlegen und hernach die Gelder verabfolgen. Mit Geldangelegenheiten hatte er sich nicht zu befassen, er war eben nur mein Privatsekretär. Die Äußerung, welche er gemacht haben soll, als müsse innerhalb eines bestimmten Zeitraumes mein Unternehmen durch die Zinsenauszahlung erdrückt werden, entbehrt also jedes Zahlenfundamentes.

Auch kam einmal ein Bekannter in anscheinend größter Entrüstung zu mir und berichtete, daß in den »Neuesten Nachrichten« ein Inserat abgedruckt sei, worin einer die Wette anbiete, daß bis August 1873 »mein Geschäft« nicht mehr existiere. Ich gab den Auftrag, auszukundschaften, wer der Urheber desselben sei, ein Bediensteter machte sich auch sofort auf die Socken, allein seine Nachforschungen hatten keinen Erfolg. – –

Auch will es mir scheinen, als habe einer meiner Bediensteten am 12. November darum gewußt, daß eine Gerichtskommission zu mir kommen werde, denn eine halbe Stunde vor dem Eintreffen der Gerichtskommission gab er vor, einen notwendigen Gang für mich machen zu müssen, aber kam an jenem Tage nicht wieder.

Nach meiner Entlassung aus dem Gefängnisse teilte mir eine Frau Rottheim mit, daß mich einer meiner Bediensteten gerne besuchen wollte, und daß er, als er gehört, ich wäre in Marienbad, das Reisegeld dorthin habe pumpen wollen.

Einige Tage vor meiner Abreise nach Wildbad erschien er bei mir mit dem freundlichen Gesicht, er wurde aber von mir damals sehr kühl empfangen, auch stellte ich ihn über Verschiedenes aus vergangener Zeit zur Rede. Dieser Bedienstete hatte bei mir ein Monatssalair von 100 fl., verdiente aber auch viel Extrahonorar bei Häuserankäufen und -verkäufen.

Ein Graf P. kam einmal zu einer Zeit zu mir, als mich das Handelsgericht meiner Ausleihgeschäfte halber zur Kauffrau erklärte und ersuchte mich dringendst um ein Darlehen von 1500 fl. Ich bedauerte erst, seinem Verlangen nicht willfahren zu können, ließ mich aber doch zuletzt herbei, ihm das gewünschte Geld gegen einen Wechsel von 2000 fl. zu geben. Einmal meinem gefaßten Prinzipe treu, ließ ich aber den Wechsel nicht auf meinen Namen ausstellen. Ich glaubte auch nicht, von dem Gelde jemals wieder einen Kreuzer zu sehen, und verschenkte diesen Wechsel.

Er wurde an Silchinger dann verkauft, das Papier wurde richtig eingelöst, ob die Summe an die Gantmasse wieder zurückbezahlt worden ist, habe ich nicht erfahren.

Georg Koppenhöl, ehemaliger berittener Gendarm, fand sich öfter bei mir ein, um Geld für seine Kameraden anzulegen. Er frug mich, ob ich ihm in dem Falle, als er sich pensionieren ließe, eine Stelle geben könne, und ich sagte ihm dieselbe auch zu, da mir sein Wesen einfach und bieder schien.

Er quittierte hierauf den Dienst und trat bei mir als Geldsortierer mit 60 Gulden monatlichem Salär ein, doch war er nicht lange bei mir, da er zu eingebildet wurde. Ich erlaubte ihm einmal, meine Pferde einfahren zu dürfen, da er dieselben aber bei dieser Gelegenheit fast zu Tode gejagt hatte, so kanzelte ich ihn etwas derb herunter, was aber sein point d'honneur nicht vertragen konnte, so daß er seine Stelle niederlegte. Er machte nach seinem Austritte großartige Geschäfte gegen *sehr hohe* Zinsen, wurde also auch, wenn auch indirekt, durch mich reich.

Jakob Kramer, früherer Commis, wurde mir durch Frau Rottheim empfohlen. Er hatte ein anständiges Äußeres und ein bescheidenes und ruhiges Benehmen, weshalb ich ihm die Stelle eines Zahlmeisters gab, welche er zu meiner vollsten Zufriedenheit bekleidete, so daß ich seiner nur lobend erwähnen kann, um so mehr, als ich nie vernahm, daß er sich auf meine Kosten bereichert hätte.

Theodor Beißer, welcher beim 1. Infanterieregiment als Musiker angestellt war, lernte ich dadurch kennen, daß er die Militärkapelle, welche ich in den letzten Sommermonaten öfters in meinem Garten spielen ließ, dirigerte.

Er ersuchte mich später um eine Stelle bei mir, weil er den Militärdienst quittieren wolle, und da sich gerade eine Vakanz zeigte, so nahm ich seine Dienste an und installierte ihn als Geldsortierer, welchen Posten er aber, durch die ungewohnte Anstrengung kränklich werdend, bald niederlegte. Er soll, wie mehrere Zeugen mir jetzt berichteten, in günstigen Verhältnissen sich befinden, aus dem armen Musiker wurde ein reicher Mann.

Josef Jouvin war bei dem früheren Besitzer meines Hauses in der Schönfeldstraße schon als Hausmeister und Gärtner angestellt, und als ich das Haus erworben, da übernahm ich ihn sowohl als auch seine Frau mit, und zwar auf Verwendung meiner Mutter. Später entließ ich ihn, da sich die Leute immer über seine Derbheit beklagten, nahm ihn aber später wieder als zweiten Portier an. Was seine Redlichkeit anbetrifft, so kann ich nichts Nachteiliges über ihn behaupten, auch soll er sich jetzt in dürftigen Umständen befinden.

Georg Compensis fand sich als Gendarm häufig in meinem Geschäfte ein, um Geld anzulegen, und auch er trug mir seine Dienste an. Ich gab ihm die Stelle eines Hausmeisters und Portiers an Stelle des Jouvin, weil ich mein Haus gut geschützt glaubte, wenn ich dasselbe einem früheren Gendarmen zur Bewachung übergebe. Er hatte schon vor seinem Eintritt in meine Dienste *etwas* Geld; jetzt soll er sich in sehr glänzenden Verhältnissen befinden und eine Wirtschaft betreiben. Wie mir mitgeteilt, soll während der Sperrung, zu einer Zeit, als ich von Gerichtspersonen umgeben war, vom ersten Stock aus an einem Stricke ein Paket Obligationen zu Kompensis hinabgelassen worden sein. Was aus dem Pakete geworden ist, weiß ich nicht, auch kann ich mich nicht erinnern, daß während meiner Schwurgerichtsverhandlung hierüber ein Wort gefallen wäre.

Max Düval, früherer Hofstallbediensteter und Kutscher, wurde mir durch Franz Silchinger empfohlen und als Unterbediensteter mit 30 fl. Monatssalär nebst Mittagstisch angestellt. Überhaupt hatten sämtliche Bedienstete Mittagstisch bei mir frei und zwar nahmen sie späterhin denselben in dem mir gehörigen Gasthause zum »Wilhelm Tell« ein, was zu dem irrigen Glauben Anlaß gab, ich hielt die Leute, welche mir Geld brachten, zechfrei.

Dieser Düval soll, wie mir von den Leuten erzählt wurde, das Geld in Maßkrügen gehabt haben, doch kann ich diese Behauptung nicht verbürgen, wenn ich gleich weiß, daß er jetzt Vermögen hat.

Jakob Igelhofer, früher ein armer Dienstmann, wurde unter den gleichen Bedingungen bei mir angestellt. Aus dem armen Schlucker wurde in der Schönfeldstraße ein sehr vermögender Mann. Wie mir mitgeteilt wurde, ist er pfiffig genug, seinen Reichtum nicht zur Schau zu tragen, nichtsdestoweniger wollte er aber, wie mir von mehreren Zeugen wiederholt mitgeteilt worden, schon einmal ein großes Haus in der Marsstraße, woselbst er wohnt, nebst einem großen Keller ankaufen, und unterließ dies nur auf die Warnung hin, daß er in diesem Falle von den Arbeitern totgeschlagen würde. Die Arbeiterwelt war mir ja überhaupt von jeher sehr zugetan und jenen, welche mich notorisch eigentlich ins Unglück stürzten, nichts weniger als freundschaftlich gesinnt.

Johann Fischer, ebenfalls ein armer Dienstmann, soll jetzt ein reicher Mann sein. In der Au bei München besitzt er Haus und Geschäft, beides ist aber auf den Namen seiner Frau eingeschrieben.

Gustav Grünwald, ehemaliger Unteraufseher in einem Gefängnisse, wurde ebenfalls durch mich reich, soll aber alles, wie mir gesagt wird, wieder angebracht haben. Er soll sich förmlich in Champagner gebadet haben, und als er nichts mehr besaß, da richtete er nach meiner Entlassung aus dem Gefängnisse sogar Bettelbriefe an mich. Grünwald wurde in der Folge auch einmal mit Haft wegen unerlaubten Verkehrs mit Gefangenen bestraft, weil er vor dem Gefängnisse, in dem ich mich befand, stehen geblieben und zu mir hinaufgegrüßt hatte.

Xaver Kaufmaier, vormals Dienstmann, Lorenz Ostermaier, ebenfalls Dienstmann, Wolfgang Pinzer, ehemaliger Kutscher und Michael Schönmaier wurden alle durch mich reich. Auch ein gewisser Michael Zierl wurde durch mich zum vermögenden Manne, spielt aber immer noch den armen Dienstmann.

Xaver Moseder kam ebenfalls als armer Dienstmann zu mir. Über ihn gingen sehr häufig bei mir Klagen ein, weil er im Geldanlegen für andere nicht sehr reell gehandelt haben soll. Von mir zur Verantwortung gezogen, stellte er alles entschieden in Abrede, so daß ich meinen Zahlmeistern strenge befahl, ihm scharf auf die Finger zu sehen. Er ist jetzt zum sehr vermögenden Manne geworden und besitzt eine sogenannte Tändlerei.

Georg Wagner, ehemaliger Gefängniswärter, war wohl zu kurz bei mir, um seinen Teil ins Trockene zu bringen. Er war mir angelegentlichst empfohlen worden.

Dasselbe mag auch der Fall sein bei dem früheren Polizeidiener G. Frank, welcher mir durch meinen Kontrolleur G. Zeitler empfohlen wurde.

Leonhard Lunk, früher Gendarm, legte bei mir häufig Geld an und bat mich um eine Stelle, da er den Dienst quittieren wolle. Da gerade keine Vakanz war, so plazierte ich ihn als Hausmeister in meinem Cohnhause. Als solcher hatte ich ihm nebst freier Wohnung monatlich 40 fl. gegeben, und jetzt ist er ein sehr vermögender Mann.

Josef Wagner, ehemaliger Dienstmann; mit ihm machte ich im »Österreichischen Hof« (Goldener Stern) Geldgeschäfte. Ich stellte ihn in der Folge mit 30 fl. monatlich und freiem Mittagstisch als Unterbediensteten an, und jetzt ist aus dem ehemaligen Dienstmann längst ein sehr reicher Mann geworden. Er besitzt jetzt Haus und Hof und leiht Geld zu enormen Zinsen aus.

Friedrich Seidl, ehemaliger Schneider, wurde von mir auf Empfehlung als Portier mit monatlich 30 fl. nebst freiem Mittagstisch angestellt.

Da so viele sich durch mich bereichert haben, so darf ich wohl annehmen, daß auch Seidl gegenwärtig kein armer Hiob sein wird.

Ein ehemals armer Künstler wurde mir als ein ehrlicher Mensch empfohlen und von mir aushilfsweise als Geldsortierer mit 40 fl. monatlich nebst freiem Mittagstisch plaziert. Er ist jetzt wohlhabend.

Ein gewisser Fischer, Bildhauer in Halbings Atelier, war bei mir als Geldsortierer mit einem geringen Salär einige Monate engagiert, derselbe befand sich damals in dürftiger Lage, jetzt aber soll er gleichfalls, wie mir vielfach mitgeteilt wurde, in sehr günstigen Verhältnissen leben.

F. Knobler legte einige hundert Gulden bei mir an, ich engagierte denselben als Zahlmeister, wegen Kränklichkeit (?) verblieb er nicht lang in meinen Diensten; er soll jetzt wohlhabend sein, auch ein Schwager des Georg Compensis stand einige Zeit als Portier in meinen Diensten, auch er ist jetzt sehr wohlhabend.

Einer meiner eifrigsten Anleger für andere, der schon oft erwähnte Johann Breitweg, verdient, obgleich nicht mein Bediensteter, eine besondere Bemerkung. Dieser Mensch war, als ich ihn kennenlernte, ein ganz armer Dienstmann aus der Au; wie mir von vielen Zeugen mitgeteilt wurde, besitzt derselbe ein geradezu kolossales Vermögen, leiht große Summen aus, hat Haus und Hof, woher dieses Vermögen stammt, ist noch nicht aufgeklärt. Viele Personen erzählten mir, daß er denjenigen, für welche er die bei mir eingelegten Kapitalien wieder erhob, die Zinsen vollständig in Abzug brachte und ihnen sagte, daß er dieselben von mir nicht erhalten habe. Dieses ist eine offenbare Lüge, denn ich zahlte, wie nachweislich, stets Kapitalien mit Zinsen zurück.

Richard, Franz und Joseph Kramer waren in den letzten vier Wochen vor meinem Sturze aushilfsweise bei mir angestellt; ihre Vermögensverhältnisse sind mir vollständig unbekannt.

Georg Merz, mein ehemaliger Kutscher, quittierte seine Stelle Kränklichkeit halber und wurde Portier. Er soll jetzt Vermögen besitzen, das er aber durch Geldanlagen, noch ehe er in meine Dienste trat, schon erworben hat. Er war von jeher ein sparsamer und ordnungsliebender Mensch, auch habe ich nie die geringste Unehrlichkeit bei ihm wahrgenommen und kann ich seiner deshalb nur lobend erwähnen.

Anton Gammel, ehemaliger Kommissionär des A. Jochner, bekam auf sein Ansuchen eine Anstellung in der Expedition meines »Münchner Tagblatts«. Als ich 14 Tage vor der Sperre mich in die Redaktion begab, bemerkte ich an seiner stählernen Uhrkette einen sogenannten Hirschgulden. Auf mein Befragen, was diese Münze zu bedeuten habe, erwiderte er, daß er sie als einen Talisman betrachte, der ihm bisher nur Glück gebracht habe, Beweis dafür sei der Umstand, daß er eine Anstellung bei mir gefunden habe. Sofort ward mein bekannter Aberglauben rege und ich bot ihm zwei Louisd'or für die Münze, welche er mir aber nur ungerne gab. Als ich nach Hause kam, erinnerte ich mich an Hauffs Märchen vom Hirschgulden, und die Münze fing mir nun an, unheimlich zu werden. In der Tat blieb mir von allen meinen Reichtümern nur dieser –

Hirschgulden und dieser nicht einmal, da ich ihn verschenkte.

August Siebentritt, ehemaliger Gerichtsvollzieher, der sich in den dürftigsten Verhältnissen befand, war mir von Jochner als zweiter Redakteur für mein Blatt empfohlen worden, indem er ihn als höchst gewandt mit der Feder bezeichnete. Da aber selbst Jochner nicht Redakteur en chef bei mir wurde, so erhielt auch Siebentritt die Stelle nicht, doch gab ich ihm aus Mitleid eine Stelle mit einem Monatsgehalt von 40 fl.; er hatte die Obligationen einzuschreiben. Hie und da gab ich ihm, um seine Lage zu erleichtern, auch ein Extrahonorar, worüber er sich sehr dankbar zeigte. Zum Danke dafür machte er auch einmal ein Lobgedicht auf mich, und zwar bei Gelegenheit einer Photographienübergabe meiner sämtlichen Bediensteten.

Bei dieser Gelegenheit arrangierten dieselben ein Fest mit Gartenbeleuchtung und in einem Gedichte, welches den Gefühlen dieser Leute Ausdruck geben sollte, erklärten sie mich für ihre Herrin, der sie alles Gute zu verdanken hätten.

Derselbe Siebentritt aber, dem ich nur Gutes erwiesen und der nicht den geringsten Grund hatte, mich zu schmähen, soll, nachdem das Unglück über mich hereingebrochen war, sich nicht gescheut haben, die ordinärsten Pamphlete in einem kleinen Witzblatte über mich geschrieben zu haben. Wahrscheinlich wollte er die genossenen Wohltaten hierdurch abquittieren. – Möge es ihm Glück bringen! –

Dr. Faist, Redakteur meines »Münchener Tagblatts«, hatte einen Monatsgehalt von 100 fl., ich war jedoch nie mit seiner derben Schreibart zufrieden, hätte ihn für die Dauer auch nicht behalten.

Franz Silchinger: derselbe befand sich stets auf dem Korridor, um für die Aufrechterhaltung der Ruhe Sorge zu tragen, und er verstand es hiebei prächtig, den Leuten in die Taschen zu steigen. Er ließ sich nämlich von den meisten, welche bei mir Geld anlegen wollten, Trinkgeld unter dem Vorwande geben, daß sie dann eher vorkämen. Der Leser weiß bereits, daß mich die Leute mit aufgehobenen Händen flehentlich baten, ihr Geld anzunehmen.

Erhielt nun Silchinger von diesen Leuten, welche durch ihn ihr Geld eher anzubringen hofften, 12 Kreuzer, was bei ihm eine Art Taxe gewesen zu sein scheint, so besah er das Geld von allen Seiten und bemerkte dann trockenen Tones, daß er die Inschrift auf diesem Gelde »nicht lesen könne«; legte man ihm dann noch sechs Kreuzer darauf, so erklärte er, dies könne er »schon besser lesen«.

Silchinger hatte die unteren Lokalitäten in Ordnung zu halten und sammelte daher die Papierschnitzel auf dem Boden zusammen, und da von den Leuten auch viel kleines Geld, Groschen und Sechser, bei mir eingezahlt wurden, so mag es wohl sein, daß er manchmal ein derartiges kleines Geldstück gefunden hat, von Gulden- oder Talerstücken kann aber deshalb noch lange nicht die Rede sein.

Als ich ihn übrigens einmal erwischt hatte, wie er auf dem Boden herumkriechend Geld suchte und auch gefunden hatte, da schenkte ich ihm zwar diese Geringfügigkeit, gab aber hernach den strengsten Befehl, beim Geldzählen mehr acht zu geben, damit keines mehr verloren gehe. Ob er mit der Streusandbüchse Manipulationen machte, um etliche Sechserl vermittelst des Sandes zu bedecken und auf den Boden zu praktizieren, weiß ich nicht. In meiner Gegenwart hätte er dies sicher nicht gewagt, da er vor mir gewaltigen Respekt hatte. Weiter war Silchinger auch von mir beauftragt, insgeheim meine Bediensteten zu beobachten, besonders in Wirtslokalitäten, da ich gehört hatte, daß dieselben bei derartigen Gelegenheiten gewaltig zu renommieren pflegten und die teuersten Weine tranken.

Silchinger verdanke ich übrigens auch eine Vorladung vor Gericht, resp. zum damaligen Untersuchungsrichter Herrn Radlkofer. Dieser teilte mir mit, daß eine Anzeige des Inhalts gegen mich eingelaufen sei, daß ich in einem mit meinem Namen bedruckten Kuvert an den Polizeikommissär Niederreiter 20 fl. geschickt habe, es liege also der Verdacht eines Bestechungsversuches gegen mich vor.

Ich war sehr erstaunt hierüber, da ich nicht entfernt an so etwas gedacht hatte, da aber das Kuvert, welches mir gezeigt wurde, sich wirklich als eines der meinigen erwies, so kam ich sofort auf die Idee, ob nicht der saubere Monsieur Silchinger mit einem meiner auf dem Schreibtische stets herumliegenden Kuvert diesen Mißbrauch getrieben habe. Da er mit seiner Geliebten Ursula Speicher in meinem Hause trotz meines Widerwillens im Konkubinat zusammen lebte, dieses aber damals gesetzlich noch nicht erlaubt war, so bekräftigte dies meinen Verdacht und ich bat den Untersuchungsrichter, meinen früheren Sekretär kommen zu lassen; dieser kam auch und wurde nun von mir beauftragt, dem Silchinger betreffs dieser Geschichte auf den Zahn zu fühlen. Dieser stellte die Sache auch ziemlich klug an, er sagte nämlich zu Silchinger in kordial-vertraulichem Tone: »Sie sind doch auch ein rechter Falscher und haben mir nicht einmal gesagt, daß Sie dem Niederreiter 20 Gulden geschickt haben.«

Richtig ging Silchinger in die ihm gestellte Falle, indem er pfiffig lächelnd zur Antwort gab: »Ihm hab ich's ja gar nicht geschickt, sondern seiner Frau.«

Silchinger erhielt von mir als Gratifikation für diese Geschichte ein paar Ohrfeigen, die an Qualität nichts zu wünschen übrig ließen, mit dem kategorischen Befehl, für derlei Dummheiten künftighin sein eigenes Kuvert zu benützen.

Dieses Bestechungsversuches halber wurde gegen Silchinger übrigens gerichtlich vorgegangen, es erfolgte jedoch, durch den Advokaten Will, den ich hierdurch kennenlernte, Freisprechung.

Georg Zeitler lernte ich dadurch kennen, daß er sich mir als Polizeibediensteter vorstellte und mich um ein Darlehen von 200 Gulden anpumpte, was ich ihm anfänglich verweigerte. Da ich in Erfahrung gebracht, daß Herr Polizeipräsident von Burchdorf es sehr übel genommen hatte, daß Polizeibedienstete bei mir Geld entlehnt hatten, so machte ich kurzen Prozeß und trat die ganze Schuld derselben an einen Bekannten notariell ab. Ich hatte von diesen Leuten, wie überhaupt von allen minder Bemittelten, nur 5% per Jahr genommen, ohne sie deshalb für mich gewinnen zu wollen.

Auch kamen Polizeibedienstete einmal zu mir, um ihre Dankbarkeit auszudrücken, doch wünschte ich ihren wiederholten Besuch nicht. Hätten diese Polizeiunterbeamten nicht Familien gehabt, so würde ich ihnen überhaupt jedes Darlehen von vorneherein verweigert haben, indem schon damals die Besorgnis in mir aufstieg, es würden mir hierbei Gott weiß welche Zwecke unterschoben werden können.

Besagter Georg Zeitler erhielt denn auch das gewünschte Darlehen nur, weil er die Absicht ausdrückte, den Polizeidienst bald verlassen zu wollen. In der Tat trat er bald aus und bewarb sich um eine Stelle bei mir, da er, wenngleich noch jung, so doch ziemlich gebildet schien, so stellte ich ihn als Kontrolleur über meine sämtlichen Bediensteten an. Hierüber stellte ich ihm auch auf Wunsch eine schriftliche Bestätigung aus, weil er erklärte, dieselbe dem Polizeidirektor v. Burchdorf vorzeigen zu wollen.

Zeitler trat meinen Leuten gegenüber mit größter Strenge auf, wenigstens in meiner Anwesenheit, so daß dieselben eine gewisse Scheu vor ihm hatten und sich oft zuflüsterten: »Da kommt der Polizeispitzel!« Durch seinen scheinbaren Diensteifer und sein energisches Auftreten sowohl, wie andererseits auch durch sein ehrerbietiges Auftreten gegen mich erwarb er sich meine Gunst in so hohem Grade, daß ich ihn förmlich zu meinem Stellvertreter aufstellte, jedoch nur in repräsentativer Hinsicht, denn er durfte weder einen Wechsel unterschreiben, noch durfte er ohne mein Wissen etwas anordnen. Sein Gehalt betrug monatlich 100 Taler nebst freier Kost. Zeitler führte auch einen

»guten Freund« von ihm bei mir ein, einen gewissen Walther, früher Bediensteter an der Zentralkasse.

Dieser Walther, dem ich sogar ein Kind aus der Taufe hob, soll, wie ich später vernahm, ein geheimer Polizeiagent gewesen sein. Auffallend war es mir schon, diesen Mann täglich von 11 Uhr an mit Zeitler in eifrigstem Gespräche in meinem Garten herumspazieren zu sehen, dachte aber nichts Arges dabei, da ich auf Zeitler große Stücke hielt und im übrigen auch nichts zu scheuen hatte.

Jakob Weber sagte mir sogar einmal, daß jeden Vormittag gegen 11 Uhr ein Bericht über mich auf die Polizei komme und daß dieser nur von einem meiner Bediensteten herrühren könne, doch nahm ich dies sehr gleichgültig auf, da ich mich nicht im geringsten darum kümmerte, ob sich die Polizei für mich interessiere oder nicht.

Ja ich schickte den Zeitler sogar selbst etliche Male auf die Polizei, mit verschiedenen Anzeigen sowohl als auch mit Beschwerden. So ließ ich auch einmal die Polizeidirektion durch Zeitler höflichst ersuchen, mir zur Aufrechterhaltung der Ordnung in der Volksküche eine Anzahl von Gendarmen zu beordern; gleichzeitig ließ ich auch die Anfrage stellen, ob ich in diesem Falle die Gendarmerie für diesen Extradienst zu honorieren habe, welche Anfrage jedoch verneint wurde. Zeitler, welcher früher sehr verschuldet gewesen, erholte sich bei mir vollkommen.

Bemerkenswert ist, daß ich ihn sogar kleiden ließ, daß er mit mir und meiner Gesellschafterin Ehinger den Mittagstisch einnahm und bei allen Landpartien mein steter Begleiter war, wie er denn überhaupt in jeder Beziehung von mir bevorzugt wurde. Am Tage meines Sturzes noch sandte ich ihn auf die Polizei mit dem Ersuchen, es möchte doch die gaffende Menge Müßiggänger vor meinem Hause entfernt werden. Als ich vernahm, daß Militär zum Kriegsministerium aufzöge, und daß viele Polizeibeamte vor meinem Hause auf und ab gingen, da frug ich ihn, was dies alles zu bedeuten habe, und der grundfalsche Mensch antwortete mir mit dem unbefangensten Gesichte von der Welt, es hätten diese Vorsichtsmaßregeln ihren Grund in den eben stattfindenden Wahlen.

Als die Gerichtskommission sich bei mir einstellte, war Zeitler nicht anwesend, und ich frug deshalb nach ihm.

»Der wird wahrscheinlich unten sein«, erwiderte Polizeiassessor Pfister mit Lächeln. Dies fiel mir auf, und als Zeitler endlich mit verdutztem Gesichte heraufkam, da fixierte ich ihn mit durchbohrenden Augen und richtete ernst und langsam die Worte an ihn: »Zeitler, haben Sie das gewußt?« Mit unsicherer Stimme, den Blick scheu zu Boden gerichtet, stotterte er das Wort »Nein«, aber ich sagte mir nun in meinem Innern: »Dieser Mensch war mein Judas!«

Es wird wohl auch so gewesen sein, denn wie ich später vernahm, soll er sich, als er unbemerkt zu sein glaubte, vor Lachen förmlich ausgeschüttelt haben. Zeitler heiratete im Laufe der Zeit eine Frau mit 5–6000 Gulden Vermögen und da er entschieden als sehr reicher Mann auftritt, so behauptet der vorsichtige Herr, eine »reiche« Frau geheiratet zu haben.

Ich komme nun zu dem Bediensteten, welcher längst schon ohne mein Zutun in den Augen der Welt der Verachtung anheim gegeben ist, Subjekt Gröbmaier. Ich lernte ihn gelegentlich eines furchtbaren Andranges von Menschen, den ich kaum bewältigen konnte, kennen. Silchinger konnte sich der Leute kaum mehr erwehren, und Johann Gröbmaier, ein geschmeidiger Geselle durch und durch, half deshalb sofort freiwillig mit und ließ mir gegenüber dabei die Äußerung fallen: »Wenn Fräulein einen Diener brauchen würden, ich ginge gleich zu Ihnen.«

Ich sah mir den Menschen an, und da er sich ein ehrliches und biederes Aussehen zu geben wußte und mich hierdurch auch täuschte, so antwortete ich: »Dein Aussehen ist ein gutes, wenn Du auch so ehrlich bist, als Du aussiehst, dann nehme ich Dich.« Nachdem mir Gröbmaier auch noch gewissermaßen als Garantie für seine Ehrlichkeit mitteilte, daß er ein bescheidenes Vermögen besitze, so überlegte ich nicht lange und nahm ihn in meine Dienste. Er bekam dieselbe Livree wie mein Kutscher und erhielt ein kleines Gehalt. In seinem Benehmen zeigte sich der arglistige Mensch bescheiden und ruhig, heuchelte große Anhänglichkeit an mich und erwies sich fleißig und anstellig. Von Zeit zu Zeit machte er auch auf diesen oder jenen aufmerksam, der mich hintergehen wollte, während er für seinen Teil sich nicht auf der geringsten Unehrlichkeit ertappen ließ. Aber auf der Welt ist alles vergänglich, warum nicht auch die Ergebenheit des Gröbmaier. Nachdem er bis zum Spätsommer in meinen Diensten gewesen, fing der sonst so gefügige bescheidene Mensch, welcher sich sogar bei meiner Mutter derart eingeschmeichelt hatte, daß sie mir oft meine Härte gegen ihn zum Vorwurf machte, an, sehr protzig aufzutreten. Ich hatte stets ein so riesiges Vertrauen in die Ehrlichkeit dieses Gröbmaier gesetzt, daß ich ihn des Abends die Gelder mit in meine Wohnung hinauftragen ließ. Geschenke erhielt er hier und da nur einige Gulden, und er zeigte sich scheinbar so sehr für mein Interesse eingenommen, daß die von ihm zur Schau getragene Sparsamkeit in Neid ausartete, und er meinen Leuten nicht einmal das Faß Bier gönnte, welches ich ihnen des Mittags reichen ließ.

Dieses Bier, welches stets er zu besorgen hatte, wurde denn auch in letzter Zeit so schlecht, daß ich dasselbe nicht mehr durch ihn, sondern durch den Brauer selbst ins Haus besorgen ließ. Überhaupt schien ihm jeder Bissen zu viel, den er den Bediensteten geben mußte, und stets suchte er ihnen die schlechteste Ware vorzusetzen.

Gewöhnlich sagte er: »Fräulein tun zu viel an den Kerlen, denen kann man nicht trauen. Ich passe aber schon auf, daß sie nichts in die Taschen stecken.« Auch meine Besucher pflegte er stets als Schmarotzer hinzustellen, und wenn jemand bei mir speiste, so pflegte er zu sagen: »Dö hab'n jetzt gnua, i geb' ihna kein von dem guaten Wein mehr, i misch'n jetzt mit Wasser.« Ließ ich meine Geldbörse irgendwo liegen, so sprach er stets den Verdacht aus: »Fräulein, i glaub, daß Der oder Jener Ihna was rausg'numma hat.«

Ich wurde durch all dieses so eingenommen für ihn und so einfältig, diesen Schleicher als Aufpasser über die anderen aufzustellen, und doch gab es keinen raffinierteren Menschen und Heuchler, als eben diesen Gröbmaier, den ich jetzt wohl als den Gefährlichsten in meinem Hause betrachten kann. Gröbmaier scheint nicht nur ein Liebhaber von Obligationen, sondern auch von Edelsteinen gewesen zu sein, wie aus Nachfolgendem hervorgeht: Ich kaufte einmal vom Friseur L. Volk einen ungefaßten Edelstein, welcher sehr schön war und einen Wert von 500 fl. repräsentierte. Diesen Stein legte ich in meine Brieftasche und diese wiederum in den Spiegelkasten meines roten Zimmers, in dem ich auch Geld verwahrte.

Als ich den Stein herausnehmen wollte, um ihn fassen zu lassen, da war er spurlos – verschwunden; offenbar hatten die Finger des Gröbmaier eine magnetische Anziehungskraft ausgeübt, und ich gestehe offen, daß ich damals auf eine andere Person Verdacht gehabt habe. Auch eine Summe von 500 fl., welche ich einmal einer Frau zuviel gezahlt hatte und welche mir von der ehrlichen Person spätabends noch zurückgebracht wurde, verschwand spurlos aus meiner Kommode.

Wie ich schon in dem Kapitel »Dachauer Bank« bemerkt habe, fehlten mir bei dem zweiten Sturme, der mich heimsuchte, von meinen letzten 50 000 fl. plötzlich 26 000 fl., ohne daß ich mir erklären konnte, wer sie genommen oder wohin sie gekommen seien. Heutzutage habe ich über den Verbleib jener 26 000 fl. nicht den geringsten Zweifel mehr, denn jetzt weiß ich, daß niemand mehr Grund gehabt hätet, sich vor *Hausdieben* zu schützen, als eben ich.

Infolge widerspenstigen Benehmens kanzelte ich den Gröbmaier einmal tüchtig herunter, und zwar in Gegenwart des Dr. Zandter. Der Bursche versuchte nun den Entrüsteten zu spielen, schlug auf den Tisch und schrie, daß er sein Geld zurückhaben wolle. Er hatte nämlich Geld bei mir angelegt, die pünktlich ausbezahlten Zinsen meistens immer dazu geschlagen und, da die Wechsel auf sein ausdrückliches Bitten hin prolongiert wurden, so hatte er auf diese Weise im Laufe der Zeit 11–12 000 fl. bei mir stehen. Die Impertinenz dieses Burschen regte mich nun dergestalt auf, daß ich den über meinem Bette hängenden Revolver ergriffen hätte, wenn mir nicht Dr. Zandter in den Arm gefallen wäre. Zandter übernahm es, den Burschen sofort auszubezahlen, da ich ihn nun auch keine Nacht mehr im Hause haben wollte.

Nun verlegte sich aber Gröbmaier aufs Bitten. Fürs erste bat er mich, ihn nur noch diese eine Nacht im Hause zu behalten, und des andern Tages flehte er mich unter Tränen an, ihn überhaupt wieder zu behalten.

Leider siegte meine Gutmütigkeit, und ich behielt den Schurken wieder im Hause, doch hegte ich von dieser Zeit an einen Groll gegen ihn.

Von dieser Zeit an entschloß ich mich auch, von keinem meiner Bediensteten mehr Geld anzunehmen, doch wußte Gröbmaier dasselbe unter anderem Namen bei mir einzuschmuggeln. Seine Stunde hatte übrigens bei mir geschlagen. Einige Bekannte waren nämlich eines Sonnabends bei mir im Garten zu Gaste und baten mich um eine Flasche Wein, worauf ich dem Gröbmaier sagen ließ, er möchte eine Flasche Deidesheimer hergeben. Es verging eine geraume Zeit, und es kam kein Deidesheimer und kein Gröbmaier, so daß ich entrüstet aufstand, um selbst nach der Ursache der Verzögerung zu sehen. Ich traute meinen Ohren kaum, als die Köchin mir mitteilte, daß »Johann« sich weigere, so spät noch Wein herzugeben.

Selbstverständlich mußte der Bengel nun sofort aus dem Hause. Es entfernte sich denn auch das Bürschlein, um ein Zimmer zu suchen.

Während seiner Abwesenheit wollte die Köchin sein Bett richten und siehe da, es fanden sich etliche Obligationen darin. In der Meinung, daß die Obligationen mir gestohlen seien, nahm ich sie zu mir, war aber nicht wenig erstaunt, als Gröbmaier nach einer Viertelstunde zurückkam und etwas vergessen zu haben erklärte. »Vielleicht dieses?« erwiderte ich und zeigte ihm die Obligationen.

Doch geriet er hierdurch nicht in die geringste Verlegenheit, sondern behauptete steif und fest, daß die Obligationen sein rechtmäßiges Eigentum seien. Zur Bekräftigung dieser Behauptung erinnerte er mich, wie oft er gebeten, ihm seine Zinsen in Obligationen auszuzahlen. Richtig war ich leichtgläubig genug, ihm das Geld zurückzugeben.

Einige Zeit darauf erschien er wieder und bat mich um ein Zeugnis, welches ich ihm auch ausstellte, jedoch ohne das Wort »Treue« darin anzubringen. Als er es durchgesehen, machte er mich auf diesen Mangel aufmerksam, ich bedeutete ihm aber, ganz einfach zu meinem Anwalt zu gehen, denn von mir bekomme er kein anderes Zeugnis.

Er bedankte sich nun unter Tränen für die erwiesenen Wohltaten und für die Vermehrung seines Kapitals, das ich ihm vollständig zurückgezahlt hatte.

Auch bekannte er mir, daß er nur schwer aus meinem Dienste scheide, obgleich er das dienen nicht mehr notwendig hätte, da er – – von den Zinsen seines Kapitals bereits privatisieren könne. Ich entließ ihn mit einer abwehrenden Handbewegung. Später stellte sich heraus, daß er ein ganz gemeiner unter der Maske der Ehrlichkeit einherwandelnder Hausdieb gewesen war. Er ließ nämlich bei einem Bankier nach und nach 80 000 fl. Obligationen umwechseln, dies erregte Verdacht und es wurde nun, nachdem ich von diesem auffallenden Reichtum in Kenntnis gesetzt und Strafantrag wegen Diebstahls gegen ihn gestellt hatte, Untersuchung wider ihn eingeleitet und er selbst gefänglich eingezogen. Bei der desfallsigen Haussuchung fand man in seiner Wohnung noch eine ganze Masse von

Obligationen, und zwa wenn ich recht unterrichtet bin, waren dieselben hinter dem unter dem Kamine aufgestapelten Brennholze versteckt. Es zog sich die Untersuchung durch die nötigen Recherchen in die Länge und nach mehreren Monaten wurde der Dieb, welcher glauben machte, daß er das bei ihm vorgefundene Vermögen (ca. 150000 fl.) ehrlich erworben habe, auf freien Fuß gesetzt.

Diese Freiheit wußte Gröbmaier weidlich auszunützen, denn er wandelte schnurstracks den Weg des Kolumbus und ließ sich auf amerikanischem Boden nieder in dem Glauben, den bayerischen Staatsanwälten für immer entronnen zu sein. Die gestohlenen Obligationen allerdings waren im Gewahrsam des Gerichts diesseits des Ozeans geblieben, und Gröbmaier mochte nicht wenig Herzeleid darüber empfinden. Auch jener ungeschliffene Diamant, der mir seinerzeit auf so rätselhafte Art aus meiner Brieftasche abhanden gekommen war, wurde mittlerweile im zurückgelassenen Besitze Gröbmaiers ausfindig gemacht, und er wurde in contumaciam zu einem Jahr Gefängnis verurteilt. Gröbmaier mag sich wohl unter den Yankees nicht wohl befunden haben, möglicherweise mag er auch in München immer noch weiß Gott in welchem Verstecke manches zurückgelassen haben, denn als ihm eine seiner Freundinnen, Frau Rotheim, liebenswürdigerweise mitteilte, er wäre nur zu einem Jahre Gefängnis verurteilt worden, da riskierte der so Düpierte diese Strafe, packte sein Bündel zusammen und zog wieder übers Wasser herüber. Er mag wohl ein ellenlanges Gesicht gemacht haben, als er von der Gendarmerie mit offenen Armen empfangen und dann neuerlich auf fünf Jahre verurteilt, in die Strafanstalt Laufen abgeliefert wurde.

Dieser Mensch hatte übrigens, ehe er die Flucht nach Amerika ergriff, die Frechheit besessen, mir durch zwei Frauen, im Gefängnisse, mittelst Sprechkarte 50000 fl. anzubieten, wenn ich den wider ihn gestellten Strafantrag zurückziehen wolle.

Dieser ehrliche Diener, welcher sich in der Untersuchung durch raffinierte Lügen fortwährend herauszubeißen suchte, braucht übrigens um seine Zukunft nicht besorgt zu sein.

Sein Anwalt Dr. Dietherr prozessierte nämlich so lange für Gröbmaier, bis dieser von dem beschlagnahmten Gelde soviel herausbekam, was er nicht gestohlen, sondern erworben haben will. Gröbmaier besitzt demnach heute noch ein großes Vermögen, das ich aus Mangel an Beweisen nicht anfechten kann.

Sein Nachfolger im Dienste bei mir wurde ein früherer Gendarm, namens Michael Wakerbauer, welcher hier und da Geld für seine Kameraden bei mir angelegt hatte.

Er war sehr anständig, höflich und artig, nur mit meiner Gesellschafterin Rosa Ehinger konnte er sich nicht vertragen, weshalb er auch meinen Dienst freiwillig verließ.

Nach ihm engagierte ich einen gewissen Jakob Nebel, welcher sich durch gute Zeugnisse bei mir einführte. Sein Name ist mit dem schweren Schicksalsschlage, der mich betraf, so enge verknüpft, daß ich ihn der Beurteilung des Lesers überlassen kann, ohne jene durch ihn ausgeführte Verschleppungsgeschichte, derenthalben ich verurteilt wurde, hier eingehend zu detaillieren. Er trägt vorzugsweise die Schuld an meiner Verurteilung. Arm zu mir gekommen war er späterhin in der Lage, Geldgeschäfte abzuschließen und als wohlhabender Mann auftreten zu können.

Hiermit schließe ich das Kapitel über meine Bediensteten, zuviel habe ich über keinen gesagt, wohl aber bei vielen, die mir mehr oder weniger aus dem Gedächtnisse entschwunden sind, zu wenig. Mögen meine früheren Diener nun auch lästern über mich und Kot auf meinen Namen werfen, ich kümmere mich nicht darum und verachte sie. Es rächt sich ja alles noch auf dieser Welt, und so werden auch manche von ihnen der verdienten Strafe nicht entgehen! – – –

V. Kapitel

Mein Haushalt

Im »Deutschen Hause«, welches ich von Oktober 1870 an bewohnte, nachdem ich wie schon erzählt durch eine Feuersbrunst aus dem »Goldenen Stern« vertrieben war, hatte ich ein Zimmer mit Alkoven und zwei kleine nach rückwärts gelegene Zimmer, so daß die Leute, welche hierin nicht Platz hatten, sich im Korridor gedulden mußten.

Eigenen Haushalt führte ich um jene Zeit nicht, speiste vielmehr aus der Küche des Gasthofes, und von großen Diners und Soupers war gar keine Rede, da die Zahl der Gäste an und für sich schon eine geringe war: Rechtskonzipient Ludwig Kolb, Polizeioffiziant Weißbart mit Frau. Außer diesen erhielt ich noch von zwei Sängerinnen des Hoftheaters Besuche, welche ich zuweilen erwiderte; sonst verkehrte ich mit niemandem.

Sehr häufig wurde mir die zweifelhafte Ehre zuteil, bei den Kindern solcher Leute, die bei mir Geld angelegt hatten, Gevatter stehen zu dürfen. Eine derartige Bitte mochte ich nicht abschlagen; da man mir oft gesagt hatte, es könne nur Glück bringen, wenn man ein Kind aus der Taufe hebe. Doch schickte ich stets Stellvertreter zu derlei Gelegenheiten, da mein persönliches Erscheinen immer ein ungewöhnliches Aufsehen erregte. Auch eine gesuchte Firmpatin war ich, und als ich im Mai 1871 auf ausdrückliches Bitten hin zu diesem Zwecke persönlich in der Auer Kirche erschien, da erregte mein Erscheinen daselbst ungeheures Aufsehen. Als ich nämlich mit den Patchen, welche mich am Rock und an den Händen festhielten, die Kirche verließ, da war der ganze Platz gedrängt voll Menschen, welche sich alle in meine Nähe zu drängen suchten. Die Patchen ließ ich in meiner Equipage Platz nehmen, während ich mit dem Oberhausmeister meiner Häuser in einer Droschke Platz nahm. Da es Sitte ist, daß man an solchem Tage die Firmpaten festlich bewirtet, so hatte ich in den unteren Lokalitäten meines Hauses an zwei langen Tischen ein Festessen für dieselben herrichten lassen und nach demselben erhielt jedes derselben von mir einen Taler geschenkt.

Man hat mir vorgeworfen, daß ich den Luxus so weit getrieben hätte, mir Equipage und Pferde anzuschaffen. Es war dies sehr ungerechtfertigt, denn ich mußte früher bei meinen vielen Kommissionen ein heilloses Geld für Droschken und Fiaker ausgeben, so daß ich es für nützlicher hielt, mir selbst Equipage zu schaffen. Ich kaufte demnach beim Pferdehändler Neumann zwei sehr schöne Pferde um den Preis von 1700 fl., und um 1600 fl. einen Landauer. Meinem Kutscher ließ ich eine einfache elegante Livree machen.

Meine Mutter besuchte mich in meinem Hause sehr häufig und ebenso ich sie, nachdem sie mir Dank der Aufhetzereien anderer Leute längere Zeit gegrollt hatte. Trotz ihres oft ungerechtfertigten harten Benehmens gegen mich liebte ich sie doch herzlich. Sie wußte, daß ich stets ehrlich war, und hatte kein anderes Bedenken, als meine angeborene Generosität und meine wahrhaft staunenswerte Vertrauensseligkeit, derenthalben ich noch tüchtig betrogen werden würde. Einer unehrenhaften Handlung hielt sie mich nie für fähig, und wie oft sagte sie zu mir: »Ich habe dich ehrlich erzogen und du hattest von jeher ein ehrliches aufrichtiges Gemüt und wirst deshalb nie eine unehrliche Handlung zu begehen im Stande sein.« Besonders die Weihnachts- und Neujahrsabende pflegte ich stets bei meiner Mutter zuzubringen, auch besuchte ich sie in Starnberg sehr oft, wo sie den Sommer über mit ihrer Freundin Jeanette von Ballogh zu wohnen pflegte. Sie empfing mich stets mit der größten Liebe und begleitete mich dann auf die Bahn, immer herzlich bedauernd, daß ich genötigt sei, wieder in die Stadt zurückzukehren.

Als ich vom »Deutschen Hause« in mein eigenes Haus in der Schönfeldstraße übersiedelte, war ich im Besitze von ungefähr 300 000 fl. Ich fuhr mit meinen vier Hunden in die Schönfeldstraße, wo meiner ein ganz feierlicher Empfang harrte. Vor dem Hause angelangt, wurde ich von mehreren Männern aus dem Wagen gehoben und unterm Eingangstor waren 300–400 Menschen im Sonntagsstaat versammelt, darunter weißgekleidete Kinder mit Blumen und Kränzen, um mich zu empfangen. Nach verschiedenen Ansprachen seitens der Kinder ertönte ein allgemeines »Vivat hoch!«, und alles drängte sich nun an mich heran, um mir die Hand zu drücken. Ich war tief ergriffen, doch beschlich trotz all dieser Ovationen ein banges Vorgefühl mein Herz, als ob ich mich in diesen Räumen nie recht heimisch fühlen würde. Der Jubel der Leute fand mit einem Worte kein Echo in meinem Innern, das von Wehmut erfüllt war. Auch in den Zimmern, welche ich in möbliertem Zustande noch nicht gesehen hatte, obgleich die Möbel von mir selbst bestellt waren, fühlte ich mich bedrückt. In meinem Schreibzimmer angelangt, kamen die Leute paarweise zu mir und brachten ihre Glückwünsche und Geschenke, darunter sogar einige wertvolle, dar. Vier Fabrikarbeiter brachten mir auf einer Art Bahre ein Geschenk dar, welches mich innerlich sehr unangenehm berührte, nämlich ein Bild »die büßende Magdalena« vorstellend. »O weh, welch böses Omen!« konnte ich nicht unterlassen auszurufen, denn die Figur hatte einen Totenkopf neben sich und die ganze Prozedur des Hereintragens das Gepräge eines Leichenzuges.

Meine Ahnung betrog mich nicht. An einem Magdalenentage, wiederum ein Sonntag, wurde ich verurteilt!!!

Um mich für die erwähnten Empfangsfeierlichkeiten etwas zu revanchieren, ließ ich die Leute in die unteren Lokalitäten einführen und bewirten, und denjenigen, welche nicht untergebracht werden konnten, ließ ich im »Wilhelm Tell« ein einfaches Mahl bereiten. Ich aber ging, fortwährend düster gestimmt, mit einer Freundin in mein Zimmer, öffnete das Piano und spielte – den Beethovenschen Trauermarsch. Auf dringendes Bitten begab ich mich sodann in die unteren Lokalitäten, wo ich mit Jubel aufgenommen und mit Deklamationen und Anreden überhäuft wurde, und um 10 Uhr ging ich zur Ruhe. So verlief dieser für mich so traurige und wehmütige Tag, den die Leute einen Tag des Festes nannten.

Jedes Stockwerk meines Hauses war in zwei Piècen abgeteilt: Im ersten Stocke hatte ich meine Privatwohnung, ferner wohnte daselbst der General Bösenegger, im zweiten Stocke Frau Generalin Manz und Buchhändler Oldenburg, an dessen Stelle späterhin die Familie Ehinger einzog.

Die Mieterträgnisse verteilten sich wie folgt: die Parterrelokalitäten 400 fl., meine Privatwohnung 600 fl., General Bösenegger 600 fl., Frau Generalin Manz 600 fl. und Buchhändler Oldenburg, später Ehinger 500 fl.

Im Hofe befanden sich grüne Gartenbänke, auf welche sich das wartende Publikum gewöhnlich niederließ, am Hofe anstoßend war ein sehr großer Garten mit englischen Anlagen, schönen Obstbäumen und Rasenplätzen, und am Ende desselben befand sich ein einfaches Sommerhäuschen mit einem ledernen lit de repos und einem Spiegel.

Es war dies mein liebster Aufenthalt, auch wurden dort an heißen Sommertagen, wenn das Gedränge zu groß wurde, Gelder angenommen. In der Nähe dieses Häuschens befand sich eine Kegelbahn.

Auf den Rasenplätzen dieses Gartens saßen oft die Leute herum wie am Münchner Oktoberfeste, so daß mir die Sache bald zu toll wurde und ich meinen Geldanlegern den Aufenthalt im Garten untersagte. Eine zweite Laube im Garten, ebenso einen Anteil desselben, überließ ich den Mietern meines Hauses. Im Keller befanden sich Weine und Liköre von allen Sorten, welche ich teils direkt, teils durch Weinhändler Smith in München bezog.

Meine Privatwohnung bestand in sechs ziemlich kleinen Zimmern, einem Salon, Schreib-, Schlaf-, Speisezimmer, ferner dem sogenannten roten oder Konferenzzimmer und dem Zimmer meiner Gesellschafterin. Mein Salon war mit roter Samttapete ausstaffiert, die Möbel hatten gelbe Damastüberzüge. Ein Marmortisch mit hohem Spiegel in Goldrahmen, darüber ein schöner Kronleuchter, den ich bei einer Steigerung erstanden hatte, ein Harmonium, ein Sofatisch mit schönem Teppich davor, zwei Fauteuils und sechs Stühle, ferner ein Musiktisch, 24 Stücke spielend, dies zusammen bildete das Salonmöblement. Späterhin erhielt ich noch Blumentische zum Geschenk, welche ich an den Fenstern plazierte. Über dem Sofa hing ein großes Ölgemälde, welches mir Sonnenstein um 2000 fl. verkauft hatte, vis-a-vis ein Gemälde von Lindenschmidt. Ferner hatte ich noch zwei Gemälde von einem berühmten Maler, »der Pfaffe und die Weinprobe« und »ein Mädchen mit der Photographie des Geliebten in der Hand« vorstellend, von einem gewissen Schwab, ersteres um 1200 fl., letzteres um 700 fl. angekauft. Außer diesen waren noch einige andere weniger wertvolle Bilder plaziert. Neben den Salon grenzte mein mit einfachen Ledermöbeln ausgestattetes Schreibzimmer an, und hier waren auf dem Schreibtische viele mir von Wallfahrern herrührende Geschenke aufgestapelt. Diese verschiedenen Heiligenfiguren veranlaßten auch das lügnerische Gerücht, als hätte ich Wallfahrten mitgemacht. Ferner lagen außer einem Geschenke des Herrn Rath Kummerer, einem Briefbeschwerer »Petrus auf dem Stuhle« darstellend, folgende Bücher: das deutsche Reichsstrafgesetzbuch, der bayerische Zivilprozeß, das Handels-, das Wechselstempelgesetz, das Preßgesetz und ein Fremdwörterbuch. Im selben Zimmer stand noch ein schöner Bibliothekkasten, den ich in der Versteigerung des Herzogs Cadore erstanden hatte, und darin waren sämtliche Klassiker in allen modernen Sprachen, nebst spanischen, holländischen und dänischen Grammatiken vertreten. Ferner befanden sich darin noch mehrere Arbeiten aus meiner Jugendzeit, Übersetzungen aus fremden Sprachen, die sich noch bei der Gantmasse befinden müssen, sodann silberne Bestecke und sonstige Kleinigkeiten. Auf dem Kasten türmten sich die Blumenbouquets auf, welche mir meine Gläubiger verehrt hatten und außerdem waren die Wände mit verschiedenen mir sehr teuer aufgehängten Bildern geschmückt. Ein kleiner Marmortisch, eine Hängelampe und ein von Ferdinand Fränkel mir verehrter Haussegen für die Familie Spitzeder vervollständigten das Möblement. Das Zimmer nebenan, später von meiner Gesellschafterin bewohnt, hatte ebenfalls eine Garnitur von Ledermöbeln, ein schönes Piano und eine Bibliothek, ferner einen Spiegeltisch, eine Kommode mit Marmorplatte, zugleich als Toilettentisch dienend, einen Spiegelschrank und eine Nähmaschine. Über der Türe hing eine Mutter Gottes, ein Geschenk des Rath Kummerer. Anfänglich stand auch ein Bett in diesem Zimmer, später erforderte mein leidender Zustand, auf Wunsch meines Arztes, daß die Gesellschafterin zu meiner Bedienung in meiner unmittelbaren Nähe schlafen müßte. Das Kostbarste im ganzen Zimmer war offenbar ein Ölgemälde, welches ich von Sonnenstein um 5000 fl. erstanden hatte, »eine Frau aus dem Mittelalter« darstellend. Der Gantmasse angehörend wurde dasselbe um 150 fl. versteigert.

In meinem Schlafzimmer befanden sich die Betten von mir und meiner Gesellschafterin, über dem meinigen hingen ein Säbel, zwei Revolver und ein Dolch! – Auf meinem Nachttische stand ein Kruzifix, Heiligenbilder waren auch vorhanden, überhaupt hatte ich von meiner Mutter, welche mich während meines Theaterlebens sogar in die Bruderschaft zum Herz Jesu hatte eintragen lassen, die Gewohnheit ererbt, mich mit Heiligenbildern zu umgeben. Meine Gesellschafterin hatte die Verpflichtung, zwei meiner

Hunde bei sich zu beherbergen, während mein Lieblingshund Daisi das Lager mit mir teilte. Außer einem Waschtisch mit schöner Ausstattung und einem Kommodekasten befand sich in meinem Schlafzimmer auch noch der so bekannt und berühmt gewordene Betschemel, der einem Schranke glich, und mir auch als solcher diente. Er war verschließbar, hatte oben einen Schieber, der herausgezogen als Lehne für die Arme diente, wie man auch den Schemel vorziehen mußte, um darauf knien zu können. Auf diesem Möbel, das übrigens niemand für einen Betschemel gehalten hätte, stand die Büste meines seligen Vaters mit lorbeerumkränztem Haupte. Davor stand ein Wachsstock, sowie unter einer Glasglocke eine Mutter Gottes. Dieser Betschemel erinnert mich an einen mich höchst unangenehm berührenden Witz des Louis Kolb, welcher in Gegenwart des Rechtskoncipienten Schamberger äußerte, wenn er nur eine Hypothek auf diesen Schemel hätte. Ferner befanden sich dort Muttergottes- und Heiligenbilder, lauter Geschenke von Geldanlegern, welche sich für mich zu Wallfahrten verlobt hatten.

Einen Tag vor meiner Verhaftung nachts um 12 Uhr soll es, während ich in festem Schlafe lag, plötzlich einen dumpfen Schlag im Schlafzimmer getan haben, so daß meine Gesellschafterin Rosa Ehinger erwachte. Sämtliche Kränze und Bouquets, welche die Büste meines sel. Vaters geziert hatten, waren heruntergefallen und wurden von meiner Gesellschafterin in größter Angst wieder zurechtgelegt. Zum Glücke erwachte ich nicht, und der Vorgang, welcher mir bei meinem abergläubischen Charakter sicherlich großes Entsetzen eingeflößt haben würde, wurde mir erst am übernächsten Tage im Gefängnisse mitgeteilt. Über dem Betschemel war zu Ehren meines sel. Vaters ein Baldachin angebracht, der das Ganze krönte, wie denn überhaupt der ganze Betschemel mehr dem Verstorbenen zu Ehren dastand. In der Mitte des Schlafzimmers hing eine rostfarbige Ampel, welche die Nacht über brannte. Von diesen Gemächern führte ein Gang in das nach dem Garten gelegene Speisezimmer, welches sehr einfach möbliert war, und neben diesem Zimmer befand sich eine sehr freundliche Küche mit vollständiger Kupfereinrichtung. Neben der Küche war ein kleines Gelaß mit einem großen Schrank für die Hauswäsche und einem großen Eiskasten, welchem gegenüber sich das kleine Zimmer meines Kammerdieners befand.

Luxuriöse Küche habe ich nie geführt. Meine Unterbediensteten bekamen sehr einfachen Mittagstisch, Suppe, Rindfleisch und Beilage, dazu eine Maß Bier und zum zweiten Frühstück etwas Wurst und Brot, nebst wohlfeilem Tischwein, welcher später auf Verlangen der Leute durch eine Maß Bier ersetzt wurde. Im Speisezimmer wurde für die Oberbediensteten gedeckt, im roten Zimmer speiste Kontrolleur Molitor, Conzipient Gustav Kolb und Julius Marchner, während ich und meine Gesellschafterin im Schlafzimmer dinierten, und zwar in Gesellschaft des Oberkontrolleurs Zeitler. Im Wartezimmer aßen die Unterbediensteten. Später als die Arbeit meiner Köchin zuviel wurde, ließ ich die große Mehrzahl meiner Bediensteten im »Wilhelm Tell« zu 18 kr. à Person verköstigen.

Außer diesen meinen eigenen Leuten wurde niemand von mir bewirtet, und eine pure nackte Lüge war das Gerücht, ich hätte meine Anleger freigehalten. Abends speiste sehr häufig die Räthin Kummerer bei mir, ebenso die Familie Ehinger. B. Winter, auch die Herren Fränkel, Zandter sowie L. Kolb und Schamberger.

Samstag und Sonntag waren meine Ruhetage, und da speiste manchmal mein Bruder, Fränkel, L. Kolb und Homolatsch bei mir.

Das waren meine großartigen Gastereien und sogenannten Orgien! – Zur Winterszeit ließ ich zuweilen die kleine Kapelle des Herrn Hager oder die Volkssänger Welsch und Schmidt bei mir spielen. Bei diesen Abendvorstellungen fanden sich dann die Obenerwähnten, auch dann und wann die Hofschauspielerin Ramlo bei mir ein. Auch speisten bei mir öfters Frau Ballogh, Frau Rathei, Direktor Lang aus Danzig, sowie die Herren Hofschauspieler Hofpauer und Ottomaier, von denen besonders der erstere mich als einen unerschöpflichen Pumpbrunnen betrachtete; bei mir ist nie, wie behauptet wurde, Champagner in »Strömen« geflossen, sondern er wurde nur bei besonderen Festlichkeiten gereicht, während an Sonntagen moussierender Rheinwein getrunken wurde.

An Geschenken erhielten meine Oberbediensteten zu Weihnachten Brillantringe von geringem Wert, die übrigen Bediensteten erhielten zu Neujahr je 30 fl. als Gratifikation. Mußten die Leute über die gewöhnliche Zeit arbeiten, so erhielten sie von mir eine kleine Extravergütung.

Wirklich reiche Geschenke, sowohl an Geld als an Wertgegenständen erhielten nur Rosa Ehinger, Johanna Mayer, Hofschauspielerin und noch ein paar Damen.

Als ich dem Buchhändler Oldenburg die Wohnung in meinem Hause aufgesagt und die hierdurch vakant gewordene Piece in den »Neuesten Nachrichten« ausgeschrieben hatte, da meldete sich mir eine Dame unter dem Namen Postpackersgattin Ehinger und frug an, ob sie die Wohnung nicht haben könne. Unter der Bedingung, daß sie keine kleinen Kinder und auch keine Hunde mitbringe, sagte ich ihr dieselbe zu, vergaß aber, ihren Namen zu notieren, so daß ich, als die Zeit des Umzugs, der erste April heranrückte, ihren Namen total vergessen hatte. Die Dame meldete sich auch nicht, und so blieb mir nichts anderes übrig, als durch Wagner in der Zeitung ausschreiben zu lassen, daß die Partei, wenn sie anders auf die Wohnung noch reflektierte, sich gefälligst melden wolle. Frau Ehinger kam auf das hin sofort, und erklärte, die Wohnung auf jeden Fall zu nehmen. Eines Tages nun, als ich mit meinen Leuten im Hausflur stand, trat eine hübsche Dame bei mir ein und fragte nach dem Hausmeister.

Auf meine Frage, was sie wünsche, und nachdem ich ihr bemerkt, daß ich die Frau des Hauses sei, stellte sie sich als Fräulein Rosa Ehinger vor, und ersuchte, baldigst in die Wohnung einziehen zu dürfen, da sie zum Ausziehen gedrängt würden. Ich gab ihr, nachdem sie mir noch erzählt, daß sie Schauspielerin sei und bei Fräulein Elise Seebach Unterricht nähme, den gewünschten Bescheid und der Wohnungswechsel ging glatt vonstatten.

Sie wohnten lange im Hause, ohne daß ich mich um sie kümmerte, nur fiel mir manchmal das wahrhaft virtuose Klavierspiel der Rosa Ehinger auf. Am selbigen Tage nun, als ich zum Minister fahren wollte, meldete mir mein Portier den Besuch von Frau und Fräulein E., doch ich ließ sie des angedeuteten Besuches halber bitten, mir ein anderes Mal das Vergnügen zu schenken.

Die Damen kamen wieder und zeigten sich äußerst zuvorkommend gegen mich; Rosa erzählte mir, daß sie in den folgenden Tagen im Aktientheater aufzutreten beabsichtige, nachdem sie bereits im k. Hoftheater als König Renés Tochter debütiert hatte, ohne Engagement erhalten zu haben. Ich zeigte den Damen meine Wohnung und auch das Zimmer, welches meine künftige Gesellschafterin (ich erwartete nämlich eine Französin, mit welcher ich mich in ihrer Muttersprache unterhalten wollte), bewohnen sollte.

Gelegentlich eines zweiten Besuches der beiden Damen äußerte Frau Ehinger ihrer Tochter gegenüber: »Gelt Rosa, das wäre eine prächtige Stellung für Dich«, worauf ich erwiderte: »O ja, das wäre mir sehr angenehm, wenn ich nicht schon eine Französin in Aussicht hätte, jedoch bezweifle ich, ob Sie eine Stellung bei mir annähmen, denn wer mit mir umgeht, hat sehr viel durch das Gerede der Leute zu erdulden, besonders Damen!«

Als Fräulein Ehinger im Aktientheater aufgetreten war, erhielt sie vom Direktor in betreff eines Engagements eine abschlägige Antwort, infolgedessen sie mich ersuchen ließ, einen Besuch machen zu dürfen, um bei mir Rat zu erholen. Ein andermal ersuchte mich Frl. E., eine Obligation von 1000 Gulden bei mir anlegen zu dürfen, ohne sich deshalb unter das Anlegepublikum mischen zu müssen. Ich erfüllte diesen ihren Wunsch, indem ich die 1000 Gulden selbst in Empfang nahm, und von nun an besuchte sie mich sehr häufig.

Rosa E. war, besonders in Toilette, eine ziemlich hübsche Erscheinung, und in ihrem Benehmen konnte sie äußerst liebenswürdig sein. Besonders zog mich ihr schönes Klavierspiel an, wogegen ich ihr aber nach Durchgehung einiger Rollen offen ins Gesicht sagte, daß sie sehr wenig schauspielerisches Talent besäße.

Ein Engagement in Zürich nahm sie nicht an, und da sie mich fortwährend um meinen Rat bat, so blieb mir nichts anderes übrig, als die Bekanntschaft des Komikers Hofpauer zu suchen, um durch dessen Vermittlung ein nochmaliges Auftreten der Ehinger am Aktientheater zu ermöglichen.

Herr Hofpauer bewerkstelligte dies auch, und ich gab ihm ein sehr ansehnliches Honorar dafür. Rosa trat bei ausverkauftem Hause als »Anna Lise« auf, und meine Anleger waren in den verschiedensten Plätzen des Theaters als Claqueure verteilt und applaudierten nach Leibeskräften, so daß Frl. E., wie man zu sagen pflegt, diesmal Furore machte. Ich war im Hintergrund einer Loge mit Mutter Ehinger und zitterte nicht wenig, wenn sich von Zeit zu Zeit ein unmotivierter Applaus einstellte. Silchinger, welcher ein Theaterfreund war und sich sogar als »Kenner« ausgab, hatte ich als Dirigent der Claque aufgestellt, und nach ihm richtete sich auch das Ganze von mir ins Theater kommandierte Auditorium, so daß an diesem Abend wohl Silchinger der eigentliche Regisseur der Komödie gewesen sein mag.

Frl. Ehinger wurde auf das hin mit 25 Gulden monatlich engagiert. Da ich selbst keine Zeit hatte, um Frl. Ehinger den sehr notwendigen Unterricht zu geben, so ließ ich den

Schauspieler Herrn Ottomaier kommen, und durch ihn der Ehinger den nötigen Schliff beibringen.

Um diese Zeit traf aus Paris die von mir engagierte Französin ein, da sie aber kein Wort »deutsch« verstand, so gab es mit dritten Personen oft Mißstände. Die Französin ging bald wieder und an ihre Stelle trat nun die Ehinger. Sie übernahm sofort die Leitung des ganzen Haushalts, und erwies sich im allgemeinen als sehr ordnungsliebend und fleißig.

Sie war bei meinen sämtlichen Dienstboten verhaßt, und auf ihr Drängen hin mußte ich mehrere Leute meines Personals entlassen. Ihres oft gewalttätigen Auftretens halber hatte ich denn auch sehr häufig Differenzen mit ihr. Ich kleidete sie vollständig und machte ihr auch häufig Geschenke, wofür sie sich auch stets sehr dankbar erwies. Der Umstand, daß sie mich im Gegensatze zu anderen Schmarotzernaturen nie um ein Geschenk anging, gefiel mir an ihr besonders, und um ihr nicht den Neid und die Mißgunst anderer zu erregen, so gab ich ihr ein solches selten in Gegenwart von dritten Personen.

Beim Theater wurde die Ehinger vielfach angefeindet, weil sie hier und da zur Probe in meiner Equipage angefahren kam. Auch ging es in den Zeitungen wieder kriegerisch über mich her, und es wurden mir Schmähgedichte ins Haus gesandt, eines derselben hatte sogar meinen wahrhaft »ehrenwerten« Hausfreund F. Fränkel zum Verfasser. Ich sah, daß das Mädchen meinethalben ins Gerede gekommen war, so daß sie keine bleibende Stätte am Theater haben konnte, und ich nahm mir deshalb vor, für sie zu sorgen und ihr ein Kapital auszusetzen, durch das sie für ihre ganze Zukunft gedeckt wäre.

Ich nahm deshalb einmal ein Paket Obligationen, um es meiner Gesellschafterin zu geben, da ich aber noch nicht recht einig mit mir war, ob ich es ihr ganz auf einmal geben solle, so band ich das Paket auf, wurde aber durch das Erscheinen eines Bediensteten gestört, welcher Silbergeld zum Auszahlen verlangte. Nachdem ich denselben befriedigt hatte, unterließ ich das weitere Nachzählen der Obligationen, indem ich annahm, daß es, wie die meisten Pakete 50000 Gulden enthalten werde, und rief die Rosa E. in mein Schlafzimmer.

Hier übergab ich ihr das Paket mit den Worten: »Rosa, nun will ich dir einmal ein ansehnliches Geschenk machen.« Freudig überrascht, nahm sie das Geschenk entgegen, nachdem ich noch ausdrücklich gesagt hatte: »Nimm es nur, wenn ich einmal sterben sollte, so gedenke der Armen.« – An mich selbst, das darf ich mit bestem Gewissen sagen, habe ich bei dieser Schenkung nie gedacht – – denn zu diesem Zwecke wären mir doch ungleich größere Summen zur Verfügung gestanden.

Die Dankbarkeit für dieses reiche Geschenk, das mir in der Folge so unendlich vielen Kummer verursachen sollte, mag sie auch viel dazu bestimmt haben, in den letzten Tagen der über mich hereinbrechenden Katastrophe sich so anhänglich an mich zu erweisen, daß der Untersuchungsrichter sie von mir entfernen mußte.

Hatte sie mir doch auch oft versprochen, mich nie zu verlassen und mich in meiner Krankheit stets sorgsamst zu pflegen, was sie mir sogar noch in einem Briefe versicherte, den mir der Untersuchungsrichter im Gefängnisse übergab. Was Rosa Ehinger mit dem oben erwähnten Geschenke anfing, wußte ich nicht, auch hatte ich keine Kenntnis davon, daß sie es teilweise in dem Bibliothekschranke verwahrt hatte, wie mir der Untersuchungsrichter späterhin mitteilte. –

Einmal fiel es meinen in Giesing bei München wohnenden Geldanlegern ein, mir zu Ehren beim sog. Weinbauern ein Fest zu veranstalten. Es war zur Winterszeit, ich mußte der dringenden Einladung Folge leisten und begab mich in Begleitung des Homolatsch mit Gattin und noch einigen Bekannten dorthin. Die beiden Gastzimmer waren mit festlich gekleideten Leuten dicht besetzt, und mehrere derselben erwarteten mich schon am Hoftore. Sämtliche Festgeber gehörten der arbeitenden Klasse an. In einem Nebenzimmer war für mich und die meinigen an einem Tische gedeckt, welcher mit einem prachtvollen Blumenbouquete geschmückt war. Ebenso stand auf dem Tische eine Spieldose, welche, da man meine Liebhaberei für Musik wohl kannte, im selben Augenblicke zu spielen anfing, als ich ins Zimmer trat.

Alle Anwesenden zeigten die herzlichste Freude, mich in ihrer Mitte zu sehen, und sie drängten sich freudig erregt um mich. Sie benahmen sich alle achtungsvoll und ruhig, und nur zuweilen brachte man mir ein Hoch aus und dann zeigte sich ein allgemeines Bestreben, in meine Nähe zu kommen und mit mir anzustoßen. Selbstverständlich bezahlte ich zum Schlusse alles.

Dieses harmlose Fest gab auch in meiner Verhandlung Veranlassung zu folgenden Fragen an die Zeugin Anna Huber.

Präs.: Was haben denn die Leute bei diesem Feste gegessen und getrunken?

Zeugin: Würst', a Brod und a Bier!

Präs.: Nun, die Adele Spitzeder hat doch wohl Besseres genossen?

Zeugin: Jo freili!

Präs.: Wein, vielleicht Rheinwein, Bordeaux, Hühner?

Zeugin: Jo, Hendl'n!

Präs.: Da mag es wohl recht lustig hergegangen sein?

Zeugin (unter allgemeinster Heiterkeit): Na freili, im Wirtshaus tuat ma net beten!

Wie schon früher erwähnt, brachte ich zuletzt den Samstag und den Sonntag auf dem Lande zu, nachdem ich mich zu der vom Arzte angeratenen Badreise nimmermehr entschließen konnte. In der ersten Zeit fuhr ich gewöhnlich mit Wagner und der Branitzka in meinem zweisitzigen Phaëton nach Nymphenburg. Später begleitete mich Rosa und bei größeren Partien auch deren Mama sowie Zeitler und Fränkel, welche in meinem Landauer fuhren. Vierspännig bin ich niemals gefahren, wie behauptet wurde. Feldafing am Starnberger See war einer meiner Lieblingsorte, und dort kehrte ich stets in einem guten Gasthause ein, dessen Besitzerin bei mir Geld angelegt hatte. Eine in der Nähe gelegene und an den Possenhofener Waldgrund angrenzende Villa, welche mir ziemlich billig angetragen wurde, brachte ich käuflich an mich und vermietete ich dieselbe an Ihre K. Hoheit die Fürstin Helene von Thurn und Taxis. In dem wunderschönen Garten daselbst ließ ich nur Rosen anpflanzen, und da die Villa der Roseninsel gegenüber lag, so gab ich ihr auch den Namen »Villa Rosa«. Gelage habe ich in dieser meiner einzigen Villa nie abgehalten, wie die lügnerische Fama erzählte. Überhaupt war ich nie eine Freundin von Gelagen oder gar Orgien, denn meine persönlichsten Bedürfnisse waren von jeher äußerst gering, und meine Köchin Wally Brauneis bestätigte in meiner Verhandlung als Zeugin, daß sie mich um sechsunddreißig Kreuzer hätte erhalten können. Außer meinen Ausflügen nach Starnberg machte ich noch verschiedene andere, welche hier der Reihe nach folgen mögen, weil den Ovationen, die mir hierbei ganz ohne mein Zutun entgegengebracht wurden, in meiner Verhandlung so großes Gewicht beigelegt wurde. So fuhr ich einmal per Wagen nach Miesbach. Frau Ehinger kam mit der Bahn nach. Ich war im Gasthofe zum »Waitzinger« abgestiegen, und als ich wieder vom Orte wegfahren wollte, da hatte sich eine Unmasse von Menschen angesammelt, alle von dem gleichen Streben beseelt, mich zu sehen, selbst die niederen Hausdächer waren dicht besät von Personen. Zwei Kellnerinnen kamen zu mir ins Zimmer hinauf und ersuchten mich, ich möchte doch ans Fenster treten, weil die Leute mich allzugerne sehen möchten. Als ich nun dem Drängen, wenn auch höchst ungerne nachgab, und ans Fenster trat, da erscholl ein tausendstimmiges Hochrufen, und die Musik der Gebirgsschützen spielte ein hübsches Lied. Meine Pferde und mein

Wagen wurden bekränzt, und als ich die gedrängt voll Menschen stehende Stiege hinunterging, da machte man mir ehrerbietig Platz. In den Wagen wurde ich hineingehoben, und um der jubelnden Volksmenge zu entgehen, befahl ich meinem Kutscher, so schnell als möglich zu fahren. Alles winkte mir mit Hüten und Taschentüchern Abschied zu, und vor Miesbach hatte sich wieder eine große Menge aufgepflanzt, die mich mit Hochrufen empfing.

Ein anderes Mal machte ich in Begleitung der Frau Direktor Lang-Rathei, Frau von Ballogh und einem Bediensteten eine Partie nach Andechs, woselbst im Kloster ein ausgezeichnetes Bier verleitgegeben wird. Auf dem Heimwege kamen wir durch Pfaffenhofen, woselbst ich beim Wirtshause der Pferde halber Rast machen wollte. Kaum hörte ich aber die Töne einer Tanzmusik, so befahl ich dem Kutscher, augenblicklich weiter zu fahren. Aber schon hatten mich mehrere der Anwesenden erkannt, liefen dem Wagen nach und begrüßten mich mit lautem Hochrufen. Rasch war auch die Musik hinter mir her und spielte mir im Wagen ein Lied auf, ich ließ mich aber nicht lange aufhalten und fuhr unter den lebhaften Zurufen der Menge von dannen.

Bei einem Ausfluge nach Kreuth mußten wir das Dorf Sauerlach passieren, und eine Stationsmeistersfrau daselbst, welche bei mir Geld angelegt hatte, ersuchte mich, bei ihr ein wenig auszuruhen. Als wir, um ein Nachtmahl einzunehmen, von da ins Gasthaus gingen, hatte sich das Landvolk massenhaft angesammelt und empfing mich mit Hochrufen. Ein Landmann trat dann zu mir hervor und forderte mich in naiver Weise auf: »Fräul'n Spitzeder, mir hätt'n an Durscht, genga's zahl'n s' uns a Maß, es ist so hoaß heut'.« »No, so laßt's Enk halt an halb'n Eimer Bier geb'n!« erwiderte ich darauf und ging ins Zimmer des Postmeisters, woselbst wir soupierten. In Kreuth übernachteten wir, um anderntags ins Achental zu fahren. Daselbst war bei meiner Abfahrt wieder viel Volk angesammelt, welches mich mit

Alpenrosen und Edelweiß beschenkte, und mir durch eine gerade dort anwesende Musikkapelle, welche von einem Schützenfeste kam, eine Hymne aufspielen ließ. Die Badkapelle in Kreuth ersuchte mich gleichfalls, einige Stücke vortragen zu dürfen, eine Aufmerksamkeit, welche ich annahm und mit 30 Gulden belohnte. Während meiner Anwesenheit in Kreuth sollen auch der Herr Justizminister und noch einer seiner Herren Kollegen zugegen gewesen sein, und ich bezweifle nicht im geringsten, daß die Herren über diese Ovationen, welche man meiner Person darbrachte, nicht sonderlich erbaut gewesen sein mögen. Im Kursaal, woselbst ich schon als junges Mädchen mit meiner Mutter oft gewesen war, sah ich jenen Herrn Primavesi wieder, der dort seit undenklicher Zeit einen kleinen Bijouteriewarenbazar inne hat, und mit dem ich mich früher oft italienisch unterhalten hatte. Ich machte bei ihm Einkäufe und erlaubte auch meiner Gesellschaft, es dürfe sich jedes eine Kleinigkeit wählen, doch diese waren in ihrer Auswahl so unbescheiden, daß ich eine Rechnung von über 130 Gulden zu berichtigen hatte.

Ein anderes Mal begab ich mich nach Tegernsee, und zwar bei furchtbar schlechtem Wetter. Im Gasthause fanden sich viele Gäste aus der besseren Gesellschaft Münchens, darunter viele Beamte vor, welche mich mit nichts weniger als freundschaftlichen Blicken betrachteten, um so mehr als die Landleute wiederum mein Gefährt mit Blumen schmückten. Bei meiner Abfahrt soll sogar einer der Herren den christlichen Wunsch geäußert haben »ich solle doch in den See fahren«, doch habe ich diese Worte nicht selbst gehört, konnte sie deshalb auch nicht befolgen.

Bei einer anderen Gelegenheit, in Fürstenfeldbruck nämlich, ließ ich in einem oberen Zimmer des Gasthauses decken. Auch hier kamen die Leute massenhaft angerückt, um mich zu begrüßen, während die Straße ebenfalls Kopf an Kopf besäet war mit Menschen, die mich sehen wollten. Die Musik spielte vor meinem Fenster »Du liebes Aug', du lieber Stern«, und als ich auf allgemeines Bitten hin vors Fenster trat, um mich den Leuten zu zeigen, da brach ein wahrhaft endloser Jubel aus. Als wir wegfuhren, hatte sich wieder eine Unmasse Menschen angesammelt, so daß sogar Polizei für die Aufrechterhaltung der Ordnung tätig sein mußte. Im Augenblicke des Abfahrens drängte sich nun ein städtisch gekleideter Mensch an meinen Wagen, pfiff hinein und rief mir zu: »Fahr zum Teufel in die Hölle und verschluck hundert Spitzkugeln!« – Ich nahm meinen Schirm, um den zudringlichen Menschen zu vertreiben, doch die Menge riß ihm den Hut vom Kopfe und ihn selbst vom Wagen weg, und als er etwas später mit einem Begleiter sich wieder an mich herandrängte und sein Pfeifen wiederholte, da wurde er von der jubelnden Menge übertönt. Ein Bauer aus Fürstenfeldbruck, welcher tags darauf mich besuchte, erzählte mir, daß jenes Individuum ein Hutmachergeselle gewesen sei, welcher von einem Israeliten bestochen wurde, um gegen mich zu demonstrieren.

Auch in Ebenhausen, das ich einmal besuchte, versammelten sich viele Leute und brachten mir Hochs dar. Mehrere Geldanleger unter ihnen baten, »ein Maßel auf mein Wohl trinken zu dürfen«, weshalb ich ihnen einen halben Eimer verabreichen ließ.

Als ich Aibling besuchte, war gerade Jahrmarkt, und ich schenkte deshalb der Kellnerin, welche ich als eine meiner Geldanlegerinnen wieder erkannte, 10 Gulden, um sich den hier zu Lande gebräuchlichen »Jahrmarkt« zu kaufen. Von Aibling fuhren wir nach Hohentann, wo ich vom Schulmeister und den Bauern feierlichst bewillkommnet wurde. Vom selben Schulmeister erhielt ich tags darauf als Andenken an die Gemeinde Hohentann ein feingesticktes Taschentuch zum Geschenk.

In Starnberg, woselbst ich mich in Begleitung der Familie Ehinger und der Betty Winter auch einmal einen Tag und eine Nacht aufhielt, mußte ich eine wahrhaft horrende Rechnung zahlen, so daß ich nicht wenig Lust hatte, dieselbe zu publizieren. Einige Tage darauf ließ der Besitzer des betreffenden Gasthauses bei mir Geld anlegen, und ich sagte der Überbringerin desselben, daß ich nach der unverschämten Forderung, die man an mich gestellt habe, nicht wohl geneigt sei, das Geld anzunehmen. Die Überbringerin konstatierte mir aber, daß speziell der Kellner mich überfordert habe, und in der Tat hörte ich nach einiger Zeit schon, daß derselbe entlassen worden sei.

In Tölz machte ich einmal Mittag und es gesellten sich mehrere, wenn gleich bekannte, so doch ungeladene Gäste an meinen Tisch, so daß ich sehr viel bezahlen mußte. Im allgemeinen wurde ich überall tüchtig übernommen; den Hausknechten gab ich meistens 2 Taler Trinkgeld, da ich gewöhnlich zwei Equipagen einzustellen hatte, sonstige Trinkgelder gab ich freilich mehr, als andere Leute zu geben pflegten, dies tat ich von jeher, und das war eben meine schwache Seite. Im übrigen fühlte ich mich durch das ungewöhnliche Aufsehen, das ich überall erregte, auch halb und halb gezwungen hierzu und späterhin stellte ich, wie mir meine damaligen Begleiter heute noch bezeugen können, die weiteren Touren der vielen Kosten halber ganz ein.

Von der »Doktorbäuerin« Amalie Hohenester hatte ich schon so viel gehört, daß ich mich auf Zureden des Literaten Fränkel, der angeblich mit ihr befreundet war, entschloß, nach Mariabrunn zu fahren und sie meiner Leiden halber zu konsultieren. Kaum hatte ich mich bei ihr melden lassen, so erschien auch schon ihr Faktotum, der »Simmerl«, und ersuchte mich, ihm zur Doktorin zu folgen. Ich wurde von ihm in einem kleinen primitiv aussehenden Gemach allein gelassen, dessen Wände von vielen Dankadressen und Dankgedichten aus allen Gegenden der Welt geziert waren. Plötzlich hörte ich das Rauschen einer seidenen Robe, und die Doktorbäuerin stand vor mir.

Ich reichte ihr die Hand mit den Worten: »Grüß di Gott, Doktorbäuerin, i komm' auch einmal zu Dir«, und sie erwiderte meinen Händedruck herzlich, indem sie sagte:

»Freut mi, hab' a scho viel von Dir gehört, bist krank?« »Freili, scho seit längerer Zeit«, war meine Antwort, und ich schilderte ihr darauf mein Leiden, wofür sie mir Medikamente versprach. Längere Zeit sah sie mir durchdringend ins Auge und sagte dann: »Du hast a guat's Aug', i glaub' i könnt Dir guat sei'.«

Mein Treiben schien sie ungemein zu interessieren, weshalb ich ihr davon erzählte; als ich meine vielen Feinde erwähnte, da fiel sie mir mit den Worten in die Rede: »Dös is wahr, Mordneider hast, mach' Dir aber nix draus, mir is a so ganga, doch komma jetzt die höchsten Personen zu mir, denn um d'Leut wieder g'sund z'macha, dazu bin i guat genua!« –

Ich stellte hierauf die Frage an sie: »Sag a mal, Doktorbäuerin, Du stammst von Zigeuner her und hast an prophetischen Blick, hast nix, dös i mir anhängen kann, damit mir niemand schaden kann?« Lächelnd erwiderte sie hierauf: »Glaubst denn, i sei a Hex? Gegen Krankheit will i Dir was geben, dös andere muaßt Du selber durchmachen!« – Ich besuchte sie meiner Gesundheit halber noch einige Male und wurde von ihr stets äußerst freundlich aufgenommen, Honorar nahm sie aber nie von mir an. Bei der Abfahrt übergab mir der Simmerl jedesmal ein wohlparfümiertes Bouquet, wofür ich ihm gewöhnlich 2 Gulden Trinkgeld gab.

Meine Bediensteten veranstalteten mir auch einmal ein Fest mit Gartenbeleuchtung, ein zweites arrangierte Herr Heinrich Zeitler, während ich in Nymphenburg anwesend war. Bei meiner Rückkehr fand ich im Hausflur Musik aufgestellt, welche mich mit einem Tusch empfing, und im Garten brannten farbige Lämpchen und mein Namenstransparent.

Ein bekannter Improvisator, welcher wie viele andere durch München reisende Künstler sich mir vorstellen ließ, wollte mir an jenem Abend einen Vortrag halten und erschien im Frack, weißer Kravatte und weißen Glacéhandschuhen. Ich ließ ihm am selben Abend für seine Absicht danken, weil ich zur Anhörung eines Vortrages nicht disponiert war, ein andermal jedoch ließ ich ihn vor, und da er sich wirklich als ein gewandter Parleur erwies, so wurde er von mir nobel honoriert. Dieser Mensch, dessen Namen ich leider vergessen habe, setzte mich später erbärmlich herunter.

Den Schluß der Festivitäten in meinem Hause bildete der in München alle 7 Jahre in Szene gesetzte Schäfflertanz. Einige von den Schäfflern, welche Geld bei mir angelegt hatten, kamen als Abgesandte und baten mich um die Erlaubnis, auch bei mir tanzen zu dürfen, und ich bewilligte dies gerne. Ich lud zu diesem Schauspiel meine Mutter und einige sogenannte Freunde ein und in der Tat verlohnte es sich der Mühe, denn Originelleres habe ich nicht leicht wiedergesehen. Die Leute trugen weiße Strümpfe, Schnallenschuhe, schwarze Kniehosen, rote Jacken und grüne Kappen mit weißen und roten Federn. Zwei der Vortänzer schwangen mit viel Geschicklichkeit ein volles Glas in einem Reifen und tranken dann auf mein und meiner Mutter Wohl, worauf ein Tusch mit dreimaligen Hochrufen folgte. An Abwechslung in der Kostümierung fehlte es da natürlich nicht. Schöne Schwäbinnen, Miesbacherinnen, Dachauerinnen, Münchnerinnen mit Riegelhauben und Bauernweiber mit Pelzkappen tanzten mit den Schäfflern und Hanswursten, es war ein buntes prachtvolles Bild, das uns alle köstlich amüsierte. Die Leute wurden von mir mit Schinken, Wein und Brot regaliert, auch erhielten sie ein Honorar von 95 Gulden. –

VI. Kapitel

Meine Unternehmungen und meine Projekte

Es dürfte für den Leser nicht uninteressant sein, zu erfahren, welcher Art meine Unternehmungen und Projekte denn eigentlich gewesen sein mögen, und ich will mich daher darüber etwas verbreiten. Unternehmungen, wie sie meinem riesenhaften Kredite angemessen gewesen wären und wie man sie von mir auch erwartet haben wird, konnte ich eigentlich gar nie so recht ins Werk setzen, weil mich die immerwährenden Aufhetzereien und Verdächtigungen der mir feindlich gesinnten Presse sowohl als auch die üblen Nachreden meiner sonstigen Feinde und Neider dazu zwangen, kolossale Kapitalien tot liegen zu lassen, um eventuell meine aufgehetzten Gläubiger, wenn sie schwarmweise um ihr Geld angerückt kamen, sofort befriedigen zu können.

Grundbesitz habe ich nichts destoweniger genug erworben, und ich werde die verschiedenen Grundstücke hier der Reihe nach aufführen, während ich von meinen Projekten später sprechen werde.

Das Gut »Laub« bei Regensburg wurde mir von dem Kaufmann und Güterschacherer Sonnenstein um den Preis von 22 000 fl. angetragen. Ich ließ dasselbe durch Silchinger besichtigen, und da mir dieser dasselbe als sehr groß, mit vielen Äckern, viel Baumgut und Wald als preiswürdig schilderte, ich übrigens gar keine Anzahlung, sondern nur Wechsel zu leisten brauchte (was ich als einen großen Vertrauensakt betrachtete, da mein Kredit damals noch gering war), so ging ich auf den Kauf ein. Da ich aber damals noch keine Ahnung hatte, welch riesigen Kredit ich einst noch genießen sollte, so stiegen Bedenklichkeiten in mir auf, ob ich dieser namhaften Verpflichtung auch nachkommen können werde. Ich sprach deshalb mit Herrn Advokat Dr. Gotthelf darüber, und derselbe riet mir, den Kauf rückgängig zu machen, erklärte auch, die Sache in die Hand nehmen zu wollen. Einen Prozeß mit Sonnenstein wollte ich aber nicht, und ich versuchte durch Vermittlung der Rechtskonzipienten L. Kolb und Lamar einen gütlichen Vergleich zu erzielen, welcher denn auch gegen eine geringe Entschädigung meinerseits zustande kam.

Sodann kaufte ich von einem Israeliten Rosenthal das bereits erwähnte Gütchen bei Oberföhring um den Preis von 2700 fl. und einer Anzahlung von nur 500 fl. Das hierzu gehörige Haus ließ ich renovieren, kaufte bei einer Versteigerung noch etliche Stücke Land dazu, schaffte eine kleine Ökonomie hiezu an und verkaufte dasselbe gelegentlich eines anderen Hauskaufes um den Preis von 9000 fl. wieder.

Ein Haus in der Maximiliansstraße – die eleganteste Lage Münchens – kaufte ich von einer Frau Rusch um den Preis von 64 000 fl. mit einer Anzahlung von 13 000 fl.; außerdem löste ich zwei Hypotheken, eine mit 3000 fl., die andere mit 12 000 fl. ab, der Rest blieb in Annuitäten. Ich ließ das Gebäude renovieren und verkaufte dasselbe an Kaufmann Max Schulze, welcher damals auf freundschaftlichem, später aber, nachdem ich seine vielen Besuche nicht mehr annahm und abweisen ließ, auf feindlichem Fuße mit mir stand, um den Preis von 74 000 Gulden. Er meinte zwar, ich könnte ihm einen billigeren Preis machen, da er Mitglied des Gemeinderaths sei, doch ich erklärte ihm, daß ich gar keine Ursache hätte, mich in jemandes Gunst einzukaufen. Er kaufte übrigens das Haus unter sehr vorteilhaften Bedingungen.

Ein Haus in der Hildegardstraße erwarb ich von Graf Wolkenstein um den Preis von 36 000 Gulden. Die Höhe der Anzahlung ist mir entfallen. Das Anwesen bestand in

Wohnhaus mit Hintergebäude nebst Hofraum, und rentierte sich ausgezeichnet gut. Manchmal hätte ich das Haus mit 8000 Gulden Gewinn verkaufen können, doch ich wollte grundsätzlich keines meiner Häuser unter 10 000 Gulden Gewinn verkaufen. In der Gant wurde dieses Haus um den Preis von 18 000 Gulden aufgeworfen.

Ferner kaufte ich zwei Häuser von Bankier Friedmann, das eine Schönfeldstraße Nr. 8, das andere Königinstraße Nr. 3, beide um den Gesamtpreis von 64 000 Gulden. Ich leistete hier eine sehr hohe Anzahlung, doch mußte Bankier Friedmann Obligationen für voll annehmen. Beide Häuser wurden von mir aufs Schönste renoviert und rentierten sich in der Folge vortrefflich. Sie waren zweistökkig, hatten Parterre- und auch Mansardenwohnungen, und wurden in der Gant zu 25 000 Gulden und 12 000 Gulden angesetzt.

Ich benahm mich auch mit Bankier Friedmann wegen des Ankaufes des Hotels »Zur blauen Traube« dahier. Ich wollte dasselbe zu einem Hotel de Pension einrichten, doch wollte ich zuvor kapriziös eines meiner anderen Häuser verkaufen. Kaum hatte ich aber auch nur diese Absicht laut werden lassen, so wurde von meinen Neidern auch schon das Gerücht verbreitet, ich sei genötigt, meine Häuser zu verkaufen, um meine Wechsel einlösen zu können. Sogar als ich einmal einen Wagen verkaufen wollte, hieß es, ich müsse Pferde und Wagen verkaufen, um nur zahlen zu können. Lächerlich, aber wahr.

Das Haus Nr. 2 an der Königinstraße kaufte ich von einer Dame aus Nürnberg um den Preis von 54 000 Gulden. Anzahlung leistete ich 13 000 Gulden. Das Haus war zweistöckig, mit Parterre- und Souterrainwohnung, und wurde in der Gant um 25 000 Gulden aufgeworfen.

Das Haus Nr. 9 in der Schönfeldstraße, welches ich selbst bewohnte, kaufte ich von Baumeister Berger um 54 000 Gulden. Es hatte außer dem Wohnhaus zwei Seitengebäude, einen Hofraum und Garten. Ich leistete 13 000

Gulden Anzahlung. Im Garten ließ ich ein ziemlich großes Gebäude aufführen, in welchem ich zu Neujahr 1873 mit einer Einzeichnung als Handelsfrau gleichzeitig ein Bank- und Wechselgeschäft errichten wollte. Ich mußte dies tun, nachdem verschiedene Unterhandlungen wegen Miete eines großen Ladens gescheitert waren. Das neuerrichtete Gebäude hatte ich äußerst zweckmäßig für meinen künftigen Geschäftsbetrieb eingerichtet, Kapital, Zinsen und Annahmegelder hatten je ihre eigenen Schalter und ihre eigenen Wartesäle. Im ersten Stock führte eine sehr breite Treppe zu einem sehr großen Wartesaal, neben welchem sich das Zimmer des Oberkontrolleurs wie auch das meinige befand. Zwischen meinem Zimmer und dem Comptoir sollte auch ein Sprachrohr angelegt werden, außerdem wollte ich zwischen meiner Privatwohnung und dem Auszahlungszimmer eine telegraphische Leitung herstellen lassen. Dieses ganze Anwesen zusammen wurde in der Gant mit 30000 Gulden aufgeworfen, nachdem mich der Rohbau des vorhin erwähnten Hintergebäudes allein 19000 Gulden gekostet hatte.

Das Haus Nr. 5 in der Königinstraße ersteigerte ich von den Erben des Privatiers Cohn (welcher sich aus Lebensüberdruß selbst entleibt hatte) um 43000 Gulden. Es bestand in einem Wohn- und Nebengebäude mit Hofraum und Blumengarten, war einstöckig, mit Parterrewohnung, und hatte Stallung, Remise, Kutscherwohnung und Treibhaus nebst einem Sommerhäuschen und einem Springbrunnen. Im Rückgebäude befand sich ein prachtvoller als Badezimmer dienender Marmorsalon, den ich jedoch *nie* benützte. Das prachtvolle Inventar, welches sich in dem Hause befand, hatte ich um den Preis von 6000 Gulden käuflich an mich gebracht. Anfänglich beabsichtigte ich, meine Wohnung ins Cohnhaus zu verlegen und die bisherige in der Schönfeldstraße zu vermieten. Ich hatte auch schon mit einem Cavalier Baron v. W. einen desfallsigen Mietvertrag abgeschlossen, doch machte ich denselben wieder rückgängig, da Rosa Ehinger mich fortwährend bestürmte, doch ja nicht in ein Haus zu ziehen, dessen Besitzer sich darin entleibt habe. Ich gab ihren inständigen Bitten nach und blieb in meiner bisherigen Wohnung. Ich gedachte nun das Cohnhaus seiner brillanten Einrichtung halber als Chambres garnies an vornehme Fremde zu vermieten, und gab deshalb mehreren Kommissionsbüros entsprechende Aufträge. Aber allen, die sich meldeten, war der Preis für die Gesamtwohnung, nämlich 300 Gulden monatlich, zu hoch, und geringer wollte ich dieselbe nicht hergeben. So blieb denn dieses wunderschöne Haus vorläufig unbewohnt. Später wollte ich einen Stock darauf bauen und Privatwohnungen einrichten lassen, das Inventar hingegen wollte ich in mein neues Gebäude verpflanzen.

Im Cohnhause empfing ich gewöhnlich Leute von Distinktion, welche in diskreten Geldangelegenheiten mit mir konferieren wollten. Auch kam ich einigemale aus denselben Gründen dort mit einer Bekannten meiner Mutter zusammen, Gelage oder gar Orgien, wie meine Feinde ausposaunten, wurden aber auch im Cohnhause nicht abgehalten. In diesem Hause, welches, den Hausmeister und dessen Frau abgerechnet, unbewohnt blieb, war ein vollständig türkisch eingerichtetes Zimmer, in welchem sich der unglückliche Cohn am liebsten aufgehalten hatte und in dem auch ich gerne verweilte. Dasselbe war ganz türkisch eingerichtet, und Leopardenfelle dienten als Fußteppiche. Die Türen waren von türkischen Portieren umhüllt, vollständige Tschibukgarnituren, türkische Pfeifen, ein Glaskasten, angefüllt mit orientalischen Gegenständen, die Cohn von seinen großen Reisen selbst mitgebracht, fremdartige, höchst seltene Musikinstrumente, Tigerfelle und eine Waffensammlung aus allen Ländern der Welt, dies zusammen bildete ein Ensemble aus »Tausend und eine Nacht«.

Einen Wiener Flügel, den ich um 1500 Gulden mitangekauft, veräußerte ich um 2000 Gulden. Im Hauseingang über der inneren Türe war ein Büffelkopf angebracht, ich kaufte sehr wertvolle Hirschgeweihe an und ließ das innere Haus damit ausschmücken, während ich im Parterrezimmer ausgestopfte Vögel aufstellen ließ.

Ein in der oberen Gartenstraße liegendes und an die Schönfeldstraße angrenzendes Haus kaufte ich einem Gastwirt um 30000 Gulden mit einer Anzahlung von 10000 Gulden ab. Es bestand in einem Wohnhaus mit Nebengebäude und Hofraum, und in demselben befand sich auch das Wirtschaftslokal zum »Wilhelm Tell«. Diese Wirtschaft wurde für meinen Pächter, den Wirt Merkenthaler, eine wahre Goldgrube, da sämtliche Leute, welche bei mir Gelder deponierten oder einkassierten, wohl oder übel in Ermangelung eines anderen Wirtshauses dort zechen mußten. Dieses Grundstück, welches sich mir sehr gut rentiert hatte, wurde in der Gant um 10000 Gulden aufgeworfen.

In der Von-der-Tann-Straße kaufte ich auf Anempfehlung des Pferdehändlers Neumann ein zweistöckiges großes Wohnhaus mit zwei Nebengebäuden, Stallung und Hofraum um 64000 Gulden. Ich leistete eine Anzahlung von 20000 Gulden in Silber. Das Haus ließ ich vollständig renovieren, die Stallungen herrichten und den Hof pflastern, während ich die darin befindliche Wirtschaft zum »Frühlingsgarten« an einen Herrn Krämer verpachtete. Auch dieses Anwesen rentierte sich vorzüglich, und in der Gant wurde dasselbe mit 25000 Gulden aufgeworfen.

In der Reichenbachstraße erwarb ich ein dreistöckiges Wohnhaus mit Mansarden, Hofraum, Waschhaus und einem Laden um den Preis von 40000 Gulden vom Uhrmacher Schinabeck durch die Vermittlung meines damaligen Privatsekretärs. Hieran tauschte ich das Gütchen bei Oberföhring mit dem Anschlage von 9000 Gulden und leistete als Anzahlung eine beträchtliche Summe. Bei der Gant wurde dasselbe mit 20000 Gulden aufgeworfen.

Mit Speck
Eröffnung der Volksk
Erste Münchner Volksküche v

man Mäuse,
urch Adele Spitzeder.
zeder.
7000
0,000

Ferner kaufte ich, wie schon einmal erwähnt, in Feldafing bei Starnberg eine im italienischen Stile erbaute Villa vom Baumeister Biersack um den Preis von 33 000 Gulden. Das Inventar erstand ich um eine hohe Summe. Diese Villa, welche ich, wie gleichfalls schon dargetan, der Nachbarschaft der Roseninsel halber »Villa Rosa« taufte, war wirklich wunderschön eingerichtet und hatte prachtvolle Zimmer zu ebener Erde und im ersten Stocke mit Verandas. Die Frau Herzogin, Fürstin Helene von Thurn und Taxis, bezahlte für etliche Sommermonate die Miete von 2000 Gulden. In der Gant wurde dieses prachtvolle Grundstück mit 15 000 Gulden angeschlagen.

Das Haus Nr. 50 in der Amalienstraße kaufte ich um 50 000 Gulden und leistete dabei eine Anzahlung von 25 000 Gulden. Es war ein großes zweistöckiges Haus nebst Hofraum und im Parterre befand sich eine Wirtschaftslokalität. Bei der Gant kam es mit 18 000 Gulden zum Aufwurf.

Ferner kaufte ich das Haus Nr. 27 in der Landsberger Straße von Herrn Privatsekretär A. Mayer sehr billig um 10 000 Gulden. Es bestand in Wohnhaus, Hinter- und Nebengebäude, Hofraum und Garten nebst einem Gärtchen vor dem Hause. Ich leistete, wenn ich mich recht erinnere, eine Anzahlung von 6000 Gulden, und um diese Summe wurde das Grundstück in der Gant auch aufgeworfen.

Ferner lieh ich einem Cavalier 2000 Gulden auf Wechsel mit sehr guter Verzinsung, und zwar verpfändete er mir zur Sicherstellung die Hypothek auf ein ihm gehöriges Gut bei Wolfratshausen, welches mir in der Folge, da die Zahlung nicht eingehalten wurde, als Eigentum zufiel. Das Anwesen wurde »zum Gypsbauern« genannt, hatte ein zweistökkiges Wohnhaus mit angebautem Stall, Scheune nebst Wagenremise, Hofraum und einen Hausgarten. Dasselbe hatte 21 gesonderte Grundstücke nebst Waldteilen und wurde in der Gant mit 20 000 Gulden aufgeworfen.

Zwei Häuser (Nr. 4 am Platzel und Nr. 4 an der Falkenturmgasse) einschließlich des Wirtschaftsinventars und der Bräu- und Taverngerechtsame erwarb ich käuflich vom Metzgermeister Gillitzer um die Summe von 92 000 Gulden und leistete ich hiebei eine Anzahlung von 22 000 Gulden. Das Haus Nr. 4 am Platzel hatte Nebengebäude und Hofraum, das Anwesen Nr. 4 an der Falkenturmgasse war nur Wohnhaus. Diese zwei vierstöckigen Häuser, welche in der Gant mit 50 000 Gulden aufgeworfen wurden, kaufte ich, um die Volksküche darin einzurichten. Da sich alles in sehr derangiertem Zustande befand, so mußte ich von unten bis oben alles renovieren lassen. Den Hof und das Trottoir vor dem Hause ließ ich neu pflastern, und in der Küche ließ ich einen Herd setzen, der mich auf nicht weniger als 1500 Gulden zu stehen kam.

An der Vorderfront des neuen Etablissements ließ ich mit großen Lettern die Inschrift anbringen: »Münchner Volksküche von A. Spitzeder«, und es war auch eine Küche für das Volk im wahrsten Sinne des Wortes. Um es zu einer solchen zu machen, hatte ich den Bediensteten Karl Schifferl eigens nach Berlin geschickt, um dortige ähnliche Etablissements zu besichtigen und mir darüber eingehend zu berichten.

Ich ließ demnach meine Volksküche in zwei Speiseabteilungen einrichten, die eine im Parterre für die gewöhnliche Volksklasse, die zweite für die feinere Klasse im ersten Stock. Im Parterre wurde für Suppe, Fleisch, Gemüse mit Brot 10 Kreuzer bezahlt, im ersten Stock für Suppe, Braten, Salat und Brot 13 Kreuzer. Das Bier, welches ich vom Leistbräu bezog und täglich bezahlte, wurde von mir stets um einen Kreuzer billiger gegeben als in allen anderen Gastlokalitäten und Wirtschaften Münchens. Ich ließ selbst schlachten, und zwar hatte ich zu diesem Zwecke einen Metzger und zwei Gehilfen engagiert, das Schlachtvieh wurde gewöhnlich in Schleißheim gekauft. Welchen Anklang diese meine Volksküche im Publikum gefunden hat, mag durch die Tatsache illustriert werden, daß zur Zeit des Oktoberfestes nicht weniger als täglich drei Ochsen nebst vielen Kälbern geschlachtet und einmal in einer einzigen Stunde nicht weniger als 2000 Knödel verzehrt wurden. Oftmals wurde so viel konsumiert, daß um 11 Uhr vormittags schon der ganze Vorrat aufgezehrt war. Der Andrang des Publikums war denn auch so enorm und nahm so riesige Dimensionen an, daß ich mein ohnehin schon vielköpfiges Personal vermehren mußte. Die Lokalitäten wurden früh um 6 Uhr geöffnet und Kaffee oder Brennsuppe um den mäßigsten Preis abgegeben. Um 11 Uhr war das Mittagessen fertig, abends 6 Uhr wurde ein sogenanntes Voressen, Lunge, Grös, Würste nebst Brot und Bier verabreicht, und um 8 Uhr wurden die Lokalitäten geschlossen. Im ersten Stocke befanden sich auch noch zwei Gesellschaftslokale, von denen das eine an die Offiziersgesellschaft »Omnibus«, das andere an die Hofmusiker vermietet war. Das Essen wurde in der Volksküche mit Marken bezahlt, welch letztere zuerst an der Kasse gelöst werden mußten. Es dauerte nicht gar so lange, so wurde mir auch schon die Botschaft zuteil, daß gefälschte Marken eingelaufen seien, und ich sah mich infolgedessen gezwungen, dieselben ändern zu lassen. Auch verschwanden gleich anfänglich in den unteren Lokalitäten eine Unmasse Tischtücher und Servietten spurlos auf Nimmerwiedersehen, so daß ich ganz einfach die Tische nicht mehr decken ließ. Das Personal der Volksküche verteilte sich wie folgt: einen Direktor mit 100 Taler Monatsgehalt, einen Buchhalter, einen Kassier, einen Metzger mit zwei Gehilfen, zwei Köchinnen, vier Spülerinnen, einen Bierausschenker, einen Kellner und eine Kellnerin, ferner drei Aufseher zur Aufrechterhaltung der Ordnung.

Eröffnet wurde die Volksküche am 25. September 1872, und da ich fortwährend bestürmt wurde, bei der Eröffnung mit anwesend zu sein, so konnte ich nicht abschlagen und erschien dabei, nachdem ich Herrn Bezirkskommissär

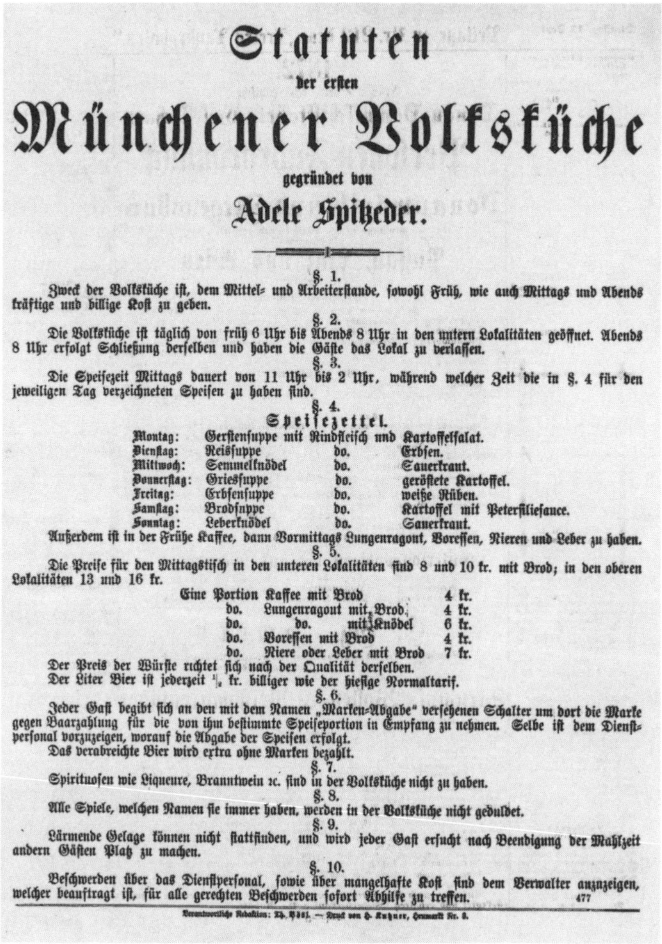

Statuten

der ersten

Münchener Volksküche

gegründet von

Adele Spitzeder.

§. 1.

Zweck der Volksküche ist, dem Mittel- und Arbeiterstande, sowohl Früh, wie auch Mittags und Abends kräftige und billige Kost zu geben.

§. 2.

Die Volksküche ist täglich von früh 6 Uhr bis Abends 8 Uhr in den untern Lokalitäten geöffnet. Abends 8 Uhr erfolgt Schließung derselben und haben die Gäste das Lokal zu verlassen.

§. 3.

Die Speisezeit Mittags dauert von 11 Uhr bis 2 Uhr, während welcher Zeit die in §. 4 für den jeweiligen Tag verzeichneten Speisen zu haben sind.

§. 4.

Speisezettel.

Montag:	Gerstensuppe	mit Rindfleisch und	Kartoffelsalat.
Dienstag:	Reissuppe	do.	Erbsen.
Mittwoch:	Semmelknödel	do.	Sauerkraut.
Donnerstag:	Griessuppe	do.	geröstete Kartoffel.
Freitag:	Erbsensuppe	do.	weiße Rüben.
Samstag:	Brodsuppe	do.	Kartoffel mit Petersiliesauce.
Sonntag:	Leberknödel	do.	Sauerkraut.

Außerdem ist in der Frühe Kaffee, dann Vormittags Lungenragout, Voressen, Nieren und Leber zu haben.

§. 5.

Die Preise für den Mittagstisch in den unteren Lokalitäten sind 8 und 10 kr. mit Brod; in den oberen Lokalitäten 13 und 16 kr.

Eine Portion	Kaffee mit Brod	4 kr.
do.	Lungenragout mit Brod	4 kr.
do.	do. mit Knödel	6 kr.
do.	Voressen mit Brod	4 kr.
do.	Niere oder Leber mit Brod	7 kr.

Der Preis der Würste richtet sich nach der Qualität derselben.
Der Liter Bier ist jederzeit ½ kr. billiger wie der hiesige Normaltarif.

§. 6.

Jeder Gast begibt sich an den mit dem Namen „Marken-Abgabe" versehenen Schalter um dort die Marke gegen Baarzahlung für die von ihm bestimmte Speiseportion in Empfang zu nehmen. Selbe ist dem Dienstpersonal vorzuzeigen, worauf die Abgabe der Speisen erfolgt.
Das verabreichte Bier wird extra ohne Marken bezahlt.

§. 7.

Spirituosen wie Liqueure, Branntwein ꝛc. sind in der Volksküche nicht zu haben.

§. 8.

Alle Spiele, welchen Namen sie immer haben, werden in der Volksküche nicht geduldet.

§. 9.

Lärmende Gelage können nicht stattfinden, und wird jeder Gast ersucht nach Beendigung der Mahlzeit andern Gästen Platz zu machen.

§. 10.

Beschwerden über das Dienstpersonal, sowie über mangelhafte Kost sind dem Verwalter anzuzeigen, welcher beauftragt ist, für alle gerechten Beschwerden sofort Abhilfe zu treffen. 477

Verantwortliche Redaktion: Th. [illegible]. — Druck von H. Kutzner, Heumarkt Nr. 3.

Bossert durch Zeitler um seine Anwesenheit hatte ersuchen lassen, und gleichzeitig der Polizei die Bitte übermitteln ließ, man möchte zur Aufrechterhaltung der Ordnung Sicherheitsmannschaft senden. Um 11 Uhr kam ich angefahren und stieg, um Aufsehen zu vermeiden, vor dem in der Falkenturmstraße gelegenen Hinterhause ab. Aber schon auf dem Wege, den ich passieren mußte, hatten sich Gruppen von elegant gekleideten Ladenschwengeln durch impertinente Blicke, die sie mir zuwarfen, bemerklich gemacht, aber in dem Augenblicke, als ich unter das Tor trat, da mußte sich doch die Überzeugung in mir geltend machen, daß die Zahl meiner Freunde eine bedeutend größere sei, als jene meiner Feinde, denn es hatte sich eine wahre Flut mir wohlgesinnter Menschen, weißgekleidete Mädchen an der Spitze, davor angesammelt, um mir in verschiedenen Anreden ihren Dank für die Errichtung der Volksküche Ausdruck zu geben. Nach nicht endenwollenden Hochrufen wurde ich sodann mit Blumen und Kränzen förmlich überschüttet, so daß ich dieselben unmöglich allein tragen konnte und mir der Polizeikommissär dabei behilflich war. Nachdem ich eine Zeitlang der kolossalen Volksmassen halber mich weder vor- noch rückwärts bewegen konnte, gelang es mir endlich, in die Lokale selbst zu gelangen, wo ich wiederum stürmisch bewillkommnet und mit Hochrufen begrüßt wurde.

Von dem Getöse förmlich betäubt, ergriff ich nun die Flucht, ging eiligst in den Hof, und schlüpfte, um der sich zur Lawine anwachsenden Volksmenge zu entkommen, durch ein Nebengäßchen zu meiner Equipage, welche unterdessen mit Blumen und Kränzen ebenfalls ganz überladen worden war. An der Ecke der Maximilianstraße hatten sich wieder Haufen von Menschen angesammelt, um mich zu begrüßen, und als ich nach Hause kam, wurde ich wiederum von einer ungeheuren Menschenmenge mit stürmischen Hochs empfangen.

Oh, wer damals in mein Inneres hätte sehen können! Wie unglücklich, trostlos und öde es da aussah. Diese fortwährenden Ovationen und zahllosen Hochrufe – sie waren keine Musik für mein Ohr, sondern sie quälten, beängstigten und beklemmten mich unsäglich. Ich war damals bemitleidenswert, denn trotz meiner Millionen stiegen fortwährend vor meinem Geiste düstere und traurige Ahnungen auf, die ich nimmermehr verscheuchen konnte, und zu alledem »unter Larven nicht eine fühlende Brust«, der ich mein Herz auszuschütten vermocht hätte. Sagte mir doch eine Stimme in meinem Innern, daß ich nur von Habsucht, Eigennutz und Heuchelei umgeben sei!

Die Volksküche selbst rentierte sich sehr gut durch den ungeheuren Bierkonsum, obgleich, wie schon gesagt, dasselbe um einen Kreuzer billiger verschenkt wurde.

Um dieselbe Zeit etwa kaufte ich auch vom Bäckermeister Zettler das Anwesen Nr. 18 in der Schönfeldstraße um 40 000 Gulden, nachdem ich eine Anzahlung von 14 000 Gulden geleistet. Es war ein zweistöckiges Haus mit Parterrewohnung nebst Bäckerladen, ferner Rückgebäude und Hofraum. Die Bäckerei verpachtete ich an den Verkäufer um den jährlichen Pachtzins von 1300 Gulden, überließ ihm aber auch die Lieferungen des Brotes für die Volksküche. Nach Ablauf der Pachtzeit wollte ich in der Vorstadt Au eine eigene Brotfabrik nebst Brothalle errichten.

Ferner trug ich schon lange die Idee in mir, ein Vaudevilletheater nach dem Vorbilde des Kroll'schen Etablissements zu errichten, und suchte zu diesem Zwecke ein geeignetes Lokal. Literat Fränkel proponierte mir zu diesem Zwecke das damalige Theater des Max Schweiger zu den »drei Linden« in der Müllerstraße, woselbst jetzt Kils Kolosseum steht. Der Platz hätte sich wohl dazu geeignet, um so mehr, als ich ein Sommertheater damit hätte verbinden können, allein so manches andere daran konvenierte mir schließlich doch nicht. Nun empfahlen mir Frau Stauch und Literat Fränkel die Westendhalle; ich besah mir dieselbe, fand sie sehr zweckmäßig und kaufte sie dem damaligen Besitzer Ries um 93 000 Gulden ab. Ich bezahlte sofort 33 000 Gulden bar und ließ unmittelbar nach dem Kaufe durch Notar Dettenhofer darauf ruhende Hypotheken im

Betrage von 33 000 Gulden kündigen, so daß ich in Summa eine Anzahlung von 66 000 Gulden leistete. Meine Pläne mit der Westendhalle konnte ich nicht verwirklichen, da mittlerweile mein Sturz herbeigeführt wurde, und das ganze Etablissement gelangte in der Gant mit 80 000 Gulden zum Aufwurf. Bezüglich der einstigen Aufführungen beriet ich mich oft mit Fränkel und dem Hofschauspieler Hofpauer und schickte alle beide nacheinander nach Wien, um Engagements zu diesem Zwecke abzuschließen. Hofpauer, welcher als technischer Direktor die Leitung gegen 3000 Gulden Gehalt übernehmen wollte, schloß in Wien sogar schon mit verschiedenen Kräften Kontrakte ab. In dem Saale wollte ich eine Bühne einrichten, im Fond Sitzplätze zwischen Säulenbogen. Der Eintrittspreis für den Saal war mit 15 Kreuzer, die Parterrelogen per Platz mit 30 Kreuzer, und die feineren Logenplätze auf der Galerie waren mit 1 Gulden pro Person angesetzt.

Da mit dem Theater eine Restauration verbunden gewesen wäre, der Pächter für die Beleuchtung Sorge getragen und pro Theatersaison 2000 Gulden Pacht zu entrichten gehabt hätte, so wären die Eintrittsgelder sämtlich in meine Tasche geflossen. Vorstellungen würden täglich gegeben worden sein, und zwar Operetten, Balletts, Schau- und Lustspiele. Im Garten wäre ein Sommertheater errichtet worden. Ich selbst würde einmal in der Woche als Schauspielerin aufgetreten sein, und ich glaube, daß die Kasse dadurch wahrlich keinen Schaden gehabt hätte, und das ganze Etablissement, welches ich am 6. Januar 1873 zu eröffnen beabsichtigte, überhaupt sich ausgezeichnet gut rentiert hätte.

Redakteur Bösl empfahl mir auch das kleine Bad Petersbrunn bei Starnberg zum Ankaufe, da es zu einem sehr billigen Preise hergegeben worden wäre. Ich beabsichtigte auch mit dem Besitzer desselben in Unterhandlung zu treten, jedoch erst nach Errichtung des Vaudevilletheaters. Ich hätte im gegebenen Falle das Bad hübsch herrichten und meine Theaterkapelle dreimal in der Woche dort spielen lassen. Für jeden Mittwoch hätte ich Theatervorstellungen, Operetten und Balletts, und an den Samstagen bals champêtres dortselbst arrangiert. Meine Omnibusse und Equipagen würden für den bequemen Verkehr zwischen Starnberg und dem Bahnhofe von Petersbrunn gesorgt haben.

Damals hegte ich auch die feste Absicht, eine Pferdebahn ins Leben zu rufen, und zwar auf meine eigenen Kosten. Den Anfang wollte ich mit einem Schienenstrang nach Nymphenburg machen.

Da meine Pächter in ihren verschiedenen Wirtschaften sehr viel Bier brauchten, ganz besonders aber die Volksküche, so projektierte ich auch eine eigene Brauerei zu etablieren, in welcher nur gutes, gesundes und kräftiges Bier ebenso wie im Münchner Hofbräuhause gebraut worden wäre. Einer meiner Geldanleger empfahl mir zu diesem Zwecke die Bierbrauerei in Nymphenburg, dieselbe entsprach mir jedoch nach näherer Besichtigung ganz und gar nicht, dasselbe war mit der Brauerei »zur Post« in Starnberg der Fall. Ich gab darauf mehreren Unterhändlern Auftrag, mir eine im Rayon der Stadt gelegene Brauerei zu ermitteln, und schon waren Unterhandlungen wegen einer Brauerei im Tal im Gange, als mein Sturz dieses für das Volk sicher sehr nützliche Projekt wie so viele andere zu Schanden machte.

Ebenso nützlich besonders für das arbeitende Volk hätte sich meine für die Au projektierte Brothalle erwiesen, denn ebenso wie das Bier, wollte ich auch das Brot billiger geben. Für den Januar 1873 hatte ich eine Weinhandlung nebst Weinvolksküche mit kalten Speisen hierzu in Aussicht genommen.

Längst hatte ich auch die Absicht, ein Gebäude nach dem Vorbilde der »Fuggerei« in Augsburg zu etablieren und darin kleine Separatwohnungen zu mäßigen Preisen einrichten zu lassen. Zu diesem Behufe besah ich mir auch schon einen großen Bauplatz in Haidhausen, und besprach mich mit einem dortigen Baumeister, da indes die Sache viel zu hoch gekommen wäre, so ließ ich dieses Projekt vorläufig fallen und kaufte das Haus in der Nymphenburgstraße, um darin Arbeiterwohnungen einzurichten.

Nach der letzten handelsgerichtlichen Entscheidung, welche mich zur Kauffrau stempelte, ließ ich alle diese Projekte vorläufig ruhen, bis ich ein kaufmännisch eingerichtetes Geschäft hätte. Indes faßte ich während dieser Zeit wieder einen neuen Plan, um meine Gelder möglichst hoch verzinsbar zu machen, ich wollte mich nämlich auf den Güterhandel verlegen. Im Besitze ungeheurer Summen baren Geldes wäre es mir nämlich ein Leichtes gewesen, große Güter um einen billigen Preis zu erstehen, dieselben zu zertrümmern und die einzelnen Teile an Kleingütler und Bauern wieder zu verkaufen. Der Kaufschilling wäre von mir zum Vorteile für den Käufer in verschiedenen Raten geteilt worden, dafür hätte ich ihn aber auch entsprechend gesteigert. Auch diese Art von Geschäft wäre sehr rentabel gewesen, und jedenfalls würde ich ungleich mehr Prozente verdient haben, als ich meinen Gläubigern zahlen mußte.

So trug ich mich auch mit dem Plane, das Staatsgut Schleißheim mit seinen vielen Waldungen anzukaufen; da dasselbe jedoch Millionen wert ist, die Anzahlung jedenfalls also eine ungeheure gewesen wäre, so verschob ich das Projekt noch, um abzuwarten, ob die ewigen Hetzereien, welche mich fortwährend zwangen, riesige Kapitalien tot liegen zu lassen, kein Ende nehmen würden. Ich hoffte, daß auch einmal eine ruhige Zeit kommen würde, um alle meine Projekte ungehindert realisieren zu können. Mein unbegrenzter Kredit würde mir gestattet haben, Grundstücke und Hypotheken ungemein leicht zu erwerben, ich hätte vollkommen freie Hand gehabt, und würde sich all dieses viel sicherer und rentabler gestaltet haben, als das Geldausleihen. Der Güterhandel wäre mir schon deshalb ungemein leicht geworden, weil eine ungeheure Menge von

Landleuten bei mir ihr Geld angelegt hatte und infolgedessen auch viele ihre Grundstücke mir verkauft hätten.

Sehr viel Geschrei haben auch meine Brillanten verursacht, und doch habe ich dieselben nie gekauft, um meine Person damit zu schmücken, sondern ich erwarb und betrachtete sie als wertvolle Gegenstände, die ich mit entsprechendem Gewinn für bar bei größeren Wechselbeträgen an Kavaliere abzusetzen gedachte. Aus diesem Grunde habe ich auch alle meine Brillanten, welche ich in einer Kassette gelegentlich der Sperre der Gerichtskommission selbst übergab, und welche auch in meiner Verhandlung den Herren Geschworenen vorgezeigt wurden, durch Herrn Notar Dettenhofer in Gegenwart von Zeugen verzeichnen lassen und dieses Verzeichnis bei dem Notar hinterlegt. Geschenke damit zu machen, fiel mir im Traume nicht ein, auch war mit der notariellen Aufnahme die weitere Anschaffung dieser Art von Wertgegenständen so gut wie abgeschlossen.

Daß mir ferner bedeutende Darlehensgeschäfte mit sehr hohen Persönlichkeiten in Aussicht standen, davon zeugt ein Antrag des Bankiers Grafenberg, welcher auch als Zeuge in meiner Verhandlung zwei derartige Propositionen bestätigen mußte. Auch erhielt ich aus Wien von einer Dame einen Brief, welche mir ein Geldgeschäft mit einer sehr hohen Persönlichkeit vorschlug.

Was meine Brillanten und sonstigen Wertgegenstände anbetrifft, so will ich sie hier der Reihe nach aufführen:

1) Ein Brillantkreuz zu 12000 fl.; 2) Ohrringe, Brosche und Knöpfe (Solitärs); 3) ein Anker mit Rosetten; 4) zwei Solitärs, meine teuersten Ringe, jeder zu 5000 fl.; 5) andere Ringe, mit Saphir, Smaragde, Rubinen und Brillanten; 6) ein Medaillon mit Namenszug in Brillanten im Werte von 3000 fl.; 7) eine Uhr mit Brillanten mit einem Schlüssel von Smaragd, Wert 2000 fl.; 8) eine Uhr mit echten Perlen besetzt, Wert 800 fl.; 9) eine englische Uhr mit doppelter Kapsel um 150 fl.

Schon längst hatte ich mich auch schon in mehrere Lebensversicherungen eingekauft, und mich schließlich auch bei Bankier Rösl in der Kölnischen Lebensversicherung »Concordia« mit 32000 Gulden versichern lassen. Notar Dettenhofer mußte ein Testament für mich anfertigen ohne jede Erbenbezeichnung, so daß nach meinem Tode alles meinen Gläubigern zugefallen wäre. Auch unterhandelte ich mit einer englischen Lebensversicherung, bei welcher ich mich mit dem Betrage von 50000 Gulden einkaufen wollte, doch kam diese wie so manche andere meiner Absichten nicht mehr zustande, da mittlerweile mein Sturz gewaltsam herbeigeführt wurde. Als Testamentsvollstrecker hatte ich erst Herrn Rechtskonzipient Harter und nach dessen Abgang Herrn Rechtskonzipient Schamberger ernannt.

Ich bin freimütig genug noch eines luxuriösen Artikels zu erwähnen, den ich mir anzuschaffen erlaubte, nämlich, ziemlich wertvolle Musikkästen, welche mir die liebste und angenehmste Zerstreuung boten.

Ferner besaß ich noch verschiedene Zeitungen, deren Verlagsrecht mir gewöhnlich dadurch zufiel, daß die Eigentümer derselben bei mir große Anlehen machten, und nicht wieder zurückzahlen konnten oder wollten. Da war einmal der »Süddeutsche Telegraph«, ein liberales Blatt, dessen Redakteur Herr Kellerbauer bei mir ein Darlehen nahm, das er nicht mehr zurückerstattete, wofür er mir aber das Eigentumsrecht des Blattes übertrug. Von diesem Augenblicke an zahlte ich ihm als Redakteur ein monatliches Honorar von 100 Gulden, als er aber nach einiger Zeit es für gut fand, spurlos in nebelgrauer Ferne zu verduften, da hatte ich das Nachsehen, um so mehr, als sich herausstellte, daß das von ihm auf mich übertragene Verlagsrecht gar nicht sein Eigentum gewesen war. Ein netter Herr das!

Ebensowenig Glück hatte ich mit dem »Volksboten« des Herrn Dr. Zandter, welcher, wie bereits mitgeteilt, bei mir ein Darlehen von 13000 Gulden aufnahm und dafür sein

Blatt an mich verpfändete. Eine Abrechnung der Abonnementsgelder unterblieb, da mittlerweile die Sperrung eintrat. Übrigens glaube ich, daß Herr Dr. Zandter die Sache schon so pfiffig eingerichtet hätte, daß der Reingewinn aus dem Blatte für mich nicht allzu bedeutend ausgefallen wäre.

Das »Extrablatt« des bekannten Julius Marchner ging ebenfalls in meinen Besitz über, nachdem ich ihm 3000 Gulden zur Anschaffung einer Buchdruckerei vorgeschossen hatte. Auch hier konnte meines Sturzes halber eine Abrechnung nicht mehr vorgenommen werden.

Auf Zureden einiger meiner sogenannten Freunde gründete ich ein eigenes Blatt, das »Münchener Tagblatt«. Literat Alfred Jochner bewog mich ganz besonders dazu, und bot sich mir als Chefredakteur hierzu an, ein Angebot, das ich aber in der Folge nicht akzeptierte, da mir Jochners rücksichtslose Schreibart nicht gefallen wollte. Derselbe griff Hoch und Nieder in derber, oft nahezu unverschämter Weise an, so daß der Schwurgerichtspräsident in meiner Verhandlung die Äußerung fallen ließ, daß Jochner die Grenzen Bayerns wohl nie mehr überschreiten werde. Das »Münchener Tagblatt«, welches ich auf Empfehlung des Dr. Zandter durch den Literaten Faißt redigieren ließ gegen 100 Gulden Monatshonorar, erwarb sich in den ersten vier Wochen seines Bestehens schon 1500 Abonnenten, wie mir durch den Expeditor Gammel mitgeteilt wurde. Marchner hatte die Theaterkritiken zu schreiben, während Koch und Hilf den Druck des Blattes besorgten, aber um einen so teuren Preis, daß ich mit der Absicht umging, eine eigene Druckerei anzukaufen. Literat Fränkel bot mir zu diesem Zwecke die seinige an, besann sich aber hernach eines besseren, wie ich hörte, weil er nicht selbständiger Eigentümer derselben gewesen sein soll.

Homolatsch, welcher damals auch eine Buchdruckerei besaß, ließ mir dieselbe um den Preis von 40000 Gulden anbieten, ein viel zu hoher Preis, den ich nicht zahlen mochte, um so mehr, als Homolatsch auch noch die Bedingung daran knüpfte, daß ich bei der Gelegenheit das Haus mit in Kauf nehmen müsse.

Jochner beredete mich auch, den »Bayrischen Landboten« anzukaufen, und ich ließ in der Tat dem Verleger Herrn Bolster ein Angebot machen, welches jedoch von ihm, einem Freunde Napoleon Vecchionis, aus leicht begreiflichen Sonderinteressen abgelehnt wurde.

Wie viele andere Projekte hatte ich noch im Kopfe, zu deren Ausführung ich nicht mehr gelangen konnte. Und wie leicht wäre mir die Ausführung derselben geworden, nachdem ich nur meines Namenszuges bedurfte, um Millionen in Empfang zu nehmen. Dieser ungeheure Kredit, den außer mir wohl nur wenige der ersten Bankiers auf dem ganzen Kontinente genießen, hätte mir nie und nimmer mehr gemangelt und – auch heute würde mir derselbe nicht mangeln, wie ich späterhin ausführlich dartun werde.

Und gerade hierdurch unterscheide ich mich wesentlich von den vielen bankrotten Geschäftsleuten, deren Unternehmungen nicht unterbrochen wurden, sondern in sich selbst zusammenstürzten.

VII. Kapitel

Meine Humanitätswerke

Ich habe in diesen meinen Memoiren schon verschiedene Male betont, daß ich eine äußerst generöse Natur bin, und selbst meine erbittersten Feinde konnten dies nicht abstreiten, wohl aber verdächtigten sie meine Freigebigkeit und meine Mildtätigkeit dahin, als ob es nur Spiegelfechterei gewesen sei, um mir die Popularität der unteren Volksklassen zu sichern und zu erhalten. Gerade diese Verdächtigung hat mich mehr geschmerzt, als so manche andere, denn ich war schon freigebig und generös von Kindheit an, so zwar, daß ich in meinen Mädchenjahren oft bitteren Mangel litt oder auch mich tief in Schulden steckte, nur um anderen helfen zu können. Meine Mutter bedauerte und tadelte dies oft, allein vergebens – meinen Charakter konnte ich nicht ändern. Allerdings muß ich zugestehen, daß ich von meinen Freunden und Freundinnen, welche diese meine schwache Seite ausgekundschaftet hatten – und ihre Zahl ist Legion – auf die unverschämteste Weise ausgebeutet und betrogen wurde. Ich habe denn auch unter ihnen allen nicht eine dankbare Seele gefunden. –

Eigennutz und Habsucht, Neid und Geiz war mir stets in der Seele zuwider, und wo ich helfen konnte, da half ich stets. Ich kann auch mit Stolz von mir sagen, daß ich die ehrlichste Person unter allen war, die in der sogenannten Dachauer Bank beschäftigt waren, und mit demselben Stolze behaupte ich, daß ich die einzige war, die im Gegensatze zu allen meinen Parasiten und Bediensteten nicht an ihre Zukunft dachte. Ich nahm nichts und verbarg nichts von den Massen Goldes, die mich umgaben, stolz erwartete ich den Schlag, der auf mich geführt werden sollte, und aus dem Gebäude der Millionen ging ich mit nichts anderem als den Kleidern am Leibe!

*

Schon im »Deutschen Hause« als mir noch nicht so viele Gelder zur Verfügung standen, durften sich arme Leute, über deren Bedürfnisse ich unterrichtet war, in der Weihnachtszeit zu meinem Diener begeben, und je ein Pfund Kalbfleisch, eine halbe Flasche Wein und ein Laibchen Brot in Empfang nehmen. Ebenso erhielt die Waisenanstalt um dieselbe Zeit von mir jedesmal anonym 50 Gulden zugeschickt.

Die Klosterschule in der Herzogspitalkirche zu München wurde von mir per Monat mit 10 Gulden unterstützt, ebenso das Kinderinstitut in Inzersdorf bei Dachau. Ferner wurden von mir zehn wirklich bedürftige Familien mit je 12–25 Gulden monatlich unterstützt, jedoch unter der ausdrücklichen Bedingung, niemals meinen Namen zu nennen. Der Bedienstete Weber mußte sich gewöhnlich nach den Verhältnissen der Leute erkundigen, und je nachdem dieselben durch ärztliche Zeugnisse oder Empfehlungen der Ortsvorstände sich ausweisen konnten, durfte er auch Hilfe von mir überbringen.

Bedürftigen Studenten gab ich monatliche Unterstützungen, welche sie bei meinem Portier in Empfang nehmen konnten, ich selbst gab überhaupt nur indirekt und verbat mir jede Lobpreisung in der Presse sogar mit der Drohung, daß es dann mit der Unterstützung ein Ende haben würde. Trotzdem erschienen im »Freien Landesboten« meines Wohltätigkeitssinnes halber öfter Lobpreisungen über mich, oftmals sogar in Form von Gedichten, so daß ich mich öfter veranlaßt sah, den Redakteur, Herrn Bösl, zu ersuchen, Derartiges nicht mehr aufzunehmen; er versprach mir dies auch so weit es möglich sei, jedoch fügte er hinzu, könne er bezahlte Inserate nicht zurückweisen, besonders wenn von den Leuten die Aufnahme derselben mit Ungestüm verlangt werde, wie es der Fall sei.

Ich selbst habe die meisten Personen nicht gekannt, denen ich Wohltaten erwies, und nur durch einlaufende Dankesbriefe erfuhr ich zuweilen die Namen derselben.

Verwundete und krüppelhaft gewordene Soldaten, welche sich zur Zeit des Deutsch-Französischen Krieges vielfach an mich wendeten, habe ich stets reichliche Unterstützungen zukommen lassen. Einer derselben, welcher später als Gendarm funktionierte, gab sich mir während meiner Verhandlung im Zimmer, worin ich mich aufhalten durfte, zu erkennen. Er erzählte mir, daß ihn meine Leute öfter auf die roheste Weise abgewiesen hätten, bis ich einmal ihn gesehen hätte, worauf er herbeigerufen, von mir bewirtet und mit 10 Gulden beschenkt worden wäre. Ich erinnerte mich des Vorfalles nicht mehr, wurde aber – vollends in meiner Lage als Angeklagte – hiedurch tief gerührt, um so mehr, als der gute Mensch mir fast unter Tränen versicherte, daß – obwohl er in seinem Leben wenig mit Gott zu tun gehabt – er doch jetzt heiße Gebete für meine Freisprechung gegen Himmel sende.

Den verwundeten Soldaten in der Klinik sandte ich einmal 100 Flaschen Rotwein, wie ich überhaupt für krüppelhafte Menschen von jeher ein inniges Mitleid gefühlt habe. Ebenso half ich gerne Geschäftsleuten, von denen ich wußte, daß sie durch Wucherer ruiniert wurden, und gar mancher Geschäftsmann in München hat es mir zu danken, daß er nicht bankrott wurde. Ebenso habe ich solchen Landleuten, welche den Wucherern in die Hände gefallen waren und mittelst Hypothekforderungen von Haus und Hof vertrieben werden sollten, jederzeit gegen Schuldschein ein unverzinsliches Darlehen gegeben. Auch schenkte ich solchen Geschäftsleuten, welche mir Geld schuldeten und oft flehentlich um Nachsicht baten, gar oft die ganze Schuld, und da Advokat Dr. Hettersdorf, welcher meine Wechselklagen zu besorgen hatte, meiner Gutmütigkeit halber mir oft die härtesten Vorwürfe machte, so daß ich, um dieselben nicht mehr anhören zu müssen, den

Leuten oft das Geld gab, um die Schuld an mich bei Hettersdorf berichtigen zu können.

Auf Ansuchen eines Geldanlegers aus Giesing ließ ich sämtliche dortigen Schulkinder vollständig kleiden. Einem armen Musiker, welcher in einem meiner Häuser wohnte, erließ ich auf Fürsprache meiner sel. Mutter den Hauszins vollständig.

Zwei Geistliche aus der Au baten mich für ihre Armen um 1000 Gulden Unterstützung, und zwar persönlich. Ich gab ihnen 1000 Gulden. Schauspielern, welche in Dürftigkeit geraten waren, half ich ebenfalls gerne, und einer früheren Kollegin von mir, einst eine bedeutende Sängerin, welche in traurige Verhältnisse geraten war, gab ich 1000 Gulden und ihrer Tochter zum Antritte ihres Berufes – sie wollte Schauspielerin werden – ebenfalls 150 Gulden. Ebenso ließ ich einer verarmten, ehemals sehr bedeutenden Sängerin monatlich 25 Gulden durch meinen Bediensteten Weber auszahlen. Ebenso unterstützte ich eine in sehr gedrückten Verhältnissen lebende Anfängerin in der Schauspielkunst auf Verwenden eines Bekannten längere Zeit mit 10 Gulden monatlich.

Einem früher sehr bekannten Volkssänger, welcher eine zahlreiche Familie zu ernähren hatte, gab ich, da er mir sein Elend in den lebhaftesten Farben schilderte, die Mittel zur Reise nach Amerika. Es kamen tagtäglich ganze Stöße von Bittschriften an mich, mein Sekretär und Weber mußten sodann bei den Bittstellern Recherchen anstellen und den vorgefundenen Verhältnissen entsprechend die Almosen verteilen.

Auch mit Reparaturen von Kirchen, Anschaffung von Glocken usw. wandte man sich an mich, und meine Hand war stets zum Geben bereit. Ein Benefiziat M. kam zu mir und schilderte mir die Unglücksverhältnisse einer Familie, in welche dieselbe ohne Verschulden geraten sei. Ich gab ihm zur Unterstützung derselben eine Gabe von 350 Gulden. Einem Benefiziaten S., der mich häufig schriftlich um

Unterstützung für seine Armen und Kranken ersuchte, schickte ich oft durch meine Köchin Wally 50–100 Gulden, und der bescheidene Mann dankte mir einmal schriftlich in folgender unverfrorener Weise: »Geliebte Schwester in Christo! Die 50 Gulden für meine Armen und Kranken habe ich erhalten. Senden Sie nur mehr solche Spenden, je mehr, desto lieber.« Dies war mir denn doch ein wenig zu stark, und ich fand es für ratsam, ihm gegenüber meinen Wohltätigkeitssinn etwas einzuschränken. Einem Kaplan B., der sich gleichfalls für seine Armen an mich wandte, ließ ich eine Zeitlang 25 Gulden monatlich zukommen. Auch ihm schien diese Summe in der Folge nicht zu genügen, weshalb er gar nichts mehr erhielt. Auch andere seiner Standesgenossen, welche mich zu sehr überliefen und wirklich unbescheiden wurden, mußte ich nach und nach abweisen.

Durch Frau Rottheim sandte ich an arme Juden, für die sie sich als Glaubensgenossin verwendete, 100 Gulden. Ebenso unterstützte ich lange Zeit hindurch einen armen Israeliten, welcher hiedurch nicht wenig beschämt wurde, da er früher einer meiner erbittertsten Feinde gewesen war und ich ihm nun seine Feindschaft mit Wohltaten vergalt.

Ohne mich damit zu brüsten, darf ich wohl sagen, daß die Armen und Hilfsbedürftigen bei mir nie vergebens angeklopft haben, auch während meines Theaterlebens nicht, denn schon damals ging ein großer Teil meines Einkommens an Beteiligung von Kollekten auf, wie überhaupt meine damaligen Schulden nichts weniger als durch meinen Aufwand veranlaßt worden waren. So ging auch das Taschengeld, welches ich früher von meiner Mutter erhielt, gewöhnlich für andere darauf. Meine Mutter machte mir oft Vorstellungen darüber und äußerte dann wohl auch: »Ein gutes Herz hat meine Adelheid, sie hat nur den einen Fehler, daß sie kein Geld in der Tasche behalten kann.« – –

Im ganzen darf ich wohl sagen, daß ich viele Tränen getrocknet und vielen aus der bittersten Not geholfen habe.

Ich habe dies alles jedoch keineswegs erwähnt, um mich etwa damit zu brüsten, sondern nur um der Welt zu zeigen, daß mein Charakter und meine Person vielfach falsch geschildert, entstellt und verdächtigt worden ist und daß das fabelhaft viele Geld, welches man mir wider meinen Willen in den Schoß warf, nicht etwa dazu diente, meiner Genußsucht zu frönen oder nur um meinen Schmarotzern eine wohlfeile Lockspeise zu bieten, sondern daß dasselbe auch teilweise dem Volke und den Armen zugute kam.

Schließlich mag auch der Umstand, daß ich viele Persönlichkeiten nicht kompromittierte und nicht in meinen Prozeß hinein verwickelte, zur Genüge dafür zeugen, daß ich kein böses Herz besitze, denn wie leicht wäre es mir bei vielen geworden, sie – – mit mir zum Falle zu bringen, und ich tat es nicht. Adele Spitzeder ist denn doch besser als ihr Ruf! – – –

VIII. Kapitel

Meine Verhaftung

Verhaftet! – Am 12. November 1872 trat die Katastrophe ein, mein Unternehmen stürzte zusammen oder besser gesagt – es wurde gestürzt. Lange vor Tag – schon früh ½ 4 Uhr – drängte sich die um ihr Geld besorgt gemachte Menge in mein Haus, um ihre Wechsel einzukassieren. Sofort ließ ich das Tor öffnen, um die Leute nicht unnötig warten zu lassen. Ich selbst stand früh um 4 Uhr auf und begab mich in das Zahlungszimmer, um nachzusehen, ob alles in Ruhe und Ordnung vor sich gehe. Ich trat ein, und meine ersten Worte an das angesammelte Publikum waren ein kategorischer Befehl, ruhig zu sein und sich nicht zu rühren, so lange ich zugegen sei. Dem Befehle wurde augenblicklich Folge geleistet, jeder Lärm verstummte und Totenstille herrschte und blieb auch, so lange ich anwesend war. Um 7 Uhr kamen die Zahlmeister, ich begab mich in mein Zimmer und sandte ihnen vorerst 80 000 Gulden in Silber hinunter, weitere Sendungen folgten nach, und bis Nachmittag 4 Uhr waren schon 180 000 Gulden ausbezahlt.

Die ganze Straße hatte sich im Laufe des Tages schon mit Müßiggängern und Bummlern gefüllt, welche sich offenbar ein Schauspiel versprachen und deshalb das Warten nicht verdrießen ließen. Um 3 Uhr nachmittags wurde mir gemeldet, daß sehr viele Gendarmen und Polizisten in Uniform sich in der Straße bemerkbar machten, und ich ließ nun die Gendarmen ersuchen, sie möchten doch die gaffende Menge vor meinem Hause entfernen. Dieselben machten aber nicht im geringsten Miene, dem Verlangen Folge zu leisten. Sodann wurde ich zum wiederholten Male benachricht, daß um 4 Uhr mein »Geschäft« gesperrt werden würde, die Nachricht alterierte mich jedoch nicht im geringsten, denn ich fühlte mich in meinem Rechte, da ich meine Zahlungen keinen Augenblick eingestellt hatte, infolgedessen also meiner Meinung nach gar kein gesetzlicher Grund zur Sperrung gegeben war. Um ¾ 4 Uhr rückte Militär in der Straße auf, und da mir derartige Maßnahmen denn doch gar zu absonderlich vorkamen, so sandte ich Silchinger hinunter mit dem Auftrage, sich zu erkundigen, was diese Anstalten eigentlich zu bedeuten hätten. Silchinger kam zurück und erzählte mir, daß ihm ein Polizeioffiziant die absonderliche Mär ins Ohr geflüstert habe, »man befürchte, ich wolle das Ministerium stürzen, weil ich die Wahlen beeinflusse und zu den Ultramontanen halte«. Trotz meiner Erregung mußte ich über solch' fabelhafte Dummheit lachen.

Um 4 Uhr stürzte eine kolossale Menge Menschen in meine Wohnung, schrieen und weinten, indem sie erklärten, sie wollten mich schützen, sie ließen mir nichts tun und ich solle ihnen nur befehlen, wie sie sich zu verhalten hätten, denn es komme eine Gerichtskommission bereits daher, um bei mir zu sperren. Ich hatte doch immer noch gezweifelt, ob solches geschehen würde, und war deshalb wie mit Eis übergossen, jedoch Herr meiner selbst und sagte zu den Leuten nur: »Also ist es wirklich wahr, man scheut sich nicht, die Ruhe einer Bürgerin zu gefährden, welche bis jetzt alle ihre Verbindlichkeiten erfüllt und sich nie gegen die Gesetze verfehlt hat.« Ich beruhigte die Leute und stellte das Ersuchen an sie, doch ja keinen Skandal zu machen, indem mir ja gar nichts geschehen könne. Ich war auch fest überzeugt hievon, um so mehr, als ich kolossale Barmittel liegen hatte und einen Sturm ähnlich dem vorhergegangenen (an weiteres glaubte ich noch immer nicht) leicht zu überstehen gedachte. »Nein, nein«, rief die Menge dazwischen, »wir weichen nicht von Ihnen, Sie haben nichts Böses getan! Es darf nicht sein, wir jagen sie zum Hause hinaus, wollen seh'n, ob man so mit den Leuten umgehen darf« usw. Nur mit größter Mühe gelang es mir endlich, die Leute zu beruhigen und zum Weggehen zu bestimmen, indem ich fort und fort die Versicherung aussprach, daß mir durchaus nichts geschehen könne.

Kaum hatte sich der Lärm einigermaßen gelegt, so meldete mir der Portier Compensis auch schon die Anwesenheit der Gerichtskommission. Kalt und ruhig befahl ich, die Herren in den Salon zu führen. Als ich dort eintrat, fand ich sieben Herren vor, welche sich mir mit größter Höflichkeit als Kommission vom Gerichte vorstellten. Unerschrocken und kalten Tones fragte ich: »Was wünschen die Herren von mir?« Statt einer definitiven Antwort begannen nun die Herren, sich mir der Reihe nach vorzustellen, und zwar begann der erste, ein kleiner ältlicher Herr, mit freundlichem Lächeln: »Ich bin der Bezirksgerichtsrath Scharrer«; der zweite, ein hagerer, kränklich aussehender Mann, verbeugte sich und stellte sich mir als Untersuchungsrichter Radlkofer vor, während der dritte, ein uniformierter und mit Säbel umgürteter Herr die Worte sprach: »Ich bin der Polizeiassessor Pfister.« Der vierte präsentierte sich als Gerichtsvollzieher Schneider, der fünfte als Herr Reuschel, Prokuraträger und Vorstand der Handelsschule. Der sechste Herr war ein Polizeioffiziant, und der siebente, ein eleganter Herr, entpuppte sich als der Protokollführer Dominikus Blab.

Als die Vorstellung beendet war, äußerte Herr Bezirksgerichtsrath Scharrer, er habe zu eröffnen, daß der Advokat Berghofer den Gantantrag bei Gericht gestellt habe und daß, wenn ich keine Übersicht meines Vermögens geben könne, meine Verhaftung beschlossen sei. Das Gericht habe in geheimer Sitzung Beschluß gefaßt.

»Was sind das für Wechsel, wegen deren gegen mich derartige Maßregeln getroffen wurden? Ich habe noch *nie* eine Zahlung verweigert und ersuche Sie deshalb, mir diese Wechsel zu zeigen«, erwiderte ich. Die Antwort des Herrn Scharrer lautete: »O nein, das werden wir vorläufig nicht tun, legen Sie uns erst Ihre Bücher vor, damit wir daraus Ihren Vermögensstand erkennen.« »Gut, folgen Sie mir in mein Zahlungszimmer«, antwortete ich und befahl meinem Kammerdiener, Licht zu bringen. Als ich mit der Kommission auf den Korridor hinaustrat, fand ich denselben schon ganz mit Gendarmerie besetzt. Das Zahlungszimmer, welches kurz vorher von Leuten angefüllt gewesen, denen man unausgesetzt ihre Gelder ausgezahlt hatte, fanden wir leer – Polizeiassessor Pfister hatte es durch Gendarmerie räumen lassen, und ich war nicht wenig erstaunt hierüber, daß man die Leute gehindert hatte, ihr Geld in Empfang zu nehmen. Es wurden mir nachmals die ergreifendsten Szenen geschildert, welche sich bei dieser Gelegenheit abgespielt hatten. So bat eine alte Frau kniefällig und unter Schluchzen, man möchte ihr doch nur um Gottes willen ihre 50 Gulden noch auszahlen lassen; ein Mann, dem gerade sein Geld auf dem Zahlungstische vorgezählt worden war, durfte dasselbe nicht mehr nehmen. Die Leute jammerten und weinten, immer die Frage dabei stellend: was denn das zu bedeuten hätte, sie bekämen ja ihr Geld von der Spitzeder zurück, und es würde ja ohne Weigerung ausbezahlt... Die Spitzeder habe eben erst wieder 50000 Gulden herabgeschickt, warum sie denn ihr Geld nicht nehmen dürften? und dergleichen. Auf all diese Anfragen ertönte keine andere Antwort, als »Marsch hinaus! der Polizeiassessor Pfister hat es verboten«. So wurden auf diese Weise, wie mir nachträglich von meinen Gläubigern erzählt wurde, mehrere hundert Personen hinausgejagt.

Als ich mit der Kommission im Zahlungszimmer angelangt war, da machte sich der Gerichtsvollzieher Schneider mit einer großen Eilfertigkeit über die auf den Zahltischen umherliegenden Gelder her, um sie in gerichtlichen Verwahr zu bringen. Polizeiassessor Pfister fragte nun nach der Kasse, und obwohl er gar keine Befugnis hatte, eine solche Frage zu stellen, so gab ich doch an, daß sich dieselbe neben meinem Schlafzimmer befinde. Nun ging's ins Speisezimmer, Rath Scharrer war immer an meiner Seite.

Als wir im Speisezimmer angelangt waren, ersuchte mich Assessor Pfister freundlichst Platz zu nehmen, meiner Gesellschafterin Rosa Ehinger jedoch, welche sich an mich klammerte und nicht von mir weichen wollte, befahl er kategorisch, das Zimmer zu verlassen. Indessen wurden die Bücher, deren Herbeischaffung ich angeordnet hatte, heraufgetragen; bei ihrem Anblicke drückte sich die äußerste Spannung in den Gesichtern der Herren aus. Prokuraträger Reuschle übersah sie mit wichtiger Miene und äußerte die Neuigkeit, daß dies gar keine Handelsbücher seien. Er frug hierauf nach einem Kassenbuch. Ich antwortete, daß ich ein solches nicht führe, daß ich überhaupt nur Privatbücher hätte, und zwar eines, in welchem die täglich eingelegten Obligationen eingetragen, ein zweites, worin die Namen der Einleger eingeschrieben waren, und ein drittes, worin sämtliche Wechselauszahlungen vom Publikum abquittiert waren.

Ich erklärte ferner, daß ich Handelsbücher nicht zu führen verstände, weil ich keine kaufmännischen Kenntnisse besäße und auch kein kaufmännisches Geschäft geführt hätte. Herr Rath Scharrer ergriff nun einen Bogen Papier, ebenso Herr Untersuchungsrichter Radlkofer, welcher sich unterdes mit Herrn Pfister flüsternd unterhalten hatte. »Was gibt es denn zu protokollieren?« fragte ich. »Das kommt im zweiten Teil, vorerst wird Sie Herr Rath Scharrer befragen«, erwiderte Herr Radlkofer.

Derselbe fragte mich nach meinem Vermögen. Ich gab an, daß ich augenblicklich beinahe eine Million Gulden in Staatspapieren habe, Juwelen im Werte von 60 000 fl. besitze, außerdem noch 80 000 fl. in Silbergeld und eine Masse von wenig belasteten Häusern usw. Indem ich diese Mitteilung noch machte, polterte etwas die Treppe herauf, und mein Bediensteter Weber, der 50 000 fl. in Silber hatte umwechseln lassen müssen, trat ein, und zwar von Gendarmen eskortiert. Herr Pfister begab sich eiligst hinaus, um das Geld in Empfang und obrigkeitlichen Verwahr zu nehmen. Ich gab ferner noch mein reichhaltiges Inventar an und schickte nach Frau Betty Winter, damit sie die Bücher bringe, in denen meine sehr bedeutenden Wechselforderungen sowohl, als auch die Mietzinse und Protokolle über meine Häuser eingetragen waren. Frau Winter kam auch, wurde aber, kaum daß sie ihr Geschäft beendigt hatte, sofort entlassen. Als Rath Scharrer und Untersuchungsrichter Radlkofer mein Vermögen protokollarisch aufgenommen hatten, da meinte Radlkofer: »Das ist doch ein kolossales Vermögen. Wie steht es aber mit den Schulden?« – Ich erwidete, daß ich dieselben momentan nicht angeben könne, weil ich, wie schon oft gesagt, keine Handelsbücher führe. Ich forderte, daß man mir drei Tage Zeit lasse, damit ich durch einen Aufruf meine Gläubiger versammle, sämtliche Wechsel mir vorzeigen lasse, um daraus meinen Schuldenstand festzustellen.

Damit die Herren für diesen Fall nicht die Besorgnis zu hegen brauchten, ich möchte vielleicht während dieser Zeit spurlos verduften, so ersuchte ich sie, mir von demselben Augenblicke an eine Wache von zwei Mann vor die Türe stellen zu lassen. Aber kaum hatte ich dies ausgesprochen, so hieß es: »Nein!«

Den Aufruf an die Gläubiger betreffend, fragte mich dann Herr Radlkofer: »Wahrscheinlich wollen Sie selbst den Aufruf an die Gläubiger ergehen lassen?« Als ich darauf antwortete, daß dies meinetwegen auch durch das Gericht geschehen könne, da stellte er wieder die Frage: »Sie sind also überschuldet?« »Das kann ich nicht genau angeben, jedenfalls nicht in dem Maße, wie Sie glauben«, erwiderte ich; »wie gesagt, ich kann momentan nicht angeben, wieviel Schulden ich habe.« Ich ersuchte sodann Rath Scharrer, mir doch endlich einmal die Wechsel zu zeigen, derenthalben Advokat Berghofer die Gant gegen mich beantragt habe, und er legte sie mir nun auch mit den Worten vor: »So, jetzt können Sie sie sehen.« Und was sah ich? – Lauter Wechsel, deren Verfallzeit noch lange nicht gekommen war, und zwar im Gesamtbetrage von nur 13 000 fl.

»Herr Rath«, sagte ich, »diese Wechsel sind ja noch lange nicht fällig, wenn es aber sein muß, so will ich diese Bagatelle bezahlen; Sie kennen jetzt ja mein Vermögen.«

»Ja«, sagte der Rath zögernd, »aber die anderen Gläubiger?«

»Nun gut«, erwiderte ich, »die können sich ja an mich wenden, ich habe noch nie eine Zahlung verweigert, wenn sie fällig war und werde es auch nie tun.«

»Das geht wohl nicht an«, erwiderte der Rath kurz und bündig, »Sie werden verhaftet und als Zivilgefangene in das ›Schuldgefängnis‹ in die Badstraße abgeführt!«

Ich erschrak weder, noch wurde ich ohnmächtig, noch verfiel ich in Krämpfe, wie die Zeitungen berichteten, sondern ich erwiderte ruhig und gelassen: »Das hätte ich nicht gedacht! – Gut denn, es sei!« –

Herr Scharrer erhob sich nun und sagte: »Fräulein, ich ersuche Sie nun, mir Ihr Vermögen zu übergeben«, und das Protokoll wurde nun beendigt. Mittlerweile war es spätabend geworden, und Gerichtsvollzieher Schneider ließ sich folgendermaßen vernehmen: »Es ist bereits über 8 Uhr, ich kann also ohne besondere gerichtliche Erlaubnis eine Verhaftung zu dieser Stunde nicht mehr vornehmen.«

»Die ist Ihnen gegeben«, fiel Rath Scharrer rasch ein, und die Kommission begab sich nun, mich in ihre Mitte nehmend, auf den Gang, wo alles mit Gendarmerie besetzt war. Unterdes läutete es am Haustor, und nachdem ein Gendarm geöffnet hatte, da trat ein Bahnbediensteter ein, ging auf mich zu und sagte: »Ach, Fräulein, entschuldigen Sie, daß ich so spät noch komme, ich bitte nur um meine Zinsen.«

Polizeiassessor Pfister wies ihn zurück, und als ich flehentlich ersuchte: »Herr Assessor, geben Sie dem Manne doch die paar Gulden«, da wiederholte er: »Nein, nichts mehr wird bezahlt.«

Die ganze Kommission ging nun mit mir in mein Schlafzimmer, und ich übergab nun dem Rath Scharrer den Schlüssel zu dem Verschlage, in welchem sich mein Vermögen befand. Rath Scharrer öffnete denselben, mein Kammerdiener Jakob Nebel leuchtete und ging mit hinein, während die anderen Herren sich um mich herum gruppierten, und mit forschenden Blicken betrachteten.

Rath Scharrer reichte aus dem Verschlage ein Paket Obligationen und Wertpapiere nach dem anderen heraus, reichte es meinem Kammerdiener und dieser wiederum mir, die ich mit dem Rücken gegen den Verschlag stand. Ich legte Paket um Paket angesichts der Kommission auf einen vor mir stehenden Stuhl nieder. Als der Rath sämtliche Pakete herausgebracht hatte, begab ich mich von dem Stuhle weg und trat zu der Kommission hin, während Scharrer, mit der Hand auf die wertvollen Papiere deutend, ausrief: »Nun meine Herren, wird Ihnen nicht ganz schwül über diese Pakete?« Mein Hund, der treue Daisy, mochte wohl merken, daß die Herren nicht meine besten Freunde waren, denn als Herr Scharrer sich mehrmals niederbeugte, um die Pakete aufzuhäufen, da versuchte er einigemale, in diese Hand des Gerichts hineinzubeißen, so daß dieser über die unliebsame Störung aufgebracht rief: »Weg mit dem Hund!« Ich lockte das treue Tier, welches die Opposition gegen einen Bezirksgerichtsrath so weit zu treiben gewagt hatte, freundlich zu mir, so daß der Herr Rath die Päcke ungehindert aufeinander schichten konnte. Nun wurde der Verschlag geschlossen, mit dem gerichtlichen Siegel belegt, und zwar vom Herrn Gerichtsvollzieher Schneider. Ich, fortwährend von der Kommission umgeben und bewacht, übergab sodann die Blechkassette, in der sich meine Brillanten befanden, und als dieselbe geöffnet wurde, erscholl ein allgemeines »Ah!« der Bewunderung.

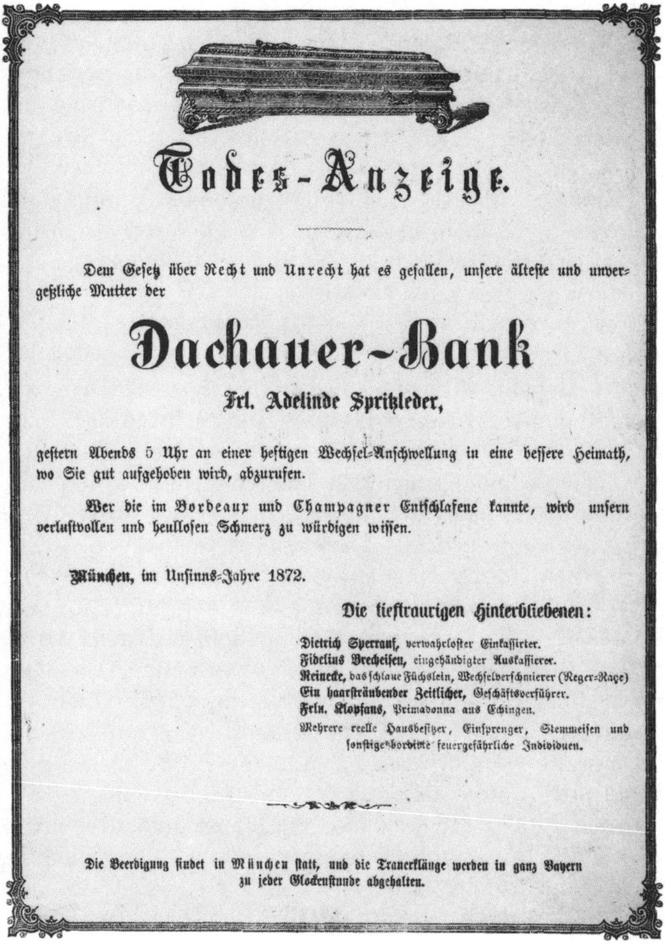

Todes-Anzeige.

Dem Gesetz über Recht und Unrecht hat es gefallen, unsere älteste und unvergeßliche Mutter der

Dachauer-Bank

Frl. Adelinde Spritzleder,

gestern Abends 5 Uhr an einer heftigen Wechsel-Anschwellung in eine bessere Heimath, wo Sie gut aufgehoben wird, abzurufen.

Wer die im Bordeaux und Champagner Entschlafene kannte, wird unsern verlustvollen und heullosen Schmerz zu würdigen wissen.

München, im Unsinns-Jahre 1872.

Die tieftraurigen Hinterbliebenen:

Dietrich Sperrauf, verwahrloster Einkassirter.
Fidelius Brecheisen, eingehändigter Auskassierer.
Reinecke, das schlaue Füchslein, Wechselverschmierer (Neger-Raçe)
Ein haarsträubender Zeitlicher, Geschäftsverführer.
Frln. Klopfaus, Primadonna aus Echingen.
Mehrere reelle Hausbesitzer, Einsprenger, Stemmeisen und sonstige-bordirte feuergefährliche Individuen.

Die Beerdigung findet in München statt, und die Trauerklänge werden in ganz Bayern zu jeder Glockenstunde abgehalten.

Sodann forderte ich die Herren auf, nachzusuchen, ob sich irgendwo noch etwas befinde, und man befragte mich um meine Bildergalerie. Eine solche zu besitzen, verneinte ich, doch erklärte ich mich bereit, meine sämtlichen Gemälde zu zeigen und ging, Herrn Pfister an der Seite und eine Kerze in der Hand, in die anstoßenden Zimmer, Salon, Schreibzimmer und das Zimmer der Rosa Ehinger.

Das Schreibzimmer war nicht erleuchtet und leuchtete ich dem Herrn Pfister durch dasselbe, ohne daß wir uns aufhielten.

Derselbe will, wie er als Zeuge in der Verhandlung angab, gesehen haben, daß das in sehr kleinen Lettern gedruckte Strafgesetzbuch an der Stelle »Bankerott« aufgeschlagen gewesen sei. –

Als ich Herrn Pfister meine Bilder gezeigt, da fühlte ich nun doch meine physische Kraft dahinschwinden. Ich ersuchte deshalb, nach meinem Hausarzte zu schicken und mir mit dem Antritte der Haft bis zum nächsten Tage Frist zu geben, selbstverständlich unter Bewachung. Gerichtsvollzieher Schneider meinte, wenn ich mich unwohl fühle, dann könne er mich nicht verhaften, Assessor Pfister hatte dies aber kaum gehört, so erklärte er auch schon, sofort nach einem Arzte schicken zu wollen. In der Tat machte sich der Offiziant Zöllner auf den Weg, kam aber nach sehr kurzer Zeit schon wieder zurück mit dem Bedeuten, daß er den betreffenden Arzt nicht zu Hause getroffen habe. Nun machte man den Vorschlag, den Polizeiarzt Dr. Frank holen zu lassen, ich erklärte mich auch damit einverstanden, und die Kommission entfernte sich nun, mir zur Bewachung die Polizeioffizianten Stich und Walch zurücklassend.

Auch die Gendarmerie blieb im Hause und auf meinem Korridor. Da ich mich vor Schmerzen nun kaum mehr aufrecht halten konnte, so begab ich mich mit meinem Dienstmädchen in das Schlafzimmer, ließ mich entkleiden und legte mich, fast zur Lethargie erschöpft, aufs Bett. Ich glaube auch, daß es selbst einem Manne von der stärksten Konstitution unter diesen Verhältnissen nicht anders ergangen wäre.

Das Dienstpersonal weinte fortwährend und erzeigte mir die größte Teilnahme, nur Betty Winter, meine »Freundin«, fand es dem traurigen Momente angemessen, mit größter Seelenruhe eine Zigarre zu rauchen, so daß ich mich nicht enthalten konnte, ihr zuzurufen: »Betty, wie kannst du so kalt sein, du hast kein Herz!« – – Derselben übergab ich die Freimaurerschürze meines seligen Vaters und einen Dolch, den ich stets bei mir getragen hatte.

Mittlerweile kam Dr. Frank, fühlte meinen Puls und erklärte es für eine Unmöglichkeit, daß ich die Haft heute noch antrete, auch stellte er ein Attest hierüber aus. Auf einmal wurde gemeldet, daß der Polizeidirektor sich im Hausflur befinde und den Arzt zu sprechen wünsche. Dr. Frank ging hinunter, und schon nach einigen Augenblicken kam er wieder herauf und teilte mir mit, es sei der Wunsch des Polizeidirektors, daß ich die Haft heute noch antrete, denn er habe meine Verhaftung dem Minister bereits gemeldet.

»Gut es sei«, sagte ich, »aber ich gehe nur in die Gefangenschaft, wenn mein Hund Daisy mit mir darf.« Dies wurde mir denn auch bewilligt. Rosa Ehinger fiel nun dem Herrn Dr. Frank zu Füßen und bat um die Erlaubnis, mit mir in die Haft gehen zu dürfen, wogegen er nichts einzuwenden hatte. Aus Dank hierfür küßte sie ihm die Hand, und ich ersuchte nur mehr um einige Stunden Ruhe, um die Haft antreten zu können.

Rosa E. befragte mich sodann, ob wir zur ersten Verpflegung nichts mitnehmen sollten; da ich mich aber nicht mehr als Herrin des Hauses betrachtete, so verwies ich sie an den Gerichtsvollzieher. Ich kann mich nun nur mehr daran erinnern, daß die Köchin Silbergeld hergab, welches Rosa E. in Empfang nahm, woher sie aber das Geld nahm, darum kümmerte ich mich nicht, denn ich befand mich in einem fast geistesabwesenden Zustande und nur den einen Gedanken hatte ich immer: Gott möge barmherzig sein und mich sterben lassen.

Ich war zum Automaten geworden; alles war mir gleichgültig, und selbst auf das Schafott hätte ich mich ruhig führen lassen. Einmal kam auch der Kammerdiener Nebel zu mir ans Bett – ich schalte hier ein, daß ich niemals im Zimmer allein war – und fragte mich, ob er den Herren nicht zu essen und zu trinken geben dürfe, sie wären hungrig und durstig. Häufig erschien auch der Gerichtsvollzieher im Zimmer, um nachzusehen, ob ich mich noch nicht erholt hätte.

Die Sache mußte ein Ende nehmen; ich stand auf und befahl dem Stubenmädchen, mir ein Kleid zu bringen. Das Mädchen brachte mir einen Traueranzug, denselben, den ich nach dem Ableben meines Onkels Lehfeld getragen, auch soll sie mir eine goldene Uhr nebst Kette angehängt haben, was ich jedoch nicht merkte.

Und nun ging es in die Gefangenschaft! Einer meiner Bediensteten gab mir noch zwei Kistchen Zigarren, welche zu tragen sich Polizeioffiziant Walch erbot, Rosa E. nahm meinen Hund unter den Arm und so schied ich, nachts um die zwölfte Stunde unter dem Weinen und Jammern der Dienstboten, begleitet vom Gerichtsvollzieher und den beiden Polizeioffizianten aus dem Hause, das ich vor Jahresfrist mit so düsteren Ahnungen betreten hatte! – – –

Im Hausflur stand ein Gendarm mit gezogenem Säbel, vor dem Hause ein Fiaker, dessen Fond ich und Rosa E. einnahmen, während Gerichtsvollzieher Schneider und Offiziant Walch sich uns gegenübersetzten.

Polizeioffiziant Stich plazierte sich neben dem Kutscher; als wir abfuhren, marschierte eine Truppe Soldaten dem Wagen voraus. Als der Fiaker vor der Türe des Gefängnisses in der Badstraße anhielt, da fiel es mir bei dem Anblicke desselben plötzlich wie Schuppen von den Augen: Ich hatte dieses Gebäude vor mehreren Nächten im Traume bereits gesehen!

Ein halbes Jahr vorher hatte ich eine Wahrsagerin um mein Schicksal befragt, und was sagte sie mir?

»Sie haben viele Feinde und Neider. Dieselben werden Sie sogar noch ins Gefängnis bringen, und sie werden auch verhandelt werden. Der Staatsanwalt wird vier Jahre für Sie beantragen, das Gericht wird Ihnen aber ein Jahr nachlassen. Während der Gefangenschaft wird Ihre Mutter sterben, und auch Sie werden schwer erkranken, jedoch auch wieder gesund werden.«

Da mancher von den Lesern dieser Blätter schon über dieses ungläubig lächeln wird, so will ich das, was über meine fernere Zukunft mir prophezeit wurde, lieber verschweigen. Obige Weissagung ist jedoch bis ins kleinste Detail eingetroffen, und ich glaube deshalb auch an die mir prophezeite Zukunft, obwohl der Dichter sagt:

»Der Mensch versuche die Götter nicht!«

IX. Kapitel

Meine Untersuchung

Die Glocke zum Gefängnis ertönte, sie erschreckte mich nicht. Kalt und ruhig wartete ich auf den Augenblick, wo mir das Tor des Gefängnisses aufgehen sollte. Endlich – es war nachts 12½ Uhr – öffnete sich dasselbe, ich stieg aus und begab mich nun mit Rosa Ehinger, den beiden Polizeioffizianten und dem Gerichtsvollzieher in meine neue nie gehoffte Wohnung. Der Gefängnisverwalter Franz Schnitzlein führte uns ins erste Stockwerk, in dasselbe Zimmer, welches gewöhnlich der Gerichtsarzt Dr. Martius während seiner Anwesenheit zu benützen pflegte und das auch von den Verwaltersleuten als Salon benützt wurde. Dasselbe war mit roten Plüschmöbeln ausgestattet, und befanden sich darin auch ein Schreibtisch, ein Kasten für Medikamente, Bücher und ein Pianino. Rosa E. nahm mir meinen Mantel ab, ich selbst stand sprachlos wie im Traume. Der Gerichtsvollzieher seinerseits nahm noch ein Protokoll auf, in welchem er meine Zivilverhaftung konstatierte, die Polizeioffizianten unterschrieben dasselbe als Zeugen, ich jedoch verweigerte meine Unterschrift, weshalb der Gerichtsvollzieher in dem Protokolle bemerkte, daß ich aus nicht angegebenen Gründen meine Unterschrift verweigert hätte.

Die Frage des Gefängnisverwalters sowie der Polizeioffizianten, ob wir nichts genießen wollten, wurde von mir und Rosa E. verneint, und dieselben empfahlen sich sodann höflichst mit dem Bemerken, daß ich in diesem Zimmer verbleiben könne.

Zwei Gefängniswärter brachten nun zwei Bettstellen und Betten herein, und nachdem der Verwalter sich noch einmal artig erkundigt hatte, ob wir nichts bedürften, und gute Nacht gewünscht hatte, da – schloß er die Türe hinter sich ab! – Ein sonderbares Gefühl das! –

Ich sprach diese ganze Nacht mit Rosa E. keine Silbe, denn ich war, obwohl vollkommen furchtlos, doch geistig ganz abgestumpft. Sie entkleidete mich, half mir in das Bett, ließ aber die Gasflamme halb brennen. Vor Ermattung schlief ich sehr bald ein und sonderbar – ich kann mich in meinem ganzen Leben nicht erinnern, jemals besser geschlafen zu haben als in dieser Nacht. Früh um ½ 9 Uhr erwachte ich und fand mich im Gefängnis, obwohl das sehr heimliche Zimmer keinen düstern Eindruck auf mich machte. Indes, ich fühlte mich sehr leidend, und ich merkte nun wohl, daß die Kräfte meines Körpers mit denen des Geistes nicht gleichen Schritt gehalten hatten, denn ich konnte das Bett unmöglich verlassen. Die Türe wurde aufgeschlossen, und der Wärter brachte uns in einem Porzellanservice Kaffee und Weißbrot, ich ließ jedoch das Frühstück ganz und gar unberührt. Rosa E. bemühte sich, mich zu zerstreuen, indem sie mir vieles erzählte, doch ich hörte sie kaum, da ich in völliger Gedankenlosigkeit dahinlebte.

Ich ließ nun um meinen Hausarzt, Professor Amann schreiben, doch konnte derselbe nicht erscheinen, da er zu einem auswärtigen Kranken gerufen war, weshalb ich dann den Gefängnisarzt Dr. Martius rufen ließ. Später erschien dann auch Professor Amann und die Ärzte verordneten, daß ich das Bett nicht verlassen dürfe. Diesen ersten Tag hatte ich vollständige Ruhe, am darauffolgenden Tage kam aber schon Rath Scharrer in Begleitung eines Schreibers als Gantkommissär und befragte mich, ob ich außer den Vermögensstücken, welche ich bereits übergeben, noch etwas wüßte oder anderswohin gegeben hätte. Herr Scharrer teilte mir auch mit, daß sich bei ihm eine Frau gemeldet, welche Geld habe übergeben wollen. Ich konnte ihm selbstverständlich nicht die geringste Auskunft hierüber erteilen, da ich keine Kenntnis von der Sache hatte. Da ich nun einmal vergantet worden war, so fühlte ich mich auch moralisch verpflichtet, alle und auch die kleinsten Gegenstände an die Gantmasse zu überweisen, wenn sie nur einigermaßen von Wert waren, und sagte deshalb zu Herrn Scharrer:

»Wie Sie wissen, trage ich in letzter Zeit ein Kreuz an einer goldenen Kette. Das Kreuz betrachte ich als einen Talisman, dasselbe hat keinen Goldwert, und es wäre mir lieb, wenn ich dieses Kreuz behalten könnte. Die Kette jedoch, weil von Gold, werden Sie wohl mitnehmen. Ich habe beides hier.«

»Ich nehme das Kreuz auch mit«, entgegnete Herr Scharrer, »vielleicht kann es uns noch zu irgend etwas dienen.« Das Protokoll war hiermit geschlossen, und Rath Scharrer ging wieder von dannen. Am dritten Tage konversierte mit mir mittels Sprechkarte der Redakteur meines Blattes, Dr. Faist, und teilte mir mit, daß der Gantkommissär bis jetzt noch keine Überschuldung meines Vermögens habe konstatieren können und daß jedermann hoffe, mich bald wieder in Freiheit zu sehen. Man fand nämlich nicht sofort eine Überschuldung als evident vorliegend, und wurden deshalb meine Gläubiger von nah und fern in den Zeitungen aufgefordert, sich beim Gerichte zu melden!

Advokat Berghofer, welcher den Gantantrag gegen mich gestellt hatte, nachdem Dr. Jahresdörffer zuerst das Ansinnen des Polizeiassessors Pfister in gleichem Betreff, als gegen seinen Beruf und die Interessen der Gläubiger gehend abgewiesen hatte – erbot sich nun, wie ein Artikel in den »Neuesten Nachrichten« zu wissen machte, die Gläubiger umsonst zu vertreten; die meisten Advokaten, mit Ausnahme der Doktoren Jahresdörffer, Hettersdorff, Dietherr, Will, Henle, Kammerecker schlossen sich mit Behagen dieser Offerte an.

Doch soll diese billige Offerte – namentlich dem Dr. Berghofer – reiche Früchte getragen haben. Dieser Anwalt hatte nämlich wenigstens ein Drittel meiner Gläubiger zu vertreten, d. h. er hatte für sie die große Mühe, zu erklären, daß A, B, C oder D für seine Wechsel so und so viel liquidieren, und die weitere juristisch äußerst schwierige Aufgabe, den Anteil seiner Klienten in Empfang zu nehmen und solchen nach Abzug seiner Deserviten- und Inkassospesen an dieselben zu übermitteln, ein nicht unbedeutendes Honorar.

Als ich mich allmählich aus meiner Gedankenstarre emporraffte, da war meine erste Frage an die Rosa Ehinger, was denn mit meinen anderen Hunden, welche mir sehr am Herzen lagen, geschehen sei. Sie teilte mir mit, daß der Portier dieselben zu sich genommen habe, daß durch den Gerichtsvollzieher sämtliche Zimmer versiegelt worden seien und daß sie deshalb ihre Wäsche, ihre Kleider und ihr Geld zu ihrer Mutter habe hinübertragen lassen. Ich hörte sie gleichgültig an. Am Samstag, dem 16. November, erschien der Untersuchungsrichter Radlkofer und ließ zuerst die Rosa Ehinger durch den Verwalter in das Untersuchungszimmer vorführen. Nach einigen Minuten kam sie mit dem Verwalter wieder zurück und holte ihre Tasche, in welcher sich das uns bewilligte Verpflegungsgeld befand, entfernte sich dann mit dem Verwalter wieder, sprach aber kein Wort mit mir. Nach Verlauf von einer halben Stunde kam sie mit dem Untersuchungsrichter zurück, und der letztere eröffnete mir – – –, daß er mich leider in Untersuchungshaft nehmen müsse, indem Verdachtsgründe wegen betrüglichen Bankrottes gegen mich vorlägen. Rosa Ehinger müsse sich deshalb von mir entfernen und habe sofort das Gefängnis zu verlassen. Diese fiel mir nun unter strömenden Tränen um den Hals und gebärdete sich wie eine Verzweifelte, so daß Radlkofer sich zu der Äußerung veranlaßt sah: »Nun, nun, es ist ja nicht für ewig!« –

Nachdem Rosa sich entfernt hatte, eröffnete mir – die ich der genannten Verdachtsgründe halber ganz erstarrt war – der Untersuchungsrichter, daß am 12. November, dem Tage der Sperre, Verschleppungen vorgekommen seien und daß dringende Verdachtsgründe vorhanden seien, als ob ich dieselben veranlaßt hätte. Außerdem seien meine Bücher nicht handelsgemäß eingerichtet, wozu ich doch als Kauffrau verpflichtet gewesen wäre.

Sodann, fuhr der Untersuchungsrichter fort, hätte ich mich als Kauffrau durch einen über meine Mittel gegangenen Aufwand noch außerdem des einfachen Bankrottes schuldig gemacht.

Ich war nach Anhörung all' dieser Anklagen wie aus den Wolken gefallen, denn ich fühlte mich in allen diesen Punkten unschuldig.

Ich erklärte denn auch ganz einfach, daß, wenn eine Verschleppung vorgekommen wäre, diese weder in meinem Auftrage, noch auf meine Veranlassung geschehen wäre. Ich war ja fortwährend von der Gerichtskommission umgeben, konnte mit keinem meiner Leute ein Wort allein sprechen, und hatte überdies der Kommission mein ganzes Vermögen übergeben.

Überhaupt hatte ich während der ganzen Dauer meiner sog. Dachauer Bank niemals daran gedacht, Geld für mich beiseite zu schaffen, um auf diese Weise mir eine sorgenfreie Zukunft zu schaffen, wie ich auch niemals einem Menschen Geld zur heimlichen Aufbewahrung für mich übergeben habe. Meine Häuser waren alle auf meinen Namen protokolliert, die Obligationen, welche sich bei Speier in Depot befanden, waren mir von demselben wieder zurückgegeben worden, und bei der seinerzeit erfolgten gerichtlichen Sperre beschlagnahmt und zur Gantmasse geschlagen worden. Ich hatte mich auch in eine Lebensversicherung um 32 000 fl. aufnehmen lassen, deren Police ich auf ein Jahr vorausbezahlte. Ich hatte diese Lebensversicherung dem Testamente für meine Gläubiger beigelegt. Dieselbe wurde gleichfalls zur Gantmasse geschlagen (verfiel aber, da die Gantkommission die Police nicht mehr einbezahlte). Weitere Vermögensstücke besaß ich nicht, was also hätte ich beseitigen sollen? fragte ich den Untersuchungsrichter.

»Das wird sich finden«, erwiderte dieser, und hiemit war das Verhör für diesen Tag geschlossen. Herr Radlkofer bedeutete mir noch, daß ich nun als Kriminalgefangene nicht mehr in diesem Zimmer verbleiben dürfe, sondern mit der einer Untersuchungsgefangenen entsprechenden Lokalität zu vertauschen habe, jedoch fügte er hinzu, werde man mir ein ordentliches Zimmer sowie eine Krankenwärterin geben, auch könne ich meines kranken Zustandes halber diesen Tag noch im Zimmer verbleiben. Sprach's und entfernte sich mit seinem Protokollführer.

Ohne mir eines Verbrechens bewußt zu sein, befand ich mich also in Kriminaluntersuchung. Wiederum wurde ich apathisch, wiederum war meine Gedankenreihe zerstört, und nur das Gefühl blieb mir, daß ich – eine Verbrecherin nun sein soll.

Am 17. November siedelte ich, obgleich noch in sehr leidendem Zustande, in das mir von nun an bestimmte Zimmer im ersten Stocke des Gefängnisgebäudes über. Die Eingangstüre desselben war schmal, von außen mit einem Doppelschloß versperrbar; das Zimmer selbst, geräumig und hoch, hatte einen lichtgelben Anstrich und war durch zwei große Fenster mit blinden Scheiben genügend erhellt. Kleine grüne Vorhänge bildeten eine luxuriöse Beigabe hiezu. Die Fenster selbst waren geschlossen und konnte man vermittelst einer angebrachten Holzstange kleine Fensterklappen herablassen, draußen vor dem Fenster waren, um allenfallsige »Luftsprünge« zu verhindern, weit auseinanderstehende Eisenstäbe befestigt. Der sonstige Komfort im Innern des Zimmers bestand in drei eisernen, an der Wand befestigten Bettstellen, welche bei Tag angeschlossen und des Nachts zum Gebrauche herunter gelassen werden konnten, einem in der Mitte des Zimmers stehenden großen Tisch mit zwei hölzernen Bänken an der Seite und einem kleineren Tische an der linken Seite der Wand. Alle diese Gegenstände waren am Boden befestigt. Neben der Türe war eine Stellage zum Kleideraufhängen.

Man hatte mir jedoch meine eigene Bettstelle mit Betten, einen Waschtisch mit meinem eigenen Waschservice, ein Nachtkästchen, einen einfach gepolsterten Stuhl und Armsessel gegeben. Dieses Zimmer genau mit derselben Einrichtung blieb mir während der ganzen Dauer meiner Gefangenschaft (drei Jahre und zehn Monate). Zur Bedienung hatte ich einen Wärter, den ich durch eine Glocke zitieren konnte, außerdem erfreute ich mich der Pflege von der Frau und der Tochter des Verwalters. Niemals kam ich mit anderen Gefangenen auch nur in die geringste Berührung, und dankend muß ich anerkennen, daß ich von allen, die mit mir verkehrten, stets mit der größten Höflichkeit und Achtung behandelt wurde, wie denn auch der Arzt seinen Beruf in der menschenfreundlichsten Weise erfüllte.

Montag, am 18. November erschien der Untersuchungsrichter zum zweiten Male bei mir, und es begann das zweite Verhör. Er begann mit den üblichen Personalien, welche, wie mir mitgeteilt wurde, gewöhnlich in aller Kürze behandelt werden. Bei mir schien jedoch der Untersuchungsrichter eine Ausnahme zu machen und eine förmliche Biographie aufnehmen zu wollen. – Auf die Frage, ob ich nie in meinem Leben in Untersuchung und Strafe gekommen sei, konnte ich Gott sei Dank die Antwort erteilen, daß ich noch niemals, nicht einmal meines Hundes halber mit der Justiz oder der Polizei in Konflikt geraten sei. Meinen Hund erwähnte ich nur deshalb, weil ich zugleich Herrn Radlkofer um Erlaubnis bat, den Hund bei mir behalten zu dürfen. Er meinte, das gehe schon an, das Tier sei ja stumm, im übrigen sei aber nicht er der Hausherr, und ich möchte deshalb die Sache mit dem Hausverwalter abmachen. Im übrigen repetierte er seine frühere Anklage. Ich erwiderte hierauf, daß ich gar nicht Bankrott gemacht habe, indem ich meine Zahlungen nie einstellte, sondern man habe mir verboten, meine Zahlungen zu leisten. Ferner erklärte ich, daß ich keine Kauffrau gewesen sei, indem ich nie die Geschäfte einer solchen gemacht habe, wie denn dies auch die erste Ansicht des Handelsgerichtes selbst gewesen sei. Weiter erklärte ich, seit jener handelsgerichtlichen Entscheidung seien keinerlei Änderungen eingetreten, und es sei deshalb eine Inkonsequenz sondergleichen, wenn dasselbe Gericht, welches mich zuerst zur Nichtkauffrau erklärt, mich nun plötzlich unbedingt zur Kauffrau stempeln wolle. Von irgendwelchen betrüglichen Gedanken meinerseits könne schon deshalb keine Rede sein, da ich niemals falsche Vorspiegelungen gebraucht, sondern das Geld rein nur auf persönliches Vertrauen angenommen und auch erhalten habe. Ferner erklärte ich mit dürren Worten, es sei ganz und gar ungerechtfertigt, mich zu verhaften und mitten in der Nacht aus meinem eigenen Hause abzuführen, da die Schuldhaft aufgehoben sei. Der Untersuchungsrichter erwiderte hierauf, ich sei weder des Betrugs angeklagt noch deshalb in Untersuchung, sondern wegen betrüglichen Bankrotts. – Schließlich eröffnete mir der Untersuchungsrichter: »Wenn Sie eine Haftbeschwerde machen wollen, werde ich selbe zu Protokoll nehmen.«

»Ich verlange es«, erwiderte ich, worauf er meine Beschwerde diktierte und von mir unterzeichnen ließ. Sodann fragte er mich, ob ich nicht einen Strafantrag gegen meine Bediensteten stellen wolle?

»Warum?« fragte ich im höchsten Grade erstaunt.

»Nun, Sie werden«, entgegnete er in fragendem Tone, »wohl viel betrogen worden sein? Natürlich, wenn Sie keinen Strafantrag stellen, kann man Ihre Leute auch nicht verfolgen und Sie müßten schon ganz besondere Gründe haben, wenn Sie davon abstehen wollten.«

»Wenn meine Bediensteten mich betrogen haben, wovon ich jedoch vorläufig keine Überzeugung habe«, erwiderte ich rasch, »so stelle ich Strafantrag gegen dieselben und bitte, dies sofort aufzunehmen. Jedoch verlange ich eine ganz genaue Untersuchung, damit ja nicht auf bloßen Verdacht hin irgendein Unschuldiger ins Unglück gestürzt werde.«

Der Untersuchungsrichter diktierte nun einen, meine sämtlichen Bediensteten umfassenden Strafantrag, den ich unterzeichnete, und dann fuhr er fort: »Am Tage der Sperre beseitigte Ihre Gesellschafterin Rosa Ehinger einen Teil Ihrer Vermögensstücke?«

»Das ist ja rein unmöglich«, lautete meine Antwort, »denn ich habe der Gerichtskommission alles, was ich besaß, übergeben, auch wurden sämtliche Zimmer vom Gerichtsvollzieher versiegelt.« –

»Sollten Sie sich vielleicht irren?« meinte der Untersuchungsrichter.

»Durchaus nicht«, entgegnete ich trocken.

»So, so«, meinte er, »aber die Ehinger hat doch verschiedene Sachen zu ihrer Mutter hinüber tragen lassen.« –

»Das wird freilich so sein«, sagte ich, »Rosa wird wohl ihre eigenen Sachen zu ihrer Mutter hinüber getragen haben, oder wie Sie sich ausdrücken, haben hinübertragen lassen. Dieses Recht hatte sie ja, da sie nicht verhaftet wurde, über ihr Eigentum also frei verfügen konnte.« –

»Es befand sich aber bei diesen Gegenständen auch ein Paket mit Obligationen«, bemerkte der Untersuchungsrichter.

»Das ist ja leicht möglich«, erwiderte ich, »denn sie hatte eigenes Geld in Obligationen und wenn sie dieses Geld nicht schon bei ihrer Mutter gehabt hat, so wird sie dasselbe wohl hinübergeschafft haben.«

»Hat denn die Rosa Geld gehabt?« fragte er.

»O ja, zufällig beinahe 50000 fl., die ich ihr längst geschenkt hatte«, entgegnete ich.

»Solch' große Geschenke macht man aber doch nicht«, sagte der Untersuchungsrichter.

»Aber ich habe ihr ein solches gemacht, oder wissen Sie's vielleicht besser?« fragte ich heftig. »Ich sehe gar nicht ein, warum ich dieses nicht hätte tun dürfen, war ich doch vollständige Herrin über mein Vermögen!« –

Untersuchungsrichter: »Warum haben Sie das nicht früher gesagt, daß Sie der Ehinger ein derartiges Geschenk gemacht haben?«

Ich: »Weil Sie mich nicht nach Geschenken gefragt haben. Wenn Sie übrigens Geschenke für strafbar erklären, so hätten Sie sich nach all' den Geschenken, die ich gemacht, erkundigen sollen, und ich hätte es Ihnen sofort ebenso offen wie jetzt gesagt, denn ich habe durchaus keinen Grund, ein von mir gegebenes Geschenk abzuleugnen.« –

Unters.: »Warum haben Sie denn der Rosa ein so großartiges Geschenk gegeben?«

Ich: »Streng genommen, geht Sie das eigentlich gar nichts an, aber wenn es Sie so sehr interessiert, will ich es Ihnen sagen: Jede Persönlichkeit, die mit mir verkehrte, wurde von boshaften Menschen angegriffen. Rosa war nun beim Theater und hatte besonders meiner Freundschaft halber sehr viel durch ihre Kollegen und Kolleginnen zu erdulden; man sandte ihr wahrhaft infame anonyme Briefe ihres Umganges mit mir halber, und nicht genug damit, wollte man sogar ein ebenso infames Inserat in einem Zeitungsblatte veröffentlichen. Diese ungerechtfertigten Verfolgungen, wie auch der Umstand, daß mich das Mädchen stets ihrer uneigennützigsten Freundschaft versicherte, bestimmte mich, für die Zukunft des Mädchens, dem ich wirklich zugetan war, zu sorgen. Von den Zinsen einiger tausend Gulden hätte die Rosa aber ihre Existenz unmöglich je bestreiten können, und so schenkte ich ihr denn als Entschädigung für all die Unbill, die sie durch mich erlitten, auf einmal die Summe von 50 000 fl. Ich glaubte und glaube auch heute noch, nicht überschuldet zu sein, um ihr nicht ein derartiges Geschenk machen zu dürfen, und überdies beabsichtigte ich schon damals dieses Geschenk, und zwar zu der Zeit, als mir Speier die freudige Nachricht brachte, daß sich augenblicklich in seinem Depot allein ca. 2 Millionen befänden. Bei diesem mit einem wahrhaft immensen, noch nie dagewesenen Kredite verbundenen Besitzstande konnte selbstverständlich nicht die leiseste Idee von Bankrott in mir auftauchen und überdies konnte ich mit meinem Gelde tun, was ich wollte, denn es war mein unbestrittenes Eigentum.«

Der Untersuchungsrichter hörte dies alles ruhig mit an und erwiderte dann: »Nun, Sie waren aber schon mit dem ersten Gulden, den Sie entlehnten, bankrott.«

»Nein«, erwiderte ich, »den Fall gesetzt, ich wäre wirklich eine Kauffrau, was ich aber nicht bin, so bin ich doch so lange nicht bankrott, als ich noch Kredit habe. Bankrott ist nur derjenige, welcher bei Zahlungsaufforderung kein Geld zum Bezahlen hat. Und Geld hatte ich ja, denn ich verabfolgte bis zur letzten Stunde stets pünktlich meine Zahlungen, Kapital sowohl wie auch Zinsen. Dem Gesetze nach war ich also nicht bankrott, denn wenn ich auch niemals eigenes Vermögen besessen, so standen mir doch Millionen durch meinen ungeheuren Kredit zur Verfügung. Und der war unbegrenzt im vollsten Sinne des Wortes, so daß nie und nimmermehr die Zeit gekommen wäre, wo ich meine Zahlungen selbst hätte einstellen müssen. Im Gesetzbuche steht aber geschrieben, daß der Bankrott dann gegeben ist, wenn man seine Zahlungen einstellt. Wenn ich also bankrott sein soll, so müßte auch dem Gesetze beigefügt sein, daß einer auch dann bankrott sei, wenn er überschuldet ist und einmal später wer weiß wann? nicht mehr bezahlen kann. Zwischen diesem Passus und jenem, welcher wirklich im Gesetzbuche steht, ist nun aber doch ein himmelweiter Unterschied. Wollte man jeden, der überschuldet ist und Geld aufnimmt, bankrott erklären und einsperren lassen, so würde man am Ende genötigt sein, den größten Teil der Bevölkerung als bankrott ins Gefängnis abführen zu müssen, und das wäre denn doch zu stark.« – Auf die Äußerung des Untersuchungsrichters: Jeder, der Kredit nehme, sei Kaufmann, erwiderte ich:

»Dann ist ja nach dieser Definition jeder Schuldenmacher ein Kaufmann oder gar ein Bankier, das finde ich doch höchst seltsam. Das muß doch jedermann sehr witzig vorkommen, daß jeder, welcher Kredit annimmt, ein Kaufmann sein soll, da wären ja auch sehr hohe Personen und selbst die Staaten Kaufleute, denn auch diese nehmen Anlehen auf.« – Auf den Vorhalt:

»Das gehört nicht hierher. Sie hätten Bücher führen sollen und haben keine geführt«, war meine Antwort:

»O bitte, ich führte wohl Bücher und ließ dieselben, wie Sie ja selbst wissen, am Tag der Sperre der Gerichtskommission übergeben.«

Unters.: »Das sind ja keine Handelsbücher!« –

Ich: »Natürlich! Ich habe auch die Kaufmannschaft nie erlernt, war nie eine Kauffrau und bildete mir auch nie ein, eine solche zu sein, weshalb ich denn auch mich nicht ins Handelsregister eintragen ließ. Trotzdem hielt ich nach meinen Begriffen sehr gute Bücher, die mir auch vollständig genügten. In einem Buche wurden alle bei mir deponierten Obligationen eingetragen, in einem zweiten Namen, Stand und Wohnort derjenigen, welche Bargelder bei mir einlegten, die Summen konnte ich aber nicht einschreiben lassen, weil manche heute Geld brachten und morgen schon wieder zurückholten, so daß es eine kolossale und unentwirrbare Schreiberei gemacht hätte. Wollte ich wissen, wieviel ich dem einzelnen schuldete, so durfte ich nur das über die Bargelder geführte Buch zur Hand nehmen und den darin Eingetragenen auffordern, den von mir ausgestellten Wechsel vorzuzeigen, ich hätte dadurch sofort die sicherste Kenntnis von jeder Schuldsumme erhalten. Da diejenigen, welche ihre Kapitalien zurückerhielten, den Empfang derselben in einem eigenen Buche abquittieren mußten, die Zinsenzahlungen endlich durch die Wechsel ersichtlich waren, so lag in dieser Art von Buchführung keinerlei Benachteiligung für die Gläubiger, denn alle waren genau aufgeschrieben, und auch nicht einer blieb unnotiert. Auch konnte ich bei dieser Buchung ganz unmöglich Vermögensstücke verheimlichen oder unrichtig eintragen, denn meine Wechsel mußte ich doch stets einlösen und ich habe dieselben auch nie abgeleugnet.«

Unters.: »Eine Kauffrau führt aber keine solchen Bücher.«

Ich: »Ja wie oft soll ich denn noch sagen, daß ich mich für keine Kauffrau hielt und daß ich auch keine solche war. Warum hätte mich denn sonst der erste Entscheid des Handelsgerichts für eine Nichtkauffrau erklärt?«

Der Untersuchungsrichter meinte, auch das Gericht könne sich irren.

Ich meinte dagegen, das sei sehr traurig, nach wem solle man sich denn dann richten?

Ferner sagte ich: »Ich erkläre noch einmal, daß ich meine Zahlungen nicht eingestellt habe, war und bin sonach auch nicht bankerott.«

Unters.: »Das wäre später doch einmal sicher geschehen.«

Ich: »Nun so hätte man dieses ›Später‹ eben erst abwarten müssen; das Gericht hatte, so lange ich zahlte, kein Recht über mich und am allerwenigsten das, mich verhaften zu lassen. Die Schuldhaft ist längst aufgehoben, und niemand auf der Welt kann behaupten, daß ich etwa die Absicht gehabt hätte, durchzubrennen, wie ich denn auch niemals Grund und Veranlassung zu derartigem Verdachte gegeben habe. Ich wäre zu stolz gewesen, um durchzugehen und alles im Stiche zu lassen, das würde eine Adele Spitzeder nie getan haben, das schwöre ich bei Gott!«

Der Unters. belehrte mich, »ich brauche keinen Eid zu leisten, Angeklagte seien dazu nicht befähigt«.

Ich: »Aber ich will einen solchen leisten, und wenn ich etwas beeide, dann ist es so, wie ich sage!«

Unters.: »Nun, nun, ereifern Sie sich nicht zu sehr; ich bezweifle, daß man Sie beeiden wird.«

Ich erwiderte mit einem langgedehnten »So!« und frug: »Warum hat man bei der Sperre soviel Gendarmerie und

Militär aufgeboten?« Worauf Unters. erwiderte, das sei nur geschehen, weil man Unruhen befürchtete.

Ich: »Die aber nicht vorgekommen sind, denn ich selbst beruhigte ja die Leute.«

Unters.: »Ja, das taten Sie, indem Sie sagten, es geschehe Ihnen nichts, man möchte deshalb auch ruhig sein.«

Ich: »Daß mir etwas geschehen könnte, glaubte ich auch nicht, denn ich war mir keines Verbrechens bewußt, um auf den Glauben kommen zu können, daß ich verhaftet werde. Ich habe aber gemerkt, daß das Sprichwort ›Irren ist menschlich‹ seinen guten Grund hat, bei mir sowohl wie bei anderen Personen, sie mögen eine Stellung einnehmen wie immer.«

Das Verhör war für diesen Tag beendigt. Einige Tage darauf kam Rath Scharrer mit seinem Protokollführer. Er wünschte Auskunft über mehrere Rechnungen, die noch zu bezahlen waren, ferner über einige Ankäufe, die ich bei Frau Rottheim gemacht, und sodann über meine eigenen Wechselforderungen. Nachdem ich ihm über alles genügende Auskunft gegeben, bemerkte er unter anderem, daß man gesagt hätte, ich hätte Wandkästen in meinen Zimmern.

»Aha«, erwiderte ich, »man denkt wohl, ich hätte darin Geld versteckt. Nun Herr Rath, ich habe keine solchen Kästen gehabt, außer denjenigen, welche Sie selbst bei der Sperre in dem kleinen Verschlage neben meinem Schlafzimmer geöffnet haben und in welchem sich meine Obligationen befanden, die ebenfalls zu Gerichtshänden genommen wurden.« – Im übrigen wäre es, meinte ich, wohl das Beste, man ließe alle Mauern meines Hauses einreißen, um zu sehen, ob nicht irgendwo ein Vermögen noch versteckt liegt. Ich fragte schließlich: »Nun, meine Gläubiger schimpfen wohl recht auf mich?« Rath Scharrer verneinte dieses.

In meiner Einsamkeit beschlich mich ein unendlich trauriges Gefühl und der Gedanke, daß ich eines nie verübten Verbrechens halber in Untersuchung sei, daß ich niemand hatte, der sich meiner annehme und die Überzeugung, daß meine Mutter, mit der ich längst wieder in bestem Einvernehmen gelebt, ganz außer sich sein würde, ohne von jemand Trost und Beruhigung zu erhalten, dies alles zehrte und nagte an meinem Herzen; und ich machte in der Verzweiflung den Versuch, mir das Leben zu nehmen. Ich schnitt zu diesem Zwecke von 50 Stück Streichhölzern, welche ich vom Wärter unter dem Vorwande, das Gas immer selbst anzünden zu wollen, erbeten hatte, die Köpfchen ab, nahm etwa die Hälfte davon in den Mund und trank Wasser darauf, und als ich später zu Bette ging, da nahm ich auch noch die andere Hälfte. Ich verspürte denn auch bald ein furchtbares Brennen und trank infolgedessen eine ganze Flasche Wasser. Heftiges Erbrechen stellte sich ein; der Gefängnisarzt und der Polizeiarzt Dr. Frank, welch letzterer mich zufällig besuchte, untersuchten die erbrochene Substanz eifrig, schöpften jedoch keinen Verdacht, daß hier ein Vergiftungsversuch vorliege, obwohl sie dieselbe »eigentümlich aussehend« fanden. Als die beiden Ärzte fort waren, mußte ich mich abermals heftig erbrechen, ich schleppte mich mit dem Napfe fort, brach aber zusammen, so daß der Inhalt verschüttet wurde und ich mich genötigt sah, mit meinem Taschentuche aufzutrocknen, damit mein Hund nicht dadurch vergiftet werde. Sodann raffte ich mich mühsam wieder auf und schleppte mich ins Bett; gut war es, daß die Ärzte dies nicht gesehen hatten, sie würden sonst wahrscheinlich der Sache auf den Grund gekommen sein.

Ich erkrankte nun bedeutend und erhielt eine Wärterin zur Pflege, welche mich auch des Nachts nicht verließ. Da ich nicht schlafen konnte, so ließ die Wärterin das Gas brennen. Plötzlich – es war nachts 11 Uhr – bemerkte ich einen Schatten an der Wand, der sich langsam weiter bewegte. Ich rief die Wärterin, zeigte ihr das seltsame Phänomen, und auch sie überzeugte sich, daß es kein Traumgebilde sei. Wir sahen beide den Schatten langsam der Wand entlang und bei meinem Bette vorüber ziehend, und zwar dauerte dies eine ganze Weile. Wäre ich allein gewesen, so hätte ich den merkwürdigen Schatten für eine Ausgeburt meiner krankhaft erregten Phantasie gehalten, angesichts einer Augenzeugin konnte ich aber an der Wahrheit des gesehenen Schattens nicht zweifeln. Ich hielt den gespenstischen Schatten für den Vorboten meines nahen Todes und teilte diese meine Ansicht auch der Wärterin mit, doch diese suchte mir den trüben Gedanken aus dem Kopfe zu jagen.

Und merkwürdig! In der zweiten und in der dritten Nacht genau um dieselbe Stunde erschien der Schatten wieder, und ich betrachtete ihn nun genauer. Er schien mir die Form meines seligen Vaters zu haben, wie er auf einem Bilde, das stets über meinem Bett bei der Mutter gehangen, als Aschenmann in »Bauer als Millionär«, mit einer Butte auf dem Rücken porträtiert war.

Am 14. Dezember schon erhielt ich durch den Gefängniswärter eine Schreckenspost – die Kammerjungfer meiner Mutter war bei ihm gewesen und hatte ihm mitgeteilt, daß meine Mutter sehr schwer krank darnieder liege. Sofort dachte ich an den Schatten, der mir erschienen, und ich fühlte, daß dieser der Vorbote des Todes meiner Mutter gewesen, und in der Tat, meine Ahnung betrog mich nicht. Am 15. Dezember (1872) schon verschied sie, nachdem sie den vorhergehenden Tag ein Gehirnschlag getroffen. Diese mir so schmerzliche Nachricht teilte man mir aus Schonung nicht gleich ihrem vollen Umfange nach mit, doch wußte und fühlte ich ganz genau, daß diejenige, die mir das Leben gegeben, bereits hinübergegangen war in das dunkle Schattenreich, denn ein Talisman, den ich besaß, hatte mir den Tod bereits angezeigt. Ich besitze nämlich ein Kreuz von Elfenbein, das ich von einem Antiquar Rosenthal nur deshalb erwarb, weil er mir mitteilte, daß mit diesem Kreuze in der Hand schon mehrere Personen gestorben seien.

Dieses selbe Kreuz nun, welches mir durch Klopfen an der Wand einst den Tod meines Onkels Lehfeld angezeigt hatte, unterrichtete mich auch von dem Tode meiner Mutter. Am 14. Dezember, an welchem meine Mutter vom Schlage gerührt wurde, hörte ich nämlich ein leises Klopfen des Kreuzes.

Ich bin an einem Sonntage geboren; und – man mag nun über diese meine Ansicht lächeln oder mitleidig die Achseln zucken, gleichviel – ich behaupte, daß Sonntagskinder ein eigenes Ahnungsvermögen haben, bei mir hat sich dasselbe wenigstens bewährt.

Durch meine Krankheit wurden die Verhöre des Untersuchungsrichters teils unterbrochen, teils verzögert; die Reihenfolge derselben ist mir nicht mehr so genau in Erinnerung, dagegen kann ich mich der Hauptmomente, welche in den verschiedenen Verhören zur Sprache kamen, noch recht wohl entsinnen und ich will sie hier aufzuzählen versuchen.

Als der Herr Untersuchungsrichter wieder zum Verhöre erschien, brachte er mehrere in rotes Papier eingeschlagene Akten mit und begann sofort über das mir zur Last gelegte Verbrechen der Verschleppung mit der Frage. »Sie sagen also, daß Sie der Rosa Ehinger 50 000 Gulden in Obligationen zum Geschenk gemacht haben? Das sei sehr zu bezweifeln«, setzte Herr Unters. R. dazu.

Ich: »Tun Sie es, ich zweifle nicht daran.«

Unters.: »Wann haben Sie ihr denn dieses angebliche Geschenk gemacht?«

Ich: »Genau weiß ich das nicht mehr, doch glaube ich mich dunkel erinnern zu können, daß es 14 Tage vor der Sperre war. Wie gesagt, sicher kann ich dies wirklich nicht angeben, der Tag ist mir entfallen, denn mein Gedächtnis wurde durch die über mich hereingebrochenen Ereignisse zu sehr geschwächt, und notiert habe ich meine Geschenke niemals. Wollen Sie daher die Ehinger fragen, welche, da sie nicht so viel zu denken hatte, den Tag, an welchem sie ein so reiches Geschenk erhielt, sicher noch bestimmen kann.«

Unters.: »Dieselbe habe bemerkt, es sei 14 Tage vor der Sperre gewesen.«

Ich: »Nun so wird es wohl auch so sein, denn während oder gar nach der Sperre habe ich es ihr jedenfalls nicht gegeben und konnte es ihr nicht geben.«

Der Unters. meinte, daß man derrartige Geschenk überhaupt nicht geben und nehmen solle.

Ich: »Ich meine, daß ich es gab und daß man es nahm.«

Unters.: »Warum hat denn Rosa E. nicht früher das Geschenk zu ihrer Mutter getragen?«

Ich: »Darüber müssen Sie Rosa selbst fragen.«

Unters.: »Wie dieselbe Wertpapiere an dem kritischen Abend hätte hinübertragen lassen, wäre doch etwas sonderbar.«

Ich: »Warum?«

Unters.: »Sie habe mehrere Obligationen dem Stubenmädchen unter das Kleid gebunden, als aber das Band gerissen, da habe sie dieselben durch den Kammerdiener Jakob Nebel, zu ihrer Mutter bringen lassen; weitere Obligationen habe sie in ihrem Pianino versteckt, wo sie gefunden worden seien; ferner habe sie auch der Köchin M. Pregler einige Obligationen gegeben, und diese sie mit nach Hause genommen.«

Ich: »Was Sie sagen? Das ist mir alles ganz unbekannt! Wo war denn ich, als dies geschah?«

Der Unters. erwiderte, ich wäre bei der Gerichtskommission gewesen.

Ich: »Also während ich mit der Gerichtskommission beschäftigt war, wurde diese Verschleppung wie Sie es nennen, in Szene gesetzt?«

Der Unters. bejahte.

Ich: »Nun, dann war also ich jedenfalls nicht dabei beteiligt. Wie können Sie aber trotzdem mir vorhalten, daß ich eine Verschleppung veranlaßt hätte? Eine solche scheint mir übrigens auch bei Rosa nicht vorzuliegen, denn wenn sie auch die Obligationen auf diese mir nicht recht begreifliche Weise fortschaffen ließ, so war dies einfach eine Torheit von ihr, denn die Papiere waren ihr rechtmäßiges Eigentum. Sie hätte offen und vor den Augen der Gerichtskommission ihr Eigentum hinübertragen dürfen und sollen!«

Der Unters. äußerte nun: »Bei diesem angeblichen Geschenke habe sich auch eine Obligation befunden, die an dem Tage der Sperre erst eingebracht worden sei.«

Ich: »Das ist mir unbegreiflich, das kann nicht sein. Allerdings wurde am 12. November, ehe noch die Kommission bei mir erschienen war, durch einen Mann aus Possenhofen bei mir Geld in einer Obligation angelegt, und ich erinnere mich, daß dieselbe in ein rotgefüttertes Strohkörbchen, welches in meinem Schlafzimmer auf der Kommode stand, gelegt wurde. Mein Bediensteter Kreutzer sowohl, welcher mir die Obligation heraufgebracht hatte, als auch Rosa Ehinger waren hiebei zugegen. Hätte ich mich in meiner Aufregung zur Zeit, als die Kommission sich in meinem Schlafzimmer befand, an diese Obligation erinnert, so wäre sie ohne Zweifel, ebenso wie meine Millionen von mir übergeben worden.«

Unters.: »Diese Obligation hat man unter Rosa's Geld gefunden.«

Ich: »Das ist sonderbar, denn ich habe sie ihr nicht gegeben.«

Der Unters. frug, ob ich glaube, die Rosa habe die Obligation gestohlen?

Ich: »Nein, das glaube ich durchaus nicht. Sie hat, weil in dem Zimmer immer Leute aus- und eingingen, die Obligation vielleicht verwahren wollen.«

Unters.: »Hatte denn die Rosa die Schlüssel zu Ihren Geldbehältnissen?«

Ich: »Allerdings gab ich ihr zuweilen meine Schlüssel, weil ich nie eine Unehrlichkeit an ihr bemerkte und infolgedessen Vertrauen zu ihr hatte. Auch an dem Tage der

Sperre hatte Rosa die Schlüssel zu meinem Verschlage, worin mein Geld aufbewahrt ward, denn ich erinnere mich, als ich mein Vermögen der Kommission vorweisen wollte, daß ich zu ihr sagte, sie möchte mir die Schlüssel zum Verschlage geben. Übrigens sagen Sie mir einmal, Herr Assessor, wo sind denn die Säcke mit meinen Muttergottestalern hingekommen, sind dieselben nicht etwa noch in meinem Betschemel? (Ich hatte nämlich nie einen Muttergottestaler ausgegeben, sondern selbe in dem Glauben, daß sie Glück bringen, stets aufbewahrt und nicht mehr als Geld, sondern als Talisman betrachtet.) Rosa Ehinger hatte dieselben in zwei Säckchen zusammengebunden, welche ich dann in den Betschemel stellte. Da die Gerichtskommission alles versiegelte, so müssen sich die betreffenden Geldsäcke noch in dem Betschemel befinden.«

Unters. war dieser Umstand bezüglich der Muttergottestaler nicht bekannt.

Ich: »Seien Sie so gut, sich darnach zu erkundigen. Auch muß in der gleichfalls versiegelten oberen Kommode meines Schlafzimmers ein weiß- und blaukariertes Geldsäckchen mit Muttergottesgoldstücken im Werte von 1300 Gulden sich befinden, welche eines Bauern Schatzgeld bildeten und bei mir deponiert wurden mit den Worten: ›Dös is mei Schatzgeld, i tua's bei Enk anleg'n; wenn's ös net braucht's, na tuat's bei Enk aufheb'n, vielleicht bringt's Enk Glück!‹ Infolgedessen ließ ich auch die Goldstücke nie wechseln.«

Auch von diesem Säckchen war dem Herrn Untersuchungsrichter nichts bekannt, weshalb ich bat, sich auch darnach zu erkundigen.

Der Unters. frug mich dann nach meiner Uhr und goldenen Kette.

Ich: »Ich habe nichts mehr.«

Unters.: »Ihr Stubenmädchen Jordan sagt aber, daß sie Ihnen eine solche umgehängt habe.»

Ich: »Davon weiß ich nichts, indes lassen Sie überall

nachsuchen; meine Kleider befinden sich beim Verwalter. (Dieselben waren nämlich an dem kritischen Abende, als ich mich entkleidet und ins Bett gelegt hatte, vom Verwalter in Verwahrung genommen worden.)

Nach Abgang des Herrn Untersuchungsrichter dachte ich ernstlich darüber nach, ob ich wirklich bei der Verhaftung eine Uhr gehabt habe oder nicht, ob sie vielleicht die Ehinger mitgenommen oder ob ich sie am Ende aus Zerstreuung in die Tasche meines damals abgelegten Kleides gesteckt habe, und ließ deshalb den Herrn Verwalter bitten, in dem betreffenden Kleide nachzusehen. In der Tat fanden sich Uhr und Kette darin vor, und ich machte sofort dem Untersuchungsrichter schriftliche Anzeige davon.

Derselbe kam bald darauf wieder und fragte mich, warum ich denn eine schriftliche Anzeige gemacht habe. Ich erwiderte, daß ich dies zu meiner eigenen Verwahrung gegen allenfallsige Verdächtigungen für sehr notwendig erachtet hätte. Der Untersuchungsrichter begab sich hierauf mit dem Verwalter in das Zimmer, wo das Kleid sich befand und nahm die Uhr in gerichtliche Verwahrung. Als er wieder zurückkam, fragte ich ihn, ob er die Uhr habe, worauf eine bejahende Antwort erfolgte.

»Wünschen Sie vielleicht auch dieses mitzunehmen?« fragte ich dann und zeigte auf ein Bündelchen von Kreuzen und Amuletten, das ich stets bei mir trug.

»Wenn nichts daran Gold und Silber ist, dann nicht«, lautete die Antwort, und ich durfte die Sachen behalten, nachdem er sich überzeugt hatte, daß sie ohne Wert waren. – Eines Tages besuchte mich auch Herr Polizeiarzt Dr. Frank, wobei er sich gelegentlich erkundigte, ob Notar Vincenti schon bei mir erschienen wäre, denn unter meinen Forderungen hätte sich auch ein Schuldschein seiner verheirateten Tochter vorgefunden, welchen er jetzt zahlen müsse. Unter anderem stellte er sodann auch die Frage an mich, woher ich denn meine Zigarren bezogen habe, und meine Antwort ging dahin, daß mir dieselben Kaufmann

Max Schulze gelegentlich eines abgeschlossenen Hauskaufes zum Geschenk gemacht habe. Sie sollen sehr teuer und aus Havanna importiert gewesen sein.

Einige Tage nach dem Tode meiner Mutter überbrachte mir der Untersuchungsrichter, Herr Radlkofer, deren Ehering, das einzige, was ich außer einigen Familienbildern von der Hinterlassenschaft meiner Mutter erhielt! Ich schrieb an Notar Vincenti, mir auch zwei Tassen, welche meiner Mutter besonders wert waren, als Andenken zu überlassen. Es waren zwei große, in Silber gearbeitete Kaffeeschalen. Auf einer der Obertassen befand sich das Miniaturporträt des hochseligen Königs Ludwig und auf der Untertasse die Miniaturporträts der Söhne des K. Hauses, während an der anderen Obertasse das Porträt der Königin Therese und der Untertasse dasjenige der Prinzessinnen des Kk. Hauses in derselben Weise angebracht waren. Meine Mutter hatte mir stets bedeutet, daß ich diese Tassen nie verkaufen solle, weil sie ihr stets eine sehr wertvolle Erinnerung gewesen seien. Meine Bitte an den Notar wurde jedoch abschlägig beschieden, und die sehr wertvollen Tassen wurden in der Versteigerung um die Bagatelle von 200 fl. losgeschlagen. Meine Mutter besaß sonst noch außerordentlich viel Silber, eine ganze Toiletteneinrichtung mit ihrem Familiennamen, Bestecke, Service, kurz lauter Wertgegenstände. Das Möblement war gleichfalls sehr schön. Die Schmuckgegenstände, welche meine Mutter von mir zum Geschenk erhalten, hatte sie unaufgefordert und unmittelbar nach der über mich hereingebrochenen Katastrophe zu Notar Vincenti getragen, damit sie dieser zur Gantmasse lege. An barem Geld soll man bei ihr nur noch 600 fl. vorgefunden haben, welche zur Deckung der Leichenkosten verwendet wurden. Von alledem erhielt ich auf meinen Wunsch nur die Familienbilder, welche, wie ich vernahm, Notar Hacker, der den Nachlaß zu besorgen hatte, aus den Rahmen nehmen lassen wollte, wogegen aber doch der Hausherr meiner sel. Mutter, Herr Kiefer, protestierte. Die sehr einfach vergoldeten Rahmen hätten auch wahrlich der Gantmasse, zu welcher die ganze Erbschaft geschlagen wurde, einen kaum nennenswerten Betrag eingetragen. Die Einrichtung inkl. Leibwäsche, Kleider, Bilder usw. wurden um 4000 fl. versteigert. – Nicht ein einziges Taschentuch meiner sel. Mutter wurde mir überlassen, alles wurde zur Gantmasse geschlagen. Mich wundert nur, daß ich nicht gefragt wurde, ob ich die Erbschaft meiner Mutter antreten wolle oder nicht.

Wie früher schon einmal erwähnt, bezog meine Mutter von einem hohen Freund eine Jahresrente von 3000 fl., und in dem Dokumente, das man in ihrem Nachlasse vorfand, war auch ich mit einer Jahresrente von 500 fl. bedacht. Dieses Dokument, sowie mehrere meiner Mutter sehr werte Briefe nebst Urkunden über ihre Verehelichung und über das Eigentumsrecht an dem Grab meines seligen Vaters wurden von ihr in ein Paket zusammengebunden, versiegelt und, wie ich aus sicherer Quelle weiß, von ihr der A. Maier mit den Worten übergeben: »Das gebe meiner Tochter Adelheid, wenn ich sterben sollte!« Dieselbe A. Maier übergab aber, wie mir mitgeteilt wurde, das Paket dem Hofsänger Hoppe, und dieser überwies dasselbe dem Depositenamte des Gerichtes, um es aufbewahren zu lassen. Dasselbe wurde jedoch, wie ich vernahm, durch den Massakurator reklamiert und geöffnet, und von dem bewußten Dokumente erhielt ich vorerst nur die schriftliche Mitteilung, daß ich von nun an bis zu meiner Verheiratung 500 fl. jährlich zu beziehen hätte. In diesem Schreiben des Notars Vincenti wurde ich gefragt, ob ich diese Rente nicht durch Vertragsabschluß auf die K. Hypotheken- und Wechselbank transferieren wolle. Natürlich verneinte ich dies entschieden und ersuchte um die Zustellung des Dokumentes sowohl als auch der Briefe, da mir dieselben doch dringend von meiner Mutter zur Aufbewahrung nach ihrem allenfallsigen Ableben empfohlen waren. Hierauf wurde mir die Antwort zuteil, daß ich durchaus nicht berechtigt sei, die

Herausgabe der Rentenurkunde zu verlangen, da nach der Prozeßordnung ein Teil derselben meinen Gläubigern zufalle; ich könne zwar über 365 fl. und die Hälfte des Überschusses von 135 fl. (also über 432½ fl.) verfügen, nicht aber über den Rest von 67½ fl. Was die Schriftstücke in dem Pakete anbeträfe, setzte der Notar weiter auseinander, so beschränkten sich dieselben lediglich auf die genannten Urkunden, vier bis fünf an meine Mutter adressierte Briefe, welche dabei waren, habe er dem hohen Absender wieder zurückgestellt.

Die erwähnte Rente wird mir seither mit einem monatlichen Abzuge von 5 fl. 32½ kr. wieder ausgezahlt; anfänglich wollte man dieselbe mit den uneinbringlichen Forderungen zur Versteigerung bringen, doch seine K. Hoheit, der Herzog Maximilian in Bayern, fand sich mit der Gantmasse durch seinen Anwalt ab und das Rentendokument wurde mir sodann endlich durch Rath Reisenbach zugestellt.

In meinen weiteren Verhören frug mich Herr Untersuchungsrichter Radlkofer immer und immer wieder über das Geschenk aus, daß ich der Rosa Ehinger gegeben, und ganz besonders wollte er immer das ganz genaueste Datum wissen, ob es vor oder nach Allerheiligen gewesen sei. Ich konnte dies natürlich wiederum nicht genau angeben, sondern mit gutem Gewissen nur immer wieder sagen, daß die betreffende Schenkung nicht während oder nach der Sperre erfolgt sei. »Ich für meine Person«, erklärte ich oft, »sehe gar nicht ein, welchen Grund ich haben sollte, um Ihnen das Datum zu verheimlichen. Fragen Sie, wie ich schon öfter gesagt haben, die Rosa Ehinger darüber, die wird es Ihnen doch genauer sagen können als ich.« Seit dem Augenblick als die Gerichtskommission bei mir eintrat, war ich keinen Augenblick mehr unbewacht und wie Sie selbst sagen und sagen müssen, wurde gerade während dieser Zeit die sogenannte Verschleppung in die Ehingersche Wohnung in Szene gesetzt. Nun frage ich aber, wozu war denn die Unmasse von Gendarmerie in meinem Hause vertreten, wenn vor deren Augen Verschleppungen überhaupt nur vorkommen konnten? In meinem Interesse sowohl, als auch im Interesse der Gläubiger wäre es überhaupt am Platze gewesen, niemanden aus meinen Räumlichkeiten hinauszulassen, ohne ihn zu untersuchen. Ich habe auch nicht anders geglaubt, als daß dies geschehen würde; da man mich *nicht* in Kriminalhaft, sondern als Zivilgefangene in Schuldhaft nahm, war die Anwesenheit eines Kriminalrichters bei einer Zivilverhaftung nicht eine Anomalie? Ist die Anwendung einer Zivil- oder Schuldhaft zulässig gewesen, nachdem die Schuldgefängnisse doch längst nicht mehr üblich sind? Übrigens, um wieder auf Rosa Ehinger zu kommen – dieselbe durfte sogar ihre Sachen in Körben durch ein Mädchen zu ihrer Mutter hinübertragen lassen. Man soll bei ihr auch in einem Säckchen die Summe von 322 fl., welche ich ihr einige Tage vor der Sperre auf ihr Ersuchen zur Zahlung einiger nicht fälligen Wechsel, welche auf Freundinnen von ihr ausgestellt waren, gegeben, gefunden haben. Warum, frug ich, hat man dies alles geschehen lassen, ohne der bei mir befindlichen Kommission hievon Anzeige zu machen? –

Herr Untersuchungsrichter fragte weiter: »War das Paket, das Sie der Ehinger geschenkt haben, früher bei ihrem Hauptkassier in Depôt?«

Ich: »Wahrscheinlich; übrigens habe ich selbst öfter Obligationen zusammengerichtet und sie dann meistens in meine obere Kommode hineingelegt, bis sie von meinem Hauptkassier später sortiert und in Aufbewahrung genommen wurden. Auch hatte ich stets eine Anzahl Obligationen im Hause, um Leuten, welche ihr Kapital in Obligationen ausbezahlt wünschten, damit dienen zu können.«

Der Unters. bemerkte, mein Kassier habe mir stets nur Pakete von je 50000 fl. gebracht.

Ich: »Bitte sehr, häufig auch solche mit weniger, oft nur mit 20000 fl., oder auch noch weniger, wie ich es eben zur Auszahlung brauchte. Mein Kassier hat sich hier und da auch geirrt, so kam es einmal vor, daß 17000 fl. zuviel in einem Pakete waren, wie sich herausstellte, als Weber dieselben beim Bankier Lang wechseln ließ. Ich begreife überhaupt gar nicht, wie Sie noch daran zweifeln können, daß ich der Rosa dies Geschenk gemacht habe, da wir es Ihnen doch beide bestätigen. Oder sieht mir vielleicht das nicht gleich, nachdem ich leider immer zu generös gewesen?« –

Auf die Frage, ob ich wirklich so uneigennützig sei, entgegnete ich:

»Ja, das bin ich! In diesem Geschenke soll eine Verschleppung liegen? Oder glauben Sie vielleicht, ich habe Tage lang vorher gewußt, daß eine Gerichtskommission zu mir komme, daß dieselbe mein Vermögen beschlagnehme und mich selbst in die sogenannte ›Zivilhaft‹ schicken würde? Übrigens, den Fall gesetzt, ich hätte etwas beseitigen wollen, hätte ich das nicht lange vorher schon tun können und hätte ich dann, da mir Millionen zur Verfügung standen, nicht eine zehnfach größere Summe ›verschleppen‹ können? Und hätte ich nicht schon bei den ersten vier Stürmen Zeit und Gelegenheit genug hierzu und dazu gehabt, meine Häuser auf andere Namen eintragen zu lassen, Kapitalien und Brillanten verschwinden zu lassen? Wer hätte es gewußt, wer hätte mich daran gehindert? Und trotzdem habe ich nichts beseitigt, da mir eine Unehrlichkeit von jeher zuwider war.«

Bei einem der nächsten Verhöre teilte mir der Herr Radlkofer auch mit, daß von den erwähnten Marientalern nur ein Sack vorgefunden worden sei. Ich erwiderte hierauf in verwundertem Tone, daß es ja zwei Säcke gewesen seien.

Der Unters. bemerkte: Ehinger sagte, es sei nur einer gewesen. Übrigens hätte ich diese Marientaler unter meine Dienstboten verteilt.

Ich (heftig): »Das ist unwahr!«

Der Unters. bemerkt: »Die Dienstboten behaupten es.«

Ich: »So lügt die Bagage.«

Unters.: »Der Sack wurde an dem kritischen Abende, als Sie ausruhten, an Ihr Bett gestellt.«

Ich: »Davon weiß ich rein nichts.«

Unters.: »Und dann sollten Sie gesagt haben, die Leute sollten nur das Geld unter sich verteilen!?«

Ich: »Das ist rein erfunden. Was ich doch nicht alles soll? – Am Ende soll ich gar noch gesagt haben: ›Teilt euch brüderlich darein!‹«

Unters.: »Brüderlich gerade nicht, denn es hat einer den anderen verraten.«

Ich: »Wahrscheinlich hat einer mehr davon genommen als der andere, weshalb sie sich auch verraten. Ich stelle hiermit Strafantrag gegen dieselben!« (Auch dieses wurde mir später als Verschleppung angerechnet.) Hierauf frug mich Radlkofer, ob Rosa Ehinger mir zur Auszahlung 8000 fl. in Banknoten geliehen habe? Dies wurde von mir bejaht; mir war nämlich einmal das Silbergeld beim Auszahlen ausgegangen und damit keine Stockung im Auszahlen eintrete, so nahm ich für den Augenblick 8000 fl. in Banknoten an, welche mir Rosa anbot.«

Diese 8000 fl. hat Rosa Ehinger von der Gant beansprucht, auch wurde ihr dieser Anspruch nicht bestritten.

Der Unters. bemerkte weiter: Es habe noch ein Paket mit 50000 fl. gefehlt, sei aber bereits gefunden worden.

Ich: »Nun das ist recht.«

Der Unters. bemerkte: Der Kammerdiener Nebel habe am selben Abend, als das Geschäft bereits gesperrt war, der Mutter der Ehinger nochmals ein Paket hinüber gebracht, gleichsam als wäre es auch ein Geschenk von mir.

Ich: »Dagegen protestiere ich aufs Bestimmteste, denn ich habe Fräulein Rosa nur ein Paket geschenkt.«

Unters.: »Warum nennen Sie Ihre Freundin denn auf einmal Fräulein?«

Ich: »Weil es mir jetzt so beliebt. Wo hat denn der Nebel, dieser Kerl, dann das zweite Paket hergenommen? Hatte ich dasselbe vielleicht auch vor dem Bette stehen, wie es von den Säcken behauptet wird?«

Der Unters. teilte nun mit: Nebel habe bei der Auslieferung der Obligationen an das Gericht ein Paket, statt es mir hinzugeben, zur Seite, und zwar unter die Wäsche geworfen.

Ich: »Da ich während des ganzen Auslieferungsaktes dem Nebel den Rücken gewendet habe, so habe ich dies nicht sehen können. Wie konnte er denn aber überhaupt dies vor den Augen der Kommission vollbringen? Wo wurde dann das Paket gefunden?«

Der Unters. bemerkte: Der Nebel habe es, wie bereits mitgeteilt, als ein weiteres Geschenk von mir zur Mutter der Ehinger gebracht mit der Bemerkung, die Rosa habe es ihm zum Hinübertragen gegeben.

Ich: »Ja, was geht denn das alles mich an? Der Nebel hat, wie Sie mir mitteilen, ein Paket Obligationen bei der Vermögensübergabe an das Gericht auf die Seite praktiziert und die Rosa soll ihm sodann aufgetragen haben, dasselbe zu ihrer Mutter zu tragen. Was habe denn nun aber ich mit der Sache zu tun? Ich meinte, man solle mich nicht über Umstände zur Verantwortung ziehen, die mir bis zur Stunde fremd geblieben sind.«

Wie sich später herausstellte, war Nebel zwei volle Monate auf der Aussage stehen geblieben, daß er das Paket Obligationen von der Rosa Ehinger zum »Hinüberschaffen« erhalten habe.

Später behauptete er, dasselbe von mir mit dem Auftrage erhalten zu haben, es dem Diener der Frau Generalin Manz zum Aufbewahren zu übergeben. Ich verlangte deshalb mit diesem Nebel konfrontiert zu werden, und als dieses auch geschah, da fragte ich ihn, ob er auf Ehr und Gewissen behaupten könne, daß ich ihm einen derartigen Auftrag gegeben und – der freche Mensch bestand wirklich auf seiner zweiten Aussage.

»Wie kommt es dann«, fragte ich ihn, »daß Du erst behauptetest, das Paket von der Ehinger erhalten zu haben mit dem Auftrag, es ihrer Mutter zu überbringen?« Hierauf hatte er keine Antwort. Ich kann und mag nicht die Worte wiederholen, mit denen ich den unverschämten Lügner bei dieser Gelegenheit herunterkanzelte, so daß sich der Untersuchungsrichter dareinlegen zu müssen glaubte und meine Auslassungen gegen diesen niederträchtigen Diener als »meine bekannte Grobheit gegen die mir Untergebenen« bezeichnete. Sofort suchte nun Nebel meine Partei zu ergreifen, indem er erklärte, »daß ich gegen ihn stets gut gewesen sei«. Selbstverständlich verbat ich mir aber sofort das Zeugnis eines solchen Tropfs.

Die zweite Verschleppung wurde mir also ebenso wie die erste zur Last gelegt. Tausend Gulden in Silber, die man in Nebels Zimmer vorfand, wollte er ebenfalls von mir geschenkt erhalten haben. Ich meinesteils erklärte dieses als unwahr. Auch bei seiner Geliebten fand man Obligationen. Wie ich hörte, sollen an dem kritischen Abend Gelder und Obligationen in den Ofenlöchern, in der Küche, in den Mehlschubladen usw. gefunden worden sein.

Das Stubenmädchen Jordan behauptete gleichfalls, von mir 100 fl. in Silber geschenkt erhalten zu haben; überhaupt suchte sich alles an den Trümmern meines Ruins zu bereichern und wie hieß es hernach? – Fräulein Spitzeder hat es mir geschenkt! Widersprach ich mit gutem Gewissen, so glaubte man mir nicht. So ließ auch Frau Winter, der ich doch nichts übergeben hatte als einen Dolch und eine Freimaurerschürze, Obligationen im Werte von 3000 fl. drei Tage liegen und dann erst überbrachte sie dieselben der Gantkommission mit der unwahren Angabe, sie wäre von mir beauftragt gewesen, dieses Geld der »armen Haut«, der Rosa Ehinger, welche mir 8000 fl. zur Auszahlung geliehen, zu übergeben.

Alle diese Personen, welche plötzlich von mir so reichlich beschenkt sein wollten, können kein Glück mehr haben, denn alles rächt sich auf dieser Erde, ob früh oder spät!!

Herr Untersuchungsrichter Radlkofer hielt mir auch meine Privatkorrespondenz mit Freundinnen und früheren Verehrern aus meinen Mädchenjahren vor. Als ob dieselben mit den mir zur Last gelegten Reaten auch nur in der geringsten Beziehung gestanden wären!

Ferner wurde ich über Dinge gefragt, die meiner Ansicht nach mit den mir zur Last gelegten Reaten ebensowenig zu tun hatten, z. B. ein Anerbieten, das ich Napoleon Vecchioni gemacht haben soll, damit er nichts Ungünstiges mehr über mich schreibe; wie weit meine Beziehungen zu Dr. Sigl und Dr. Rittler gegangen wären, lauter Dinge, die mit einem Bankrott oder einer Verschleppung meiner Ansicht nach nichts zu tun hatten.

Im Monat Februar wurde Assessor Radlkofer mit meiner Untersuchung fertig. Als er zuletzt kam, da fragte er mich, was ich wohl für einen Verteidiger nehmen würde? Auch stellte er die Frage an mich, ob nicht Beamte von mir Geld angenommen hätten, und ich möchte doch ja niemand schonen, denn meine scheinbaren Freunde seien meine Verräter gewesen.

»Mögen Sie's mit ihrem Gewissen abmachen, ich will nichts mehr mitteilen«, erwiderte ich und fuhr dann fort: »Ich bedauere nicht so sehr mein verlorenes Vermögen, als daß ich eines Verbrechens angeklagt bin, denn soviel Talente habe ich Gott sei Dank und soviel habe ich auch in meinen Mädchenjahren erlernt, daß ich stets mit Sicherheit darauf rechnen kann, meinen guten Erwerb zu finden. Von dem Gerichte verlange ich nur Gerechtigkeit.« Der Untersuchungsrichter wollte sodann Auskunft haben, warum ich nie mit meinen Bediensteten, auch mit Rosa Ehinger nicht, über meine geschäftlichen Verhältnisse gesprochen habe? Meine Antwort ging dahin, daß ich das nie für notwendig erachtet hätte, da doch nur ich die alleinige Verantwortung zu tragen gehabt hätte. Sodann wollte der Untersuchungsrichter wissen, warum ich mir stets die Gesetzbücher gehalten habe, und hierauf erwiderte ich, daß ich dies in meinen Geldgeschäften für sehr notwendig gehalten hätte, da nachweisbar gar manche Betrügereien mir gegenüber versucht wurden.

Nun will ich noch die hauptsächlichsten Verhöre, welche mit meinen Mitangeklagten vorgenommen wurden, berühren, wenigstens insoweit, als ich sie mir aus der Protokollabschrift, welche mich mein Verteidiger Accessist Angstwurm lesen ließ, notiert habe.

Nebel gab in seinem Verhör an, daß er das ihm von Rosa zum Hinübertragen gegebene Paket mit den Worten überbracht habe: »Es ist dies Eigentum von Fräulein Rosa, das ihr schon seit längerer Zeit von Adele Spitzeder geschenkt wurde.« –

Rosa Ehinger ihrerseits erklärte, daß sie in der Nacht vom Dienstag auf Mittwoch (vom 12. auf den 13. Novbr.) 50 000 fl. durch irgendeinen Bediensteten in ihre Wohnung habe tragen lassen, und zwar sei diese Summe ein Geschenk von der Adele Spitzeder gewesen, das ihr diese schon mehrere Tage vor der Verhaftung für ihren in den Zeitungen angegriffenen Ruf gemacht habe. Rosa Ehinger gab ferner an, sie habe dieses Paket Obligationen in dem ihr von der Spitzeder eingeräumten Kasten aufbewahrt, und als das betreffende Zimmer geräumt werden mußte, da habe sie die Obligationen zu ihrer Mutter hinübertragen lassen. Ferner gab sie an: »Ich kann mich, wie bereits früher erwähnt, nicht an den Tag erinnern, an welchem mir diese 50 000 fl. geschenkt wurden, insbesondere nicht, ob vor oder nach Allerheiligen. Adele rief mich eines Abends in ihr Schlafzimmer und übergab mir das ganze Paket Obligationen als Geschenk. Ich wollte das reiche Geschenk erst nicht annehmen, schließlich nahm ich es aber und legte die Obligationen in meine Kommode, wo sie unberührt liegen blieben bis zum Tag der Katastrophe, an welchem ich sie um 7 Uhr abends aus meinem Kasten in die untere Schublade der Bibliothek legte, welch letztere mir von Adele zur Benützung eingeräumt war. Ich bleibe dabei stehen und muß dabei stehen bleiben, daß ich nie mehr als diese Obligationen im Besitze hatte, und wenn Jakob Nebel außer diesem einen Paket noch ein anderes zu meiner Mutter getragen hat, so mag er dies hergenommen haben, wo er will, ich habe es ihm nicht gegeben, ja nicht einmal gesehen habe ich es. Daß Adele irgendwelche Anordnung mit dem Pakete getroffen, ist mir völlig unbekannt.«

Die Mutter der Ehinger gab an: »Jakob Nebel übergab mir diese Pakete mit der Erklärung, daß sie das Eigentum meiner Tochter seien. Weiteres erfuhr ich in jener Nacht nicht.«

Rosa Ehinger selbst wollte von einem zweiten Paket Obligationen, das Nebel ihrer Mutter gebracht, gar nichts wissen, sie erklärte denn auch, hierüber keine Auskunft geben zu können. –

Am 13. Juni wurde mir die Verweisung vor das Schwurgericht von Oberbayern zugestellt und am selben Tage schon besuchte mich auch der Schwurgerichtspräsident, Appellationsrath Müller, ein sehr höflicher und freundlicher Herr. Nachdem ich ihm meine Angelegenheiten im allgemeinen angegeben, stellte ich das Ersuchen an ihn, mir statt Gendarmerie eine Zivilbegleitung zu geben, da ich doch keine gemeine Verbrecherin sei. Der Wunsch wurde mir gewährt, auch erhielt ich die Erlaubnis, einen Fiaker benützen zu dürfen. Sodann fragte mich der Präsident, welchen Verteidiger ich wohl wählen würde? Ich antwortete, daß ich wahrscheinlich Herrn Dr. Jahresdörffer, von dem ich gehört, daß er meine Sache gerne übernehme, mit meiner Verteidigung beauftragen werde.

»Das geht nicht an«, meinte der Präsident, »denn der verteidigt ja die Ehinger.«

»So ersuche ich Dr. Will«, erwiderte ich.

»Das geht wieder nicht, denn er fungiert als Zeuge«, lautete die Antwort; »nehmen Sie doch den Accessisten Angstwurm, der wird sich eine Ehre daraus machen«, setzte er hinzu und betonte auch, daß dies ein sehr guter

Verteidiger sei. Ich willigte ein, und Appellrath Müller erbot sich, mir denselben alsbald zu senden.

Tags darauf schon stellte sich mir Herr Angstwurm vor; derselbe war mir als guter Redner bekannt und zu präsentieren verstand er sich auch, hatte er sich doch schon bei Dilettantenvorstellungen im Residenztheater als Akteur versucht. Er zeigte sich sehr zuvorkommend und versicherte mir, daß er sein möglichstes aufbieten werde, um meine Sache zu einem guten Ende zu führen, um so mehr als ihn der Schwurgerichtspräsident selbst empfohlen hätte.

»Sind Sie auch unabhängig, denn ich brauche einen unerschrockenen, unabhängigen Anwalt, der nur darnach sieht, daß streng nach dem Gesetze gehandelt wird«, sagte ich und setzte hinzu: »Die Zahl meiner Feinde ist sehr groß, suchen Sie mir deshalb wenigstens meine Ehre zu retten, denn es sind Dinge erwähnt, die gar nichts mit der Anklage zu tun haben und mich aufs tiefste verletzen müssen; sogar meine schauspielerische Tätigkeit hat man geglaubt heruntersetzen zu müssen.«

Angstwurm entgegnete hierauf, was meine Tätigkeit als Schauspielerin anbelange, hätte er gehört, daß ich als Deborah am Münchner Hoftheater großen Beifall gefunden. Ich bemerkte ihm dann, daß meiner Ansicht nach die Dinge ganz und gar nicht derart gelagert seien, um mich verurteilen zu können, und bedeutete ihm, welch hohen Wert der Umstand für sich habe, daß der Untersuchungsrichter von vorneherein angenommen habe, daß die von mir geschenkten 50000 fl. keine Geschenke, sondern ein verschlepptes Geld sein müßten. Ferner machte ich Herrn Accessist Angstwurm auch darauf aufmerksam, daß es sich in dieser Beziehung vor allem um den Tag handle, an welchem ich diese 50000 fl. der Rosa geschenkt, daß ich sowohl als auch Rosa angegeben hätten, es sei dies ungefähr 14 Tage vor der Sperre gewesen, und daß ich bei dieser Schenkung nie und nimmermehr an meine Zukunft dachte, welche ich, wenn ich gewollt hätte, doch mit einer zehnfach größeren Summe hätte sicherstellen können; Anhaltspunkte genug für einen Verteidiger, um mit Erfolg für eine Freisprechung plädieren zu können.

Herr Angstwurm versicherte mir dann auch, daß meine Freisprechung unbedingt erfolgen müsse, und er besuchte mich von da an ziemlich oft. Einst teilte er mir mit, daß der Verteidiger des von mir angeklagten Jakob Nebel ihn gefragt habe, ob ich nicht geneigt sei, den Strafantrag gegen denselben zurückzunehmen? Ich verneinte dies ganz entschieden, zumal Nebel das zweite Paket Obligationen ohne mein Wissen widerrechtlich an sich genommen und verschleppt hätte und sich hernach, als er die Schlinge an seinem Halse fühlte, ohne weiteres auf mich ausredete, indem er seine Aussagen ganz einfach wie ein paar Handschuhe wechselte und plötzlich erklärte, in meinem Auftrage gehandelt zu haben. Ich bat denn auch Herrn Angstwurm, sein Hauptaugenmerk vorzugsweise auf diese »nebelhafte« Nebelsche Angelegenheit zu werfen, von der ich weiter nichts wisse, als was mir der Untersuchungsrichter mitzuteilen für gut gefunden habe. Als ich ihn befragte, zu welchem Zwecke der Staatsanwalt wohl eine solche Unmasse Zeugen (150) vorgeladen hätte, von denen mir sehr viele ganz und gar unbekannt seien, da meinte Herr Angstwurm, der Staatsanwalt hätte dies wohl nötig, da ein eigentlicher stichhaltiger Grund zu einer Verurteilung gar nicht vorhanden wäre.

Im übrigen, meinte Herr Angstwurm, werde auch er Zeugen vorladen lassen, welche bestätigen könnten, daß der Bezirkskommissär Niederreiter sie auf der Straße aufgesucht und aufgefordert habe, ihre *unfälligen* Wechsel an ihn abzugeben, er würde Sorge dafür tragen, daß sie ausbezahlt würden. Diese nämlichen Leute könnten ferner bestätigen, daß sie wegen ihren unfälligen Wechseln erst auf die Polizei, von da zu Advokat Berghofer geschickt worden seien, und daß dieser mit denselben *unfälligen* Wechseln dann einen Gantantrag zusammengebraut habe.

Selbstverständlich legte ich auch sonst Herrn Angstwurm meine Sache wiederholt dringend ans Herz, und er versprach mir auch mit Hand und Mund, dieselbe zu einem günstigen Ende zu führen. Mein Gewissen war rein, ich war mir keiner Verschleppung bewußt, die mir ebenfalls zur Last gelegte mangelhafte Buchführung konnte mir, als einem Weibe, doch auch nicht als Verbrechen angerechnet werden, und so sah ich meiner öffentlichen Verhandlung ohne Herzklopfen und mit freier Stirne entgegen. –

X. Kapitel

Vor den Geschworenen

Am 14. Juli morgens um 8 Uhr erschien ich vor dem Schwurgerichte von Oberbayern. Um Aufsehen zu vermeiden, war ich schon eine ganze Stunde vorher in einem Zweispänner, einen Polizeibediensteten in Zivil an der Seite, in das Gerichtsgebäude gefahren. Ich trug des Ablebens meiner Mutter halber Trauerkleidung.

Schon auf der Hinfahrt begegnete ich ganzen Gruppen von Personen aus dem Arbeiterstande, welche mich teilnahmsvoll grüßten. Im Hofe des Gerichtsgebäudes war Militär aufgestellt, ebenso waren auf den Treppen und in den Gängen viele Gendarmen postiert – offenbar befürchtete man Unruhen, welche jedoch während der ganzen siebentägigen Dauer des öffentlichen Verfahrens nicht vorkamen.

Man hatte für mich eigens ein Zimmer in Bereitschaft setzen lassen, in welchem ich speisen und mich eventuell auch erholen konnte. Einer der diensthabenden Gendarmen, den ich befragte, wozu man denn solch starke Bedekkung gegeben, erwiderte mir, daß man die Befürchtung hege, das Volk möchte mich befreien. Einige Minuten vor 8 Uhr trat ich in den Gerichtssaal.

Derselbe war derart mit Menschen vollgepfropft, daß im wahren Sinne des Worts kein Blatt Papier zur Erde fallen konnte. Auf einem Podium stand der Tisch der Richter, ferner die Tische des Staatsanwalts und des Gerichtsschreibers, links saßen die Geschworenen, welche über mein Wohl und Wehe entscheiden sollten, in der Mitte ein Tisch für die Verteidiger, daneben zwei Stühle für mich und Rosa Ehinger, welche bereits, den Schleier über dem Gesichte, Platz genommen hatte und mir die Hand zum Gruße darreichte; rechts hinter mir befand sich die Anklagebank, auf welcher meine angeklagten Dienstboten Platz genommen hatten.

Einen Blick auf den Zuhörerraum werfend, gewahrte ich sofort an den vielen Lorgnetten und Perspektivgläsern, daß die haute voleé der Gesellschaft sehr zahlreich vertreten war, so daß das Ganze auf mich unwillkürlich den Eindruck machte, als befände ich mich in einem Konzertsaale. Unter den Vertretern der Presse, welche vor dem Zuhörerraume saßen, befanden sich Korrespondenten aus allen Gegenden Deutschlands. Um 8 Uhr traten die Geschworenen ein, und ich betrachtete mir ihre Physiognomien mit forschendem Interesse, indem ich bei mir dachte: »Also von diesen hängt mein Wohl und Wehe ab.« Nach den Geschworenen traten die Richter, den Präsidenten in der Mitte, ein, ebenso der Staatsanwalt, und nun erfolgte, nachdem die Geschworenen beeidigt waren, die Verlesung der Anklageschrift. Letztere wurde in vielen Organen der Presse wiedergegeben, und ich darf und will mich über deren Inhalt nicht verbreiten. Eines wundert mich nur, daß diese Anklageschrift schon vor meiner Verhandlung Wort für Wort in den »Neuesten Nachrichten« zu lesen war. Eine derartige vorzeitige Veröffentlichung sollte doch nicht vorkommen, denn es wird hierdurch nur allzu leicht eine vorgefaßte Ansicht gebildet, die für die Angeklagten gewöhnlich sehr ungünstig ist. Ich meinerseits halte mich im Nachstehenden an die Referate der »Allgemeinen Zeitung«, deren Leserkreis auch einer der urteilsfähigsten von ganz Deutschland sein dürfte. Manches war in der Anklageschrift unrichtig aufgefaßt, sowohl was meine Jugend als meine Theaterkarriere anbelangt, und ich verweise in dieser Beziehung den Leser, welcher über mich Wahrheit wissen will, einzig auf diese Memoiren. Ebenso war über den Betrieb meines angeblichen Geschäftes in der Anklageschrift gar manches unrichtig, und ich habe deshalb, wohl nicht ohne Erfolg versucht, denselben in dem Kapitel »Dachauer Bank« ganz der Wirklichkeit entsprechend zu schildern.

Nach dem Verlesen der Anklageschrift wurden die Zeugen, nicht weniger als 130 an der Zahl, vorgeführt; mehrere Zeugen ließen sich durch Krankheit entschuldigen, andere wieder hatten es für zeitgemäß gehalten, sich nicht auffinden zu lassen, unter ihnen mein früherer Privatsekretär, Redakteur Alfred Jochner Wohlgeboren, mein früherer Wechselschreiber E. Reissig, der sich jetzt in so *brillanten* Verhältnissen befindet, ferner mein früherer Portier Georg Compensis, der bei den mir zugerechneten »Verschleppungen« hilfreich Hand geleistet haben soll. Warum die Herren nicht im Gerichtssaal figurieren wollten, kann ich nicht sagen, wahrscheinlich mochten sie gegen eine Eidesleistung so verschiedene Bedenken haben, nachdem sie vorher hinter meinem Rücken alles mögliche ungestraft behaupten konnten. Die anwesenden Zeugen gruppierten sich in 97 *Be*lastungs- und in 17 *Ent*lastungszeugen. Unter den ersteren befand sich auch Napoleon Vecchioni und der Herr Bolster, der Verleger des »Bayerischen Landboten«.

Die Aussagen der abwesenden Zeugen wurden auf Antrag des Staatsanwalts verlesen, dieselben waren für die Anklage – scheint es – von sehr großer Wichtigkeit, denn er legte großen Wert darauf, obwohl die Betreffenden es für gut befunden hatten, nicht zu erscheinen, um ihre Aussagen nicht beeiden zu müssen. Eine große Anzahl der Belastungszeugen hatte sich aus jener Klasse von Individuen rekrutiert, welche bei mir bedienstet waren, und welche durch den Mund des Präsidenten selbst als *»gebrandmarkte Gesellschaft«* charakterisiert wurden. Es waren dies dieselben, gegen die ich seinerzeit auf Frage des Untersuchungsrichters Strafantrag wegen Verdacht des Diebstahls gestellt hatte. Nachdem die Zeugen nach Namensaufruf ihre Anwesenheit bestätigt hatten, traten sie wieder ab, und nun begann mein Präsidialverhör. Ich trat zum Richtertisch vor, doch veranlaßte mich der Präsident freundlichst

Platz zu nehmen, worauf mir mein Verteidiger, Herr Angstwurm, einen Stuhl hintrug.

Sodann begann der Präsident damit, daß er mir die wesentlichen Punkte der Anklage vorhielt.

Meine Erwiderung bzw. Verteidigersrede auf die Anklage ist in den meisten Blättern wiedergegeben worden, und ich werde deshalb nur die Hauptpunkte derselben berühren und nur diejenigen Momente hervorheben, die auch in der »Allgemeinen Zeitung«, wenn auch nicht ganz getreu, wiedergegeben wurden. Natürlicherweise ist es den Herren Berichterstattern weniger um die Darstellung der Wahrheit, als darum zu tun gewesen, die Sache möglichst pikant berichten zu können.

Ich erwiderte mit sehr lauter Stimme: »Ich stehe zum ersten Male vor Gericht und soll mich einer Anklage gegenüber verantworten, deren Richtigkeit ich nicht anerkenne. Ich hatte keinerlei Absicht, irgendjemand zu benachtheiligen, habe meine Zahlungen nicht eingestellt und hätte bei dem *enormen Kredit*, der mir freiwillig entgegengebracht wurde, *nie* und *nimmermehr* Bankrott gemacht. Der *erste* Entscheid des Handelsgerichtes sprach aus, ich sei *keine* Kauffrau und hätte deshalb auch nicht die Verpflichtung, mich in's Handelsregister einzutragen. Trotzdem beabsichtigte ich, meine Bücher kaufmännisch einzurichten. Ich gab auch mein Ausleihgeschäft auf, damit man, so lange die Bücher nicht kaufmännisch eingerichtet waren, ja nicht behaupten konnte, ich übe die Befugnisse eines Kaufmannes, resp. eines Bankiers aus. Auch handelte ich mit Wertpapieren *nie* und meine Anmeldung beim Magistrat geschah nur deshalb, weil ich den Staat um keinen Pfennig Steuer benachteiligen wollte. Die Presse, jedoch nur einen Teil davon, beeinflußte ich nur in der Weise, als ich mich vor vermutlichen schmählichen Angriffen zu schützen suchte. Inserate, um das Publikum anzulocken, sind niemals veröffentlicht worden. Ich hatte dies auch gar nicht nötig, da mir der Kredit ja ohnehin dergestalt an den Kopf geworfen wurde, daß ich ihn mit Gewalt zurückweisen mußte. – (Siehe Kapitel »Dachauer Bank«.) – In der Tat war ich oft nicht im Stande, weitere Gelder anzunehmen, da mir zuletzt die Finger den Dienst versagten, um weitere Wechsel unterschreiben zu können. Mußte ich doch oft Tag für Tag 7–800, oft 1000 und mehr Wechsel unterzeichnen. Zu Zeugen, daß ich niemanden benachteiliget, rufe ich meine *eigenen 30 000 Gläubiger* auf, die ich haben soll«??! Mit diesen Worten drehte ich mich um und deutete in den Zuhörerraum, worin sich Hunderte meiner Gläubiger befanden. Meine Spekulationen und Projekte, auch meine Häuser, hätten mir bedeutende Renten eingebracht, auch wäre der Zinsfuß vom Jahre 1873 bedeutend von mir *herabgesetzt* worden. Advokat Dr. Hettersdorf war schon mit dem Entwurfe zur Einzeichnung ins Handelsregister beschäftigt, doch kam derselbe nicht mehr zur Ablieferung, da ich mittlerweile verhaftet wurde.

»Was die sogn. ›Seelenverschreibung‹ des Redakteurs Bösl anbelangt, so war es nicht mehr als billig, daß ich mir gegen die hohe Summe von 12 000 Gulden wenigstens die Sicherheit verschaffte, daß er die Verpflichtung eingehen mußte, in seinem Blatte nicht feindlich wider mich aufzutreten. Was den Verbrauch in meinem Hause anbetrifft, so war derselbe verhältnismäßig gering. Geschenke gab ich nur aus angeborener Freigebigkeit. Mein Aufwand ist überhaupt ganz und gar übertrieben dargestellt worden. Meine Schmucksachen betrachtete ich stets nur als Pfand für meine Gläubiger, denn geprahlt habe ich nie damit, auch habe ich von all den Sachen nur das so bekannt gewordene *nicht* goldene Kreuz getragen, und dieses nur, weil ich es als Talisman betrachtete.«

»Die 50 000 Gulden habe ich der Rosa Ehinger wirklich geschenkt, von einer Verschleppung kann also deshalb keine Rede sein und von anderweitigen Verschleppungen, die nach der Sperre in meinem Hause vorgekommen sein sollen, wußte und weiß ich noch nichts, außer dem, was mir der Untersuchungsrichter mittheilte. Über meine Privatkorrespondenz habe ich mich hier nicht zu verantworten, ebensowenig über meine Freundschaften usw. usw.«

Als ich geendet, raunte mir mein Verteidiger die Worte ins Ohr: »Wenn Sie alles sagen, so bleibt ja für mich nichts zu sagen übrig!« – – Wie einige Blätter berichteten, soll ich am Schlusse meiner Rede ohnmächtig zusammengebrochen sein, doch kann ich mich nicht hieran erinnern. Tränen allerdings habe ich nach dieser Rede vergossen, da mein Seelenschmerz zu groß war. Die Herren Berichterstatter wollten eben positiv ein vor der Strafe zitterndes Geschöpf aus mir machen. Ich verhielt mich im Gegenteile so ruhig, und so gemessen, daß sich der Staatsanwalt mir gegenüber zu der Äußerung veranlaßt sah, ich säße seit 7 Tagen wie eine Bildsäule da. –

Rosa Ehinger brach allerdings häufig in Tränen aus, so daß sie eine getreue Kopie der büßenden Magdalena vorstellte. Ihr Gebaren verfehlte denn auch den beabsichtigten Eindruck keineswegs. Als wir später aus dem Saale getreten waren, da zeigte denn auch die Ehinger, daß sie nur Komödie und weiter nichts gespielt hatte. Ihre Trostlosigkeit schlug nämlich sofort in ungebundene Heiterkeit um, und sie schüttelte sich förmlich vor Lachen, indem sie sagte: »Das ist ja eine wahre Busserl- und Freßverhandlung.« Sie für ihre Person fühlte sich über den Ausgang *ihrer* Angelegenheit denn auch so sicher, so daß sie mir vor Schluß der Verhandlung schon die frappierende Prophezeiung machte: – – sie werde mich am nächsten Tage im Gefängnisse besuchen. Und in der Tat, so kam es auch! – Auch teilte sie mir während der Verhandlung im heitersten Tone mit, sie mache sich gar nichts mehr daraus, in Begleitung von Gendarmen zu erscheinen, sie sei jetzt schon ordentlich daran gewöhnt. Als ich ihr gegenüber betonte, daß es mir sehr peinlich gewesen sei, daß man meiner Freundschaft zu ihr eine so unrichtige Deutung untergeschoben habe, da meinte sie, daß diese Anspielungen ihr gerade am interessantesten gewesen seien. Offenbar fühlte sie, daß sie mit ihrer Komödie im Gerichtssaale mehr reüssiere, als dies je auf der Bühne der Fall gewesen. Was die mir und der Ehinger als Verschleppung angerechneten 50000 Gulden anbetrifft, so gab Rosa selbst an, daß ich dieselben ihr geschenkt habe als Entschädigung für ihren böswillig in den Schmutz getretenen Ruf. Das war nun alles ganz richtig; aber wie verhielt es sich mit den weiteren 50000 Gulden, welche durch Nebel zu ihrer Mutter gewandert sein sollen? Wie ging dies zu? Rosa erklärte hierüber keine, auch nicht die geringste Auskunft geben zu können, und ich – wußte doch auch nichts davon – und weiß heute noch nichts! –

Vielleicht führt einmal ein glücklicher Zufall dieser geheimnisvollen Verschleppungsgeschichte auf die Spur. Mir liegt unendlich viel daran, da merkwürdiger Weise ich, und nur ich allein dafür büßen mußte. Diese Verschleppung war und ist mir heute noch fremd, die eigentlich Schuldigen sind unermittelt, und infolgedessen bis auf den heutigen Tag straflos geblieben!!! –

Ich behaupte dies heute noch, nachdem ich doch nicht mehr meine persönliche Freiheit und mein Interesse, sondern nur mehr meine Ehre und die Wahrheit zu verteidigen habe!!! –

Sollte es mir jemals gelingen, in dieser mir so geheimnisvollen Geschichte Licht zu bekommen, so werde ich gegen die Schuldigen – seien sie, wer sie wollen – schonungslos vorgehen.

Als Nebel in dieser Beziehung vom Präsidenten aufgefordert wurde, seine Angabe zu machen, da – zitterte er und Leichenblässe bedeckte sein Gesicht, als er die Worte herausstieß, er habe in meinem Auftrage das Geld zu der Mutter der Ehinger gebracht. Ebensowenig als der Herr Staatsanwalt werde ich dieses Aussehen, ebensowenig auch das der Frau Winter vergessen, welches sie erhielt, als sie deponierte, ich hätte ihr für Rosa »die arme Haut« Auftrag gegeben, Obligationen sich von Nebel geben zu lassen, und als ich entrüstet sie der Unwahrheit bezichtigte. Da, wie ich im vorigen Kapitel bereits erwähnt, dieser Nebel früher ganz anders ausgesagt hatte, so steht es mir sowohl als jedem unparteiisch denkenden Menschen frei, sich hierüber seine eigenen Gedanken zu machen, um so mehr, als speziell auf dessen Aussage hin meine Verurteilung wohl erfolgt sein kann.

Die Zeugenaussagen anlangend, so fällt es mir natürlich nicht ein, die seinerzeit herausgegebenen stenographischen Berichte zu reproduzieren, wer die letzteren gelesen hat, der wird die Überzeugung erlangt haben, daß auch nicht *ein* Zeuge wirklich gravierend über mich aussagen konnte. Einige Zeugenaussagen nur will ich berühren: A. Mayer, früher Tänzerin vom Münchner Hoftheater, betonte, daß ich nicht wahrheitsliebend sei. Auch sei bekannt, daß ich als Schauspielerin Schulden gemacht, und von meiner Mutter deshalb ausgeschrieben worden sei. Den Mangel an Wahrheitsliebe betreffend, so hatte die Mayer als beeidigte Zeugin nicht nur etwa diese vage Behauptung aufzustellen, sie war auch verpflichtet, für diese Behauptung Anhaltspunkte zu geben. Im übrigen kann ich, um die Wahrheitsliebe dieser Zeugin zu charakterisieren, nicht umhin, mich eines kleinen Faktums zu erinnern, das ihr als Spiegelbild dienen möge. Sie machte mich nämlich einst mit einer Dame bekannt, und da sie wohl wußte, daß meine Mutter dieser Dame nicht günstig gesinnt sei, so sagte sie zu mir trockenen Tones: »Wenn du deiner Mutter davon sagst, *leugne ich es Dir aus dem Gesichte heraus.*« Und eine solche Person wagte es, meine Wahrheitsliebe anzuzweifeln, oder vielmehr mir dieselbe abzusprechen. Und doch sind stets mein ganzes Dasein Offenherzigkeit und Wahrheitsliebe die Hauptvorzüge meines Charakters gewesen! Das muß jeder, welcher mich kennt bezeugen. Was meine von ihr angeregten Schulden anbelangt, so habe ich dieselben selbst nicht abgeleugnet, und zur Schande gereichen sie mir nicht, da ich nur meiner Freigebigkeit halber Schulden machen, aber auch selbst von dem Taschengelde meiner Mutter wieder abzahlen mußte. Auch hat meine Mutter *mich* nie ausgeschrieben, sondern sie ließ auf Advokat Berghofers Rat nur ein Inserat in die »Neuesten Nachrichten« einrücken des Inhalts, daß sie für niemand bezahlen werde. Im übrigen geschah dies während meiner Abwesenheit, und hätte füglich auch unterbleiben können, da ich nie auf den Namen meiner Mutter Geld aufgenommen oder Einkäufe gemacht habe. Gesagt hat mir übrigens meine selige Mutter von diesem Inserate nie. Zeugin Mayer ging noch weiter: sie behauptete sogar, meine Mutter hätte sich damals meiner geschämt, und deshalb sogar die Stadt verlassen wollen. Auch dies ist eine vage Behauptung, denn ich kann heute noch Hunderte von Personen als Zeugen dessen aufrufen, daß ich in letzter Zeit mit meiner Mutter im herzlichsten Einvernehmen stand, und zwar bis zu meiner Verhaftung. Nach dieser wurde meiner Mutter vom Grafen v. Larosé der Rat erteilt, von München wegzuziehen, damit sie nicht etwa von meinen Gläubigern belästigt würde. Sie tat es aber nicht! –

Ein Zimmermädchen vom »Goldnen Stern« sagte aus, ich hätte mich einst dahin geäußert, es wäre mein größtes Vergnügen, einmal Geldgeschäfte machen zu können. Ich erinnere mich nicht, dies je gesagt zu haben, übrigens wäre in diesen Worten nichts Gravierendes gelegen. Kompromittierendes konnte niemand in keiner Weise über mich *eidlich* aussagen, obwohl manche seit Jahren mit mir bekannt waren.

»Redakteur« Fränkel ließ sich vermittelst ärztlichen Zeugnisses einem hohen Gerichtshofe gegenüber gehorsamst entschuldigen. Der Arme wr plötzlich von einem Leiden befallen, und gelobte nachträglich zu erscheinen, sofern das »Leiden« sich bessere. Jedoch dauerte dieses mathematisch genau ebenso lange, als meine Verhandlung. Kaum war meine Verhandlung vorbei, und so manches bekannt geworden, was Fränkels Gehörwerkzeugen unangenehm genug geklungen haben mag, da fand es der geistreiche Stadtfraubasenverfertiger für gut, für eine kleine Weile der Münchener Gesellschaft seinen werten Anblick zu entziehen, indem er eine Zeitlang auf Reisen ging. In seinen früheren Verhören hatte Fränkel angegegeben, ich hätte von besonderen »Quellen« ihm gegenüber gesprochen. Diese Angabe war *unwahr*, und entsprang nur einem in den Hirnkästen meiner Bediensteten herumspukenden Gerüchte.

Wohlgeboren Herr Reißig, während der Zeit meiner Verhandlung abwesend, hat man gleich nach Beendigung meiner Verhandlung am Fenster seines Hauses gesehen, wie er in höchster Gemütlichkeit eine Zigarre schmauchte.

Auch Napoleon Homolatsch ehrenwerten Angedenkens konnte das Licht der Öffentlichkeit im Gerichtssaale nicht vertragen, weshalb seine früheren unbeeidigten Aussagen verlesen wurden. Hieran habe ich zu berichten, daß er nicht 350, sondern 250 Gulden monatlich erhielt, daß er nicht Kassier, sondern Auszahler bei mir war, und ferner erkläre ich es für unwahr, daß ich ihm die Mitteilung gemacht habe, ich hätte mit einem österreichischen Erzherzog ein Geschäft gemacht, wobei ich 100 000 Gulden profitierte. Richtig ist nur, daß mir ein derartiges Geschäft durch eine Mittelsperson angeboten wurde, ich lehnte jedoch aus besonderen Gründen ab.

Mein früherer Bediensteter Schifferl gefiel sich wiederum in der unwahren Angabe, daß ich vorgegeben habe, ich sei reich und besitze »geheime Hilfsquellen«. Ich bezeichnete diese Angabe, meiner Entrüstung freien Lauf lassend, als eine Lüge, so daß der Präsident mich des letzteren Ausdruckes halber zur Ordnung verwies.

Zeuge Kreuzer gab an, daß meine Obligationen stets richtig verbucht wurden, so auch diejenige Obligation, welche mir am Tage der Sperre noch von einem gewissen Peter Grünwald eingelegt wurde und welche man hernach rätselhafterweise unter den Obligationen der Ehinger vorfand.

Mein früherer Privatsekretär, war, wie schon erwähnt, ebenfalls »weit vom Schusse« geblieben, weshalb seine unbeeidigten Aussagen vor dem Untersuchungsrichter ebenfalls zur Verlesung gelangten. Er hatte angegeben, daß das »Spitzeder'sche Geschäft« höchstens bis August 1873 hätte bestehen können, eine Angabe, welche mir der charakterfeste Mann nach meiner Entlassung aus dem Gefängnisse in Gegenwart von Zeugen aus dem Gesichte leugnete.

Mein Bediensteter Kastner gab in der Untersuchung an, ich hätte, wenn etwas am Gelde zuweilen fehlte, mich dahin geäußert, »man solle es nur gut sein lassen, ich sei die Herrin im Hause«. In der Verhandlung hierüber befragt, wagte er es mir gegenüber nicht, diese Aussage zu repetieren.

Mein früherer Bediensteter Kramer deponierte, daß seine Aussagen vom Untersuchungsrichter unrichtig aufgefaßt worden seien, weshalb Untersuchungsrichter Radlkofer vorgerufen wurde. Dieser bestritt die Angabe Kramers, doch auch dieser blieb fest bei seiner Meinung stehen.

Prokuraführer Reuschel, welcher als Sachverständiger schon mit der Gerichtskommission bei der Sperrung anwesend gewesen ist, war als solcher auch in die Verhandlung vorgeladen. Er kam längere Zeit mit meinem Verteidiger in Erörterungen, ob ich ein kaufmännisches Geschäft gehabt habe oder nicht, bis der Verteidiger die Frage aufwarf, »ob es ein Handelsgeschäft sei, wenn man Obligationen als Darlehen aufnehme und im Schrank liegen lasse?« Reuschel mußte dieses verneinen. Ferner soll letzterer, wie ich aus Zeitungsberichten ersehen habe, in der Verhandlung die Äußerung getan haben: »Der einzige Unterschied zwischen einem Kaufmannsgeschäft und dem ›Spitzedergeschäft‹ sei darin zu erblicken, daß ersteres auf solider Grundlage, letzteres aber auf Schwindel beruhe.« Diese in den Zeitungen gebrachte Äußerung wurde in der Verhandlung jedoch gar nicht gemacht, mein Verteidiger würde ihm sicherlich bedeutet haben, daß ein Zeuge nicht das Recht habe, mich des Schwindels zu zeihen.

August Siebentritt gab in der Verhandlung mit lauter Stimme an, daß ich von allen meinen Bediensteten bestohlen worden sei.

Babette Stangel, Köchin bei General Bösenegger, nicht bei mir, wie in der »Allg. Zeitung« berichtet wurde, sagte aus, daß die Leute mich oft kniefällig um die Annahme ihrer Gelder gebeten hätten und daß in meinem Hause die Artikel der »Neuesten Nachrichten« angeklebt waren, um die Leute durch den Augenschein von den wider mich in Szene gesetzten Angriffen in Kenntnis zu setzen.

Nun kam eine höchst interessante Szene in den Zeugenvernehmungen vor: Bezirkskommissär Niederreiter konstatierte nämlich auf seinen Eid hin, daß er vom Polizeiassessor Pfister beauftragt worden sei, sich der Leute, welche fällige oder unfällige Wechsel hätten, anzunehmen, und dieselben zum Advokaten Berghofer zu schicken, damit sie zu ihrem Gelde kämen.

Der auf Antrag meines Verteidigers ebenfalls hierüber vernommene Polizeiassessor Pfister konstatierte auf seinen Eid hin, daß er dem Bezirkskommissär Niederreiter keinen Auftrag zur Abnahme der Wechsel gegeben habe und erklärte den Kontrast zwischen den beiden Aussagen damit, daß er bemerkte: »Niederreiter trage vor Richtern eine gewisse Ängstlichkeit.«

Niederreiter stand allerdings in Verlegenheit da, so daß ich mich über das Benehmen dieses sonst so energisch auftretenden Polizeibeamten nicht genug wundern konnte. Pfister erklärte auf Befragen, daß er erst den Dr. Jahresdörffer habe bewegen wollen, einen Gantantrag gegen mich zu stellen, indem er ihm zu diesem Behufe Wechsel zur Verfügung stellen wolle.

Ich bat um's Wort und ersuchte den Herrn Präsidenten, Herrn Pfister darüber zu befragen, wie es denn möglich gewesen sei, daß er den bewußten Paragraphen des Strafgesetzbuches »über Bankerott« aufgeschlagen habe lesen können, obwohl ich doch in ziemlicher Entfernung vom

Schreibtische mit dem Lichte in der Hand neben ihm gegangen sei?

Dr. Jahresdörffer wurde nun auf Antrag meines Verteidigers als Zeuge vorgerufen, und er deponierte, daß Assessor Pfister zu ihm gekommen sei mit der Bemerkung, es müsse dieser Dachauer Bank ein Ende gemacht werden, und zu einem Gantantrage habe er auch schon Wechsel in Händen. Er, Dr. Jahresdörffer, sei hingegen der Meinung gewesen, daß, solange die Spitzeder ihren Zahlungen nachkomme, *ein gerichtliches Einschreiten rein unmöglich sei.* Der Zeuge glaubte nicht, daß die Gesetze das gestatten, was bei mir geschehen, nämlich daß plötzlich eine Kommission samt Untersuchungsrichter ins Haus kommen dürfe; auch hätte er einen Gantantrag als nicht im Interesse der Gläubiger befunden, sondern im Gegenteil als eine Benachteiligung derselben, und aus diesem Grunde habe er dem Verlangen des Polizeiassessors nicht entsprochen. (In der Folge zeigte es sich auch, wie richtig die Ansicht dieses renommiertesten aller Münchener Anwälte gewesen war.)

Ferner gab er an, daß Adele Spitzeder im Laufe des Sommes bei ihm indirekt anfragen ließ, ob er nicht sie am Handelsgericht vertreten wolle, doch hätte er eine zivilrechtliche Vertretung abgelehnt mit dem Bemerken, nur eine Vertretung in der Strafrechtspflege annehmen zu wollen. (In der Tat hatte ich seiner Zeit, ehe ich Kammerecker mit meiner Vertretung beim Handelsgerichte beauftragte, eine desfallsige Anfrage bei Dr. Jahresdörffer indirekt anbringen lassen.)

Mein Verteidiger sowohl, als die Vertreter meiner Mitangeklagten zeigten sich über die Aussagen dieses Zeugen sehr erfreut.

Gerichtsvollzieher Eichhammer konstatierte, daß er die von ihm präsentierten Wechsel stets prompt ausbezahlt erhalten habe. Was die 13 000 Gulden unfälliger Wechsel betraf, derenthalber ich gestürzt wurde, so erklärte er, dieselben nur im Auftrage des Advokaten Berghofer präsentiert zu haben; auch habe er zu der Adele Spitzeder gesagt, daß wenn sie diese unfälligen Wechsel auch bezahle, er doch immer wieder mit neuen Wechseln kommen werde, gleichviel ob sie fällig seien oder nicht.

Marie Sauer, eine von den Besitzerinnen der unfälligen Wechsel, welche mir am 12. November präsentiert wurden, gab an, von dem Polizeikommissär Niederreiter im Gasthaus »zum Wilhelm Tell« befragt worden zu sein, ob sie keine Wechsel von mir habe, und wenn dies der Fall sei, so möge sie ihm dieselben geben. Niederreiter habe erklärt, für die Bezahlung sorgen zu wollen und der ebenfalls anwesende Gendarm Gabriel habe zur Zeugin gesagt, sie dürfe die Wechsel diesem Herrn wohl anvertrauen. Die Zeugin erzählte weiter in sehr entrüstetem Tone, daß sie jedoch ihr Geld auf der Polizei nicht erhalten habe, sondern zu Advokat Berghofer geschickt worden sei, wo sie erst recht bis jetzt nichts bekommen, da Berghofer mit den auf diese Weise erlangten unfälligen Wechseln einen Gantantrag gestellt und infolgedessen die Sperre bei mir eintrat.

Dasselbe sagte die Zeugin Menhardt aus; sie alle, die ihre Wechsel hergegeben zu einer Zeit, wo *bei mir* alles prompt ausbezahlt wurde, hatten das Nachsehen bezüglich eines großen Teils ihrer Forderung.

Mein Hauptkassier, welcher, wie erwähnt, mein ganzes Vermögen in Verwaltung hatte, gab in der Untersuchung (in der Verhandlung hörte ich nichts davon) an, er hätte mich öfter gewarnt, keine so hohen Zinse auszuzahlen. Dies erkläre ich einfach für eine Unwahrheit. Nebenbei bemerkt, bestätigte er auch auf meine Frage, daß er mir nicht immer Pakete zu 50000 Gulden, sondern zeitweise auch geringere Summen gebracht habe.

Eine alte Frau wurde wie andere Zeuginnen befragt, ob ich und die Ehinger uns oft geküßt hätten, und es erregte einen wahren Sturm von Heiterkeit, als sie mit verklärtem Gesichte die Antwort gab: »Mich hat sie auch geküßt!« Auch ich konnte mich bei dieser drastischen Antwort trotz meiner ernsten Situation eines kleinen Lächelns nicht erwehren.

Dieselbe Heiterkeit erregte es, als mein ehemaliger Hausmeister Jakob Weber auf die Frage, ob bei mir fein gespeist worden sei, die trockene Antwort erteilte: »I hab' net mit'gesse!«

Gelegentlich der Sperrung soll Rosa Ehinger zu diesem Weber gesagt haben: »Helfen Sie uns etwas retten«, jedoch hierauf die Antwort erhalten haben: »Mein Fräulein, ich mag nicht ins Zuchthaus!« – Diese Bitte Rosa's galt wohl nur ihrem Eigentum, das sie in Sicherheit bringen wollte; wie schon mehrfach erwähnt, geschah dieses aber ohne mein Wissen und Willen.

Der Angabe Betty Winters, daß ich, nachdem ich nach Entfernung der Gerichtskommission vor Alteration krank auf dem Bette lag, zu ihr gesagt haben soll, »sie möge der Rosa, dieser ›armen Haut‹, doch die mir geliehenen 8000 Gulden retten helfen, damit sie nicht um Alles käme«, trat ich mit gerechter Entrüstung entgegen und – Betty Winter konnte *keine Erwiderung* geben. Ich wurde vom Präsidenten hierfür wiederum zur Ordnung gerufen. Der Staatsanwalt äußerte sich in seinem Plädoyer, er werde niemals den Ausdruck des Gesichtes dieser armen Frau auf meine Zurechtweisung hin vergessen.«

Anna Jordan, mein früheres Stubenmädchen, gab steif und fest an, sie hätte die 100 Gulden, welche man bei ihr gefunden, nach der Sperrung von mir – geschenkt erhalten. Es war rein zum Verrücktwerden!

Sofort schnellte ich in die Höhe und gab energisch zur Antwort, daß dieses Geld ganz einfach *gestohlen* worden sei, selbstverständlich erfolgte wieder der Ordnungsruf von Seiten des Präsidenten. Es war dies dieselbe Anna Jordan, welche seinerzeit bei der Anwesenheit der Gerichtskommission mir den feigen Rat ins Ohr flüsterte, ich möchte mich ohnmächtig stellen, worauf ich sie unwillig von mir stieß.

Bezirksgerichtsrath *Scharrer* konstatierte, daß eine Beiseiteschaffung von Wertpapieren oder ein Auftrag von meiner Seite an Jakob Nebel, etwas beiseite zu schaffen, in Gegenwart der Kommission unmöglich gewesen sei. Ferner gab er an, daß Adele Spitzeder sich bereit erklärt habe, daß, wenn es sein müsse, sie auch die unfälligen Wechsel bezahlen würde.

Die verlesenen Angaben des Redakteurs Fränkel, daß er mir wiederholt »gute Ratschläge« gegeben, daß ich ferner von geheimnisvollen Unterstützungen, die meinen Fall unmöglich machen sollten, ihm gegenüber gesprochen haben sollte, erkläre ich für total erfunden. Es ist dies derselbe Fränkel, welcher mir seinerzeit den Rat erteilte, durchzubrennen, und sich sogar erbot, mein Begleiter zu sein, wenn ich ihm 10 000 fl. geben wolle. Dieser Vorschlag ärgerte mich, wie schon früher erwähnt, wütend, und ich gab ihm meine Verachtung in so unzweideutigerweise zu erkennen, daß er mir ein Drohgedicht ins Haus schicken zu müssen glaubte. Über Fränkel und Jochner habe ich denn auch in der Verhandlung mit meiner Meinung durchaus nicht hinter dem Berge gehalten.

Nun trat mein guter Freund Napoleon Vecchioni als Zeuge ein. Er sprach u. a. von einem Bestechungsversuche, der bei ihm gemacht worden sei, von den Prügeln oder »Attentaten«, wie er es nannte, welche auf ihn gemacht worden seien, wurde aber vom Präsidenten mit der sehr richtigen Bemerkung unterbrochen, daß dies nicht hierher gehöre. Bezüglich des Bestechungsversuches erwiderte ich, daß ich nie einen solchen weder direkt noch indirekt bei ihm machen ließ. Napoleon Vecchioni entgegnete hierauf, es sei einmal eine Frauensperson namens Weigenthaler »mit 2000 Gulden in der Tasche« bei seiner Schwester gewesen. Ich kann mir dieses heute noch nicht erklären, und wenn nicht dieses eine Ausgeburt der Phantasie im Kopfe Vecchioni's überhaupt war, so muß die betreffende Frauensperson jedenfalls keine praktische Natur gewesen sein, sonst hätte sie nicht auch nur einen Augenblick lang in dem Glauben leben können, daß man ein soviel gelesenes Lokalblatt mit *2000 Gulden* erkaufen könne. Am Schlusse seiner Deposition wollte Freund Napoleon seiner Gewohnheit gemäß eine lange Rede loslassen, doch der Präsident meinte – und wohl mit Recht –, daß hier der Platz nicht dazu sei. Nun zog sich der politische Renegat auf die Zeugenbank zurück, und der große Charakter konnte sich die kleinliche Rache nicht versagen, mir von dort aus fortwährend höhnische Blicke zuzuwerfen, so daß es selbst meinem Verteidiger auffiel und er mir gegenüber seine Entrüstung über dieses unmännliche Gebaren aussprach.

Nun kam der Verleger des »Bayerischen Landboten«, Herr Bolster, an die Reihe, um bezüglich eines zärtlichen Liebesbriefes, den ich einmal an einen jungen Hamburger Kaufmann geschrieben haben sollte und welcher im »Bayerischen Landboten» zum Abdrucke gelangt war, Auskunft zu erteilen. Herr Bolster konnte sich nicht mehr erinnern, und hierauf trat Napoleon vor und gab an, daß fraglicher Brief in den Blättern, namentlich auswärtigen, die Runde gemacht habe. Sehr edel das! Ich habe nämlich nie einen derartigen Brief geschrieben, und war derselbe lediglich weiter nichts als ein gemeines Preßprodukt, womit ein gewisser Teil der modernen Zeitungsliteratur, welche immer ihren Lesern Pikantes bringen will, sich auszeichnete.

Der K. Anwalt und Landtagsabgeordnete Dr. Carl Barth erschien ebenfalls als Zeuge und gab an, er habe es für seine Pflicht und Schuldigkeit gehalten, jedem Rechtsuchenden Beistand zu leisten und deshalb habe er keinen Augenblick gezögert, auch der Adele Spitzeder mit Rat und Tat zur Seite zu stehen. Ich bemerke dieses nur, weil nach meiner Verhaftung die mir feindlich gesinnten Blätter es als feststehende Tatsache ausposaunten, es werde sich kein Anwalt finden, der meine Verteidigung übernehmen würde.

Der K. Anwalt Dr. Will, ebenfalls vorgeladen, erklärte sich nur in dem Falle vernehmen lassen zu wollen, wenn ich als seine frühere Klientin ihn von der Wahrung des Klientengeheimnisses entbinden würde. Dieses tat ich auch, da ich die Öffentlichkeit in keiner Weise zu scheuen hatte. Dr. Will bestätigte auf die desfallsige Frage des Präsidenten, daß ich den Antrag des Stadtfraubas-Fränkel, die Flucht zu ergreifen, mit Entrüstung zurückgewiesen habe, indem ich zur Antwort gab, daß ich keine Verbrecherin sei, also auch nicht Ursache habe, die Flucht zu ergreifen. Ferner gab Dr. Will noch Aufklärung über seine Vertretung meiner Person und Sache in Leipzig am obersten Handelsgerichte.

Bankier Grafenberg, bei welchem ich die meisten meiner Obligationen gewöhnlich versilbern ließ, bestätigte auf seinen Eid hin, daß zwei fürstliche Personen durch ihn und seinen Geschäftsfreund ein Darlehensgesuch von je 100 000 Gulden an mich machten, doch sei denselben der von mir geforderte Zins zu hoch gewesen.

Der K. Advokat Berghofer war nicht erschienen, da er verhindert war; auf die Verlesung der Aussage des K. Advokaten Hettersdorf wurde verzichtet; derselbe hatte eine Urlaubsreise angetreten und war ihm deshalb die Zeugenvorladung nicht zugegangen.

Theophil Bösl, der Redakteur des »Freien Landesboten«, konstatierte auf Befragen meines Verteidigers, ob ich ihm jemals Auftrag gegeben habe, zu meinen Gunsten Lobhudeleien in sein Blatt aufzunehmen, daß dies nie der Fall gewesen sei.

Mehrere Gerichtsvollzieher deponierten sodann noch, daß die von ihnen präsentierten Wechsel von mir stets prompt eingelöst wurden, selbst am Tage der Sperre noch.

Mehrere Gendarmen vom Lande wurden dann vernommen über die Ausgaben, welche ich bei meinen Landpartien gemacht hatte. Einer derselben zog sogar einen Zettel hervor, auf dem jeder Bissen notiert stand, den wir verzehrt hatten, was vom ganzen Auditorium mit Gelächter aufgenommen wurde. Auch ich mußte lächeln, sagte aber dem Präsidenten, daß ich mich nicht erinnere, jemals bei dem Verfasser dieses Artikels zu Gaste gewesen zu sein. Allerdings sei ich meistens überfordert worden, und nicht selten habe ich bei meiner Ankunft in den Restaurationen auf dem Lande die Worte in mein Ohr vernommen: »Die Spitzeder kommt, die kann schon zahlen!«

Der k. Advokat Kammerecker gab Auskunft über seine Vertretung meiner Person beim Handelsgerichte. In der Untersuchung soll er deponiert haben, er hätte mich einmal gefragt, wohin denn all das Geld komme, und ich sollte hierauf geantwortet haben, »ich behalte nichts für mich, das bekommt alles mein Volk.« – Ich erinnere mich dieser Äußerung nicht, und wenn ich sie jemals gemacht habe, so ist jedenfalls das richtig, daß ich für mich nichts reservierte, sondern alles, was die Diebe in meinem Hause übrig gelassen, und es betrug immer noch Millionen, meinen Gläubigern zurückließ.

Zeuge Jouvin bestätigte, daß ganze Stöße von Bittschriften bei mir einliefen, und daß ich für die Armen außerordentlich viel getan. Ferner konstatierte er, daß es bei mir Übung war, die Auszahlung der Kapitalien stets so lange fortdauern zu lassen, bis niemand mehr da war. Während ich oft die Leute, welche Geld bringen wollten, hundertweise aus dem Hause förmlich hinausjagen ließ, ließ ich, besonders während der Stürme, nachweislich den ganzen Tag hindurch oft bis in die Nacht hinein, die zurückgeforderten Kapitalien, ob fällig oder nicht fällig, auszahlen.

Bei Zeuge Gröbmeier, der, wie schon gemeldet, wegen an mir begangenen Diamanten- und Obligationendiebstahls zu mehrjähriger Gefängnisstrafe verurteilt wurde, habe ich zu erwähnen, daß er auf die Frage, ob ich gerne Likör getrunken hätte, mit einem kräftigen »Ja« erwiderte, denn – setzte der Schlaukopf hinzu – »der Wein sei mir zu schlecht gewesen«. Hierauf erhob ich mich und ersuchte den Präsidenten, er möchte doch diesen Gröbmaier befragen, wieviel Likör ich denn getrunken habe? Die Auskunft des Zeugen lautete: »In der Früh nach dem Kaffee ein ganz kleines ›Gläsiken‹ und abends vor dem Schlafengehen wieder ein ›Gläsiken‹, sonst nichts als lauter Wasser.« Hierauf wurden Fragen nach dem Verhältnis, welches zwischen mir und Emilie Branitzka bestanden haben sollte und ob es nicht zwischen uns einmal zur Nachtzeit zu einem Streite gekommen sei, gestellt. Die Antwort lautete: »Ja, sie war'n guat z'samm, doch ham sie sich manchmal zkriagt.«

Auf die Frage, aus welchem Grunde, äußerte Gröbmaier: »Na, dös woaß i net, i hab's a net verstand'n, denn sie ham französisch miteinander g'redt'!« –

Meine Köchin Brauneis bestätigte, daß ich äußerst einfach gelebt und täglich mit 36 kr. zu erhalten gewesen wäre. Sie gab Auskunft über die Küchenausgaben, und zwar beliefen sich dieselben täglich auf 15–20 fl.; wahrlich nicht zuviel, wenn man bedenkt, daß meine Bediensteten dazumal im Hause speisten. Daß ich manchmal so frei war, Fische, Geflügel und sogenannte Delikatessen zu genießen, wird mir wohl niemand zum Verbrechen anrechnen, überdies ließ ich solche weniger für mich, als für Gäste, die bei mir speisten, anrichten, doch geschah auch dies nur an Sonn- und Feiertagen. Das Wildpret, welches hie und da auf meinen Tisch kam, und welches auch erwähnt wurde, kam mich gewöhnlich sehr billig zu stehen, denn ich bekam sehr oft ganze Rehböcke geschenkt.

Herr Heinrich Zeitler, mein Häuseradministrator, bestätigte, daß ich willens war, vom Neujahr 1872 an den Zinsfuß herabzusetzen.

Zeugin Rottheim deponierte, daß ich meine Brillanten bei ihr gekauft habe und daß die Münchener Geschäftsleute außerordentlich viel an mir profitiert hätten. Sogar meiner Schlafröcke geschah Erwähnung, und es wurde eine Zeugin befragt, ob und zu welchem Wert sie mir welche vermittelt habe. Die Zeugin bejahte und taxierte per Schlafrock zu 25–30 fl. In Seide und Sammet, wie es die Damenwelt doch sonst zu tun pflegt, ging ich *nie*, sondern meistens in Schlafröcken.

Georg Krämmer, mein Pächter in der Wirtschaft zum »Frühlingsgarten«, bestätitgte, daß eine große Anzahl meiner Gläubiger sich bereit erklärt hätte, mit mir einen Vergleich einzugehen.

Anna Böcklein, Schriftsetzersfrau, bestätigte, daß mir die Leute ihr Geld aufdrangen und daß dieselben sich auch nicht damit abweisen ließen, wenn ich krank im Bette lag. Ferner deponierte sie, daß die Leute mir das Geld auch *ohne* Wechsel, überhaupt ohne irgend etwas Schriftliches geben wollten. Andere Zeugen bestätigten dasselbe.

Bankier Lang, bei welchem ich oft meine Obligationen wechseln ließ, gab an, daß ich selbstverständlich sehr viel dabei verlieren mußte.

Viele von mir geladene Zeugen, auch der Wirt vom »Wilhelm Tell«, welcher bestätigen konnte, daß ich niemals die Geldanleger auf *meine* Kosten dort verköstigen ließ, wurden nicht mehr vernommen, und ich nahm es meinem Verteidiger, Herr Angstwurm, sehr übel, daß er nicht in meinem Interesse auf die Vernehmung derselben *drang*. Dieser Wirt hätte jene Lüge, welche in der Presse förmlich kultiviert wurde, als hätte ich die Geldeinleger auf meine Kosten in seiner Wirtschaft mit Essen und Trinken regalieren lassen, *eidlich* dementieren müssen und er könnte dieses heute noch.

Wirklich Nachteiliges konnte keiner der vorgeladenen 130 Zeugen über mich aussagen und ich kann wohl sagen, daß sich die Zeugenvernehmungen zum großen Teile darum drehten, was ich gegessen und getrunken, wie oft und wohin ich Landpartien gemacht, und dergleichen gleichgültige Dinge mehr. Von dem mir zur Last gelegten betrüglichen Bankrott, beziehungsweise Verschleppung, wurde wenig oder fast gar nichts gesprochen, schon aus dem einfachen Grunde, weil keine anderen Zeugen vorhanden waren, als diejenigen, welche selbst an der mir zur

Last gelegten Verschleppung Anteil genommen, resp. dieselbe ausgeführt und eben deshalb mit mir vor den Geschworenen standen.

Meine Brillanten wurden den Geschworenen vorgezeigt, ebenso das nicht goldene Kreuz, in welchem die darin enthaltenen Reliquien vorgezeigt wurden, welches ich stets am Halse getragen und welches viel Interesse erregte.

Den Zeugenverhören folgte die Verlesung von zwei Schriftstücken, welche seinerzeit die Polizeidirektion München an das Handelsgericht daselbst gerichtet hatte, und worin das Handelsgericht dringend ersucht wurde, zu veranlassen, daß ich mich als Kauffrau ins Firmenregister einzeichnen lasse. Fener gelangten Schriftstücke von einer Anzahl meiner Gläubiger zur Verlesung, worin dieselben bestätigten, daß sie mir ihre Gelder unaufgefordert gebracht hatten. Sodann gelangte mein Leumund zur Sprache und die K. Polizeidirektion mußte denselben als *ungetrübt* attestieren.

In den Akten befindet sich auch ein Brief des Redakteurs Napoleon Vecchioni, an Polizeiassessor Ries, folgenden Inhalts:

München, den 27. Februar 1872.

Lieber Herr Ries!
Fräulein Spitzeder hat gestern auf der Handelsbank 12 000 fl. in Gold wechseln lassen, sie scheint sich demnach aufs Durchbrennen herzurichten.
Alle prolongierten Wechsel, die ich bisher in Händen hatte, waren mit stenographischen Zeichen prolongiert, doch so, daß nur das »verlängert«, nicht aber die übrigen Zeichen zu entziffern waren.
Freundlichen Gruß!

Ergebener

A. Vecchioni.

O, großer Napoleon!

Lächerlich! Als ob die Bagatelle von 12 000 fl. in den Händen einer Millionärin irgend etwas zu bedeuten hätte! – Die stenographischen Zeichen müssen diesem politischen Renegaten doch wohl im Traume vorgekommen sein, denn ich habe heutigen Tages noch nicht eine Idee von Stenographie erlernt, und der selige Gabelsberger hat nicht die geringste Ursache auf mich stolz zu sein; wohl aber ist meine Namensunterschrift, wie überhaupt meine Handschrift eine derartige unkalligraphische, daß wohl es Mühe dazu gehört, dieselbe zu enträtseln. Aber hierin stenographische Zeichen zu erblicken, das ist, gelinde gesagt, gesucht!

Nachdem sämtliche Schriftstücke verlesen waren, wurde das Beweisverfahren geschlossen, und der K. Staatsanwalt Barsch begann nun sein Plädoyer. Ich muß mich hier einer Kritik über seine in der Presse vielfach wiedergegebenen Rede enthalten und nur die Bemerkung will ich machen, daß manche mich angreifende Äußerung wohl hätte unterbleiben dürfen, wie denn die Auffassung des Staatsanwalts manchmal überhaupt eine ganz unrichtige war.

Sodann erhielt mein Verteidiger Angstwurm und der Verteidiger der Rosa Ehinger, Dr. Gutbrod, das Wort. Er führte aus, daß Rosa Ehinger, als ich ihr die 50 000 fl. geschenkt, nicht gewußt habe, daß ich früher vermögenslos gewesen und betonte, daß Rosa die betreffenden Obligationen rechtmäßig besessen und rechtmäßiger Weise auch zu ihrer Mutter bringen lassen durfte. Als unerwiesen bezeichnete er es sodann, daß Rosa bei der durch Jakob Nebel bewerkstelligten Verschleppung von Obligationen beteiligt gewesen sei. Dr. Gutbrod hob auch die Tatsache hervor, daß jeder von den Zeugen, welche früher bei mir bedienstet gewesen, bemüht gewesen sei, jeden Verdacht von sich abzuwälzen, und daß meine sämtlichen Bediensteten arm bei mir eingetreten und reich von mir gegangen seien, indem ein jeder soviel einheimste, als er nur einzuheimsen vermochte.

Am meisten Interesse erregte die Verteidigung des Herrn Dr. Marx, welcher meinen Kammerdiener Jakob Nebel und die Pregler'schen Eheleute zu vertreten hatte. Mein Verteidiger hingegen, Herr Accessist Angstwurm, übersah die wichtigsten Anhaltspunkte, welche notwendig meine Freisprechung zur Folge hätten haben müssen. Seine Verteidigungsrede genügte mir gar nicht, machte auch auf die Geschworenen keinen Eindruck, und erst nachdem der Obmann der Geschworenen das »Schuldig« bereits gefällt hatte, erst da sprach er wirklich schöne und tiefeingreifende Worte, aber zu spät! Ich gab denn Herrn Angstwurm auch meine Unzufriedenheit im Gerichtssaale, und zwar während der Zeugenverhöre schon zu erkennen, und ich bedauerte ihm ins Gesicht, daß ich nicht Herrn Dr. Jahresdörffer statt seiner mit meiner Vertretung beauftragt habe. Herr Angstwurm schien von der Erfolglosigkeit seiner Verteidigung auch schon von vorneherein überzeugt gewesen zu sein, denn auf meine Vorwürfe, die ich ihm nach Schluß der Verhandlung machte, gab er mir die wirklich merkwürdige Antwort: »Sie waren bereits verurteilt, als Sie zum ersten Male den Saal betraten!« – Dem entgegen halte ich die Äußerung des renommiertesten Münchener Anwalts, welche mir hernach zu Ohren kam: »Hätte ich sie verteidigen dürfen, sie wäre jetzt frei und nicht im Gefängnisse!« Man mag mir vorwerfen, daß ich in den gewöhnlichen Fehler der Verurteilten verfalle, welche ihre Schuldigsprechung der ungenügenden Verteidigung zur Last legen, allein wenn ich auch bei der damals herrschenden Strömung gegen das Gründertum in Bayern auf keine vollständige Freisprechung rechnete, so hatte ich für meine Person doch Anhaltspunkte genug, welche mir die ganze Verteidigungsweise des Herrn Accessist Angstwurm als ungenügend erscheinen ließen.

Die Geschworenen, von denen ich während der ganzen Dauer meiner Verhandlung wenig Notiz genommen hatte, hielten, nachdem sie sich zurückgezogen, nicht lange Rat über mein ferneres Schicksal. Nach verhältnismäßig kurzer Zeit schon kamen sie wieder zurück und sprachen ihr Schuldig über mich aus, und zwar ohne Annahme von Milderungsgründen.

Ich, die ehrlichste Person in der ganzen sogenannten »Dachauer Bank«, wurde ohne mildernde Umstände verurteilt, während dieselben bei meinen Mitangeklagten angenommen, bei ihnen die Untersuchungshaft abgerechnet und sie infolgedessen bis auf die Maria Pregler, welche noch 14 Tage in Haft zu bleiben hatte, den Saal frei verlassen konnten. Bei mir hatte es der Verteidiger unterlassen zu beantragen, meine 8monatliche Untersuchungshaft in Abrechnung zu bringen, obwohl meine Untersuchung in 5 Monaten beendet war und ich nur deshalb noch weitere drei Monate auf eine Verweisung warten mußte, weil – – die Untersuchung meiner Mitangeklagten noch nicht geschlossen war.

Der Staatsanwalt hatte nach der Schuldigsprechung der Geschworenen 4 Jahre für mich beantragt, der Gerichtshof verurteilte mich aber nur zu 3 Jahren, und zwar deshalb, weil – ich nur aus »Eitelkeit« (!) gefehlt hatte.

Bis zum Urteilsspruche hatte ich mich kalt und ohne Zeichen von Schwachheit benommen, nach demselben aber brach meine physische Kraft plötzlich und vollständig, so daß meine Feinde und Neider wohl triumphierend und schadenfroh die Hände reiben konnten.

Meine verlorene Ehre, mein geschändeter Name, die die im Grabe ruhenden Eltern rein und fleckenlos mir hinterlassen, erpreßten mir wahrhaft bittere aus dem innersten Herzen kommende Tränen, und ich konnte keinen Laut mehr hervorbringen. Der Präsident, welcher wohl den furchtbaren Seelenschmerz, welcher in mir tobte, in meinen Zügen lesen mochte, bedeutete mir in sanften Worten, daß ich den Saal verlassen könne, indem man mir das Urteil, gegen das ich die Nichtigkeitsbeschwerde ergreifen könne, später zustellen werde.

Mühsam erhob ich mich vom Stuhle, auf den ich nach Anhörung des Urteils zurückgesunken war, langsam, schleppend und vollständig geistesabwesend ging ich vor dem Richtertische vorbei, der Türe zu, gleich einer Nachtwandlerin ... ein Nebel breitete sich vor meinen Augen, der Saal mit dem Kronleuchter und den Tausenden von Menschen, die uniformierten Richter, das mir drohende Gefängnis, alles fing an in meinem Gehirn ein unentwirrbares Chaos zu bilden, und an der Türe angelangt, brach ich machtlos zusammen, eine Ohnmacht umhüllte wohltätig meine Stimme! – Ich wollte, ein gütiger Gott hätte damals jene Ohnmacht in den Schlummer des Todes verwandelt! –

– Verurteilt, gefangen! –

*

Anderntags besuchte mich mein Verteidiger, Herr Angstwurm, und erzählte mir, der Schwurgerichtspräsident hätte die ganze Nacht nicht schlafen können, weil ich ihm stets vor Augen gestanden sei. Selbstverständlich bedauerte ich den verloren gegangenen Schlaf des Herrn Präsidenten lebhaft, doch hatte dieser Herr den Trost, daß in dieser und noch in so mancher Nacht die Augen der Adele Spitzeder von keinem wohltätigen Schlummer zugedrückt wurden. Herr Angstwurm erbot sich auch höflichst, für mich ein Gnadengesuch einzureichen, doch ich bedankte mich und erklärte, daß mein Vertrauen zu ihm erschüttert sei.

Unerwähnt kann ich am Schlusse dieses Kapitels nicht lassen, daß der größte Teil des in meiner Verhandlung anwesenden Publikums – aus meinen Gläubigern bestand und gerade diese, ich betone es ausdrücklich, brachten mir Sympathien entgegen, und zwar in der unzweideutigsten Weise.

Wenn ich mich aus dem Gerichtssaale zurückzog, um etwas auszuruhen, so sammelten sich die Leute in den Gängen, stürzten auf mich zu, küßten mir die Hände, die Röcke, versicherten mir ihre Liebe und Zuneigung und versprachen, mich nie im Stiche zu lassen, möge kommen, was da wolle. Trat ich in dem Zimmer, welches man mir eingeräumt hatte, ans Fenster und blickte in den Hof hinab, so sah ich Hunderte von Menschen, welche Stunden lang vielleicht schon dagestanden waren, um wenn irgend möglich, doch noch Zutritt in den Sitzungssaal zu erlangen. Kaum sahen mich nun diese Leute am Fenster, so erhoben sich die Hände, winkten mir Grüße zu, ja sogar die Geldbeutel hielt man in die Luft, wahrscheinlich sollte diese moderne Zeichensprache bedeuten, daß man mir das Geld bringen wolle! Und warum dies alles? Weil die große Masse recht wohl wußte, daß ich keine Betrügerin, sondern selbst die Betrogene sei. Man hatte mich auch nicht des Betrugs, sondern nur des betrüglichen Bankrottes für schuldig erkannt, und zwar deshalb, weil meine Buchführung nicht kaufmännisch eingeteilt war, weil ich der Rosa Ehinger 50 000 fl. geschenkt hatte, was mir aber als Verschleppung angerechnet wurde, und weil mein Kammerdiener Jakob Nebel 50 000 fl. beseitigte, was auf meine Anordnung hin geschehen sein *sollte*. Auch wurden mir die bürgerlichen Ehrenrechte nicht aberkannt, ebensowenig konnte von einer sogenannten Stellung unter Polizeiaufsicht die Rede sein.

Hätte man mich meines »Geschäftes« halber verurteilt, ich würde es ruhig hingenommen haben, dasselbe sage ich von der Buchführung, die ich als Weib nun einmal von Anfang an nicht verstanden hatte – aber eine Verschleppung habe ich nicht begangen, und man hat mich in dieser Beziehung unwissentlich unrichtig beurteilt, unwissentlich sage ich, denn zur Ehre der bayrischen Geschworenen und des bayrischen Richterstandes nehme ich an, daß heutzutage ein ungerechtes Urteil nicht mehr möglich ist!

XI. Kapitel

Das Gefängnis

Nachdem der Stab über mich gebrochen, ich auf Jahre hinaus meiner Freiheit beraubt, und hierdurch wie auch in Folge der siebentägigen Verhandlung im Gerichtssaale aufs äußerste erschöpft wieder zu mir selbst kam, da sehnte ich mich nach Ruhe in meinem Gefängniszimmer, woselbst ich einen um mich trauernden treuen und uneigennützigen Freund wußte – meinen Hund »Daisy«. Das arme Tier hatte ebenfalls sieben Tage der Trauer gehabt, denn ich war nicht bei ihm, und die vollen sieben Tage hindurch hatte das Tier kein Futter angerührt, so lange, bis ich nachts wieder in mein Zimmer trat, worin es bewegungslos die Tage hindurch unter meinem Schlafrocke gesessen, und daselbst nicht wegzubringen gewesen war.

Gegen das schwurgerichtliche Urteil meldete ich die Nichtigkeitsbeschwerde zum Obersten Gerichtshofe an und stellte als meinen Verteidiger den K. Advokaten Will auf.

Gegen ein schwurgerichtliches Urteil gibt es nämlich keinen Beruf, sondern nur die Nichtigkeitsbeschwerde, und diese hat nur dann Aussicht auf Erfolg, wenn wesentliche Förmlichkeiten oder gesetzliche Vorschriften verletzt oder das Gesetz unrichtig angewandt wurden.

Mein Verteidiger stellte nun auch etwa 10 Beschwerdepunkte auf, unter diesen sind besonders hervorzuheben, der Umstand, daß Aussagen von Personen, welche früher mitangeklagt waren, dann zu der Verhandlung als Zeugen geladen wurden, aber nicht erschienen, also nicht beeidigt werden konnten, bei dieser Verhandlung verlesen wurden; ferner der Umstand, daß, während die Zeugen bis zu ihrer Vernehmung gesetzlicher Vorschrift gemäß der Verhandlung nicht beiwohnen dürfen, doch solche im Zuschauerraume sich befanden, daher hören konnten, was vor ihrer Vernehmung vorkam. – – Was die unrichtige Anwendung des Gesetzes betrifft, so wurde von meinem Verteidiger ausgeführt, daß die Bestimmungen über Bankrott der Kaufleute auf mich nicht angewandt werden konnten, da ich keine Kauffrau gewesen sei und selbst das Handelsgericht bei der ersten, früher schon erwähnten Entscheidung mich als solche *nicht* erklärt hatte.

Die Verhandlung vor dem Obersten Gerichtshof nahm volle vier Stunden in Anspruch und waren die zu entscheidenden Fragen sehr schwierig und intrikater Natur.

Es wurden dieselben, nachdem der Oberste Gerichtshof über Tatfragen nicht urteilt, zuungunsten meiner Nichtigkeitsbeschwerde entschieden und diese daher verworfen.

Herb und Lindner, welcher letzterer einen sehr getrübten Leumund hat, welche, wie schon erwähnt, den Leuten mittelst der verwerflichsten Mittel das Geld aus der Tasche locken, waren wegen betrüglichen Bankrotts zu einem Jahr Zuchthaus verurteilt worden. Auf die erhobene Nichtigkeitsbeschwerde hin verwarf jedoch der Oberste Gerichtshof dieses Urteil, indem er von der Ansicht ausging, daß Herb und Lindner keine Kaufleute gewesen seien. Diese beiden wurden also freigesprochen, Adele Spitzeder aber war und blieb verurteilt.

Am 9. September 1873 trat das schwurgerichtliche Urteil in Kraft. Ich ließ nun durch Dr. Will ein Gesuch an Seine Majestät den König einreichen, des Inhalts, in Anbetracht meiner furchtbar angegriffenen Gesundheit die mir zudiktierte Strafe in meinem bisherigen Haftlokale verbüßen zu dürfen. Gefängnisarzt Dr. Martius und Bezirksarzt Dr. Lavall untersuchten infolgedessen meinen Krankheitszustand aufs genaueste und gaben hierauf ihr Gutachten ab. Wahre Tantalusqualen erduldete ich, bis ich den allerhöchsten Bescheid erhielt, und mein Zustand verschlimmerte sich unterdes immer mehr. Da auf einmal – es war am

12. Nov. – erschienen Hofrat Dr. Hecker und Professor Lindwurm, und untersuchten mich wiederum mit einer Genauigkeit, die in mir den Gedanken wachrief, als hätte man im Justizministerium den beiden vorerst genannten Gerichtsärzten resp. ihren Attesten, nicht den vollen Glauben beigemessen. –

Unterdes wurde mein körperlicher Zustand von Tag zu Tag schlechter, und auch mein äußerst lebendiger sehr angegriffener Geist fing an, Symptome von Störungen zu zeigen, und zwar von dem Augenblicke an, als mir Accessist Angstwurm mitteilte, daß Rosa Ehinger ihre Freiheit in so ungebundener Weise genieße, daß daraus unmöglich geschlossen werden könne, als hege sie eine sonderliche Teilnahme für das Schicksal ihrer früheren Herrin, Freundin und Wohltäterin. Dies kränkte mich unsagbar tief, um so mehr als im Grunde genommen, Rosa Ehinger doch einzig und allein die Ursache meines Unglücks gewesen war, und gerade sie hatte mir doch die größte Anhänglichkeit und Aufopferung in den Tagen meines Glückes bewiesen oder vielmehr vorgeheuchelt.

Meine gänzliche Verlassenheit, die vielen bitteren Enttäuschungen, die Erfahrungen der grenzenlosen Undankbarkeit, die ich gemacht, auch der wohl durch meinen Sturz beschleunigte Tod meiner Mutter, der Gedanke ferner, daß ich die Schuldloseste an meinem Unglücke war, und nur für andere zu büßen hatte, dies alles brach meine geistige Kraft und lenkte meine Vernunft auf Bahnen, welche Anfälle von Tobsucht herbeiführten, wenigstens wurde mir hernach von meinen Wärtern erzählt, daß ich oft kaum zu bändigen im Stande gewesen sei, und daß ihrer Viere alle Kraft aufbieten mußten, um Herr über mich zu werden. Fast wäre es soweit gekommen, daß man mir die Zwangsjacke angelegt hätte, und recht weit war ich vom Irrenhause nicht entfernt. Der Verwalter des Gefängnisses, wie auch die Wärter, wurden über diese meine geistesgestörten Anfälle von den beiden Medizinalräthen ausgefragt, und die Meinung der

Ärzte spiegelte sich deutlich genug in einem *Atteste* des Obermedizinal-Kollegiums ab, welches, wie ich nach meiner Entlassung vernahm, dahin gelautet hatte, daß bei einer Inhaftierung in einem Orte, den zu nennen sich mein ganzes Inneres dagegen sträubt, die Gefahr gegeben sei, daß ich wahnsinnig würde.

Dem Allerhöchsten Bescheid auf das Attest der beiden Medizinalräthe sah ich mit gemartertem Gemüte entgegen. Endlich kam derselbe aber doch, und zwar geruhte Seine Majestät der König, daß Adele Spitzeder wegen körperlicher und geistiger Leiden in dem bisherigen Gefängnisse bis auf weiteres zu verbleiben habe.

Nach Ablauf von sechs Monaten kam ein ministerieller Entscheid, nach welchem die Ärzte ein neues Gutachten über meinen Zustand einzureichen hatten. Ich blieb vorläufig in meinem stillen Gemach, und es fehlte mir darin nie an Fürsorge und wirklich guter Pflege. Mit Achtung wurde ich stets behandelt, und zwar mit einer Achtung, wie sie sonst den Gefangenen nicht entgegengebracht zu werden pflegt. Das Benehmen der Richter gegen mich, welche in Prozeßangelegenheiten mich häufig als beeidigte Zeugin zu vernehmen hatten, war stets dergestalt, als ob ich eine auf freiem Fuße lebende Dame sei. Beim Eintritt in mein Zimmer wurde stets der Hut abgenommen, und ich erinnere mich nicht eines einzigen Falles, wo das Gegenteil der Fall gewesen wäre. Die Titulatur lautete »Fräulein«. Im übrigen behielt ich mein eigenes Bett, Waschservice sowie auch meine eigene Kleidung. *Niemals* während meiner ganzen Gefangenschaft kam ich mit anderen Gefangenen in Berührung, und die meiste Zeit derselben verbrachte ich meines leidenden Zustandes halber im Bette. Nach und nach trat eine Art Tiefsinn bei mir ein, und diesen zu verbannen ist mir bis zum heutigen Tage noch nicht ganz gelungen.

Als ich sechs Monate meiner Strafe verbüßt hatte in dem bisherigen mir eingeräumten Haftlokale, da wurde mein

Spitzeder's Traum
Motto:
12
A.S.
8,000
Aktiva
10,000 fl
Schulde
2000
1000
300
200
100
10,000 fl
500
5.000 fl
4.000
8,000 fl
Verlag der I. Centralzeitungs-Expedition Thal 32 München

ihrem Krankenbette.
sen,
hekissen!
500
1000
2000
Villa Spitzeder.
100 fl.
1000
100 fl.
Abführmittel
Urtheil wegen betrügerischen Bank ott
4000 fl
50,000 fl
20,000 fl
Druck v. J. Zehend Au.

körperlicher und geistiger Zustand von den Ärzten abermals gründlich untersucht. Um diese Zeit reichte Dr. Will ein Gesuch an Seine Majestät den König um Strafnachlaß für mich ein, und zwar auf Grund meiner fürchterlich herabgestimmten Gesundheit. Dieses Gesuch wurde abschlägig beschieden, jedoch wurde das Verbleiben in meinem verhältnismäßig komfortablen Haftlokale bis auf weiteres gestattet. Diese Sachlage blieb bis neun Monate vor meiner Entlassung, und zwar wurde mir diese ganze Zeit zu einer wahren Qualperiode, da die Ärzte immer und immer wieder neue Untersuchungen mit mir anstellten, und neue Atteste ausfertigen mußten. Der Antrag der Ärzte, mich gesundheitshalber vorläufig zu entlassen, wurde abgewiesen, und es stand mir deshalb frei zu denken, daß man sich um meine Wiedergenesung nicht kümmere. Meine Beschäftigung durfte ich ganz meinem Geschmacke entsprechend wählen, die Zumutung, wie andere Gefangene zu arbeiten, wurde mir *niemals* gemacht.

Um meinen Geist zu zerstreuen und doch nicht dabei anzustrengen, fing ich an, in Wasserfarben zu malen. Anfangs bemalte ich Bilderbögen mit humoristischen Darstellungen, um mich zu erheitern, bald aber wurde ich kühner und versuchte meine Kunst an Blumen und Früchten, welche, obgleich ich niemals Unterricht im Malen genossen, doch recht ordentlich gelangen. Der Direktor des Bezirksgefängnisses, Herr Josef Praxmarrer, ein menschenfreundlicher, in seinem Amte aber sehr strenger Mann, war stets freundlich gegen mich und da er bemerkte, daß ich einiges Talent zum Malen hatte, so ließ er mir ein Studienbuch zur Anleitung der Aquarellmalerei geben, und mit diesem machte ich sehr gute Fortschritte. Dieser Dame und ihrer Tochter bin ich überhaupt großen Dank schuldig, denn sie verpflegten mich während der ganzen Dauer meiner Krankheit wie von einem der mich behandelnden Ärzte auch der betr. Behörde mitgeteilt wurde. Der Verwalter selbst war ein menschenfreundlicher, in seinem Amte jedoch gleichfalls ernster und strenger Mann.

Späterhin versuchte ich auch in Öl zu malen, und auch darin gelangen mit Früchte und Blumen ganz gut. Zu Zeiten, in welchen meine geistigen Funktionen sich einiger Klarheit erfreuten, beschäftigte ich mich mit Lektüre fremder Sprachen und mit Übersetzungen einiger Novellen aus dem Englischen und Italienischen ins Deutsche. Da ich unter den Sprachen, die ich verstehe, auch des Italienischen sehr mächtig bin, so wurden mir mehrfach die in Haft genommenen Italiener in Begleitung des Wärters und des Verwalters vorgeführt, um ihnen in ihrer heimatlichen Sprache die Hausordnung vorlesen und sie um ihre Personalien befragen zu können. So wurden mir auch von einem Untersuchungsrichter mehrere Briefe eines Angeklagten zur Übersetzung anvertraut, und ich löste diese Arbeit zur vollsten Zufriedenheit.

Auch viele Besuche erhielt ich, und zwar vermittelst Sprechkarten. Die Besucher wurden bei Gerichte befragt, was sie von mir wollten, und nicht selten wurde auch die Frage gestellt, wie diese mir sagten, ob sie denn glaubten, daß ich sie bezahlen würde. Die Antwort lautete gewöhnlich dahin, daß man dies von mir gar nicht verlange, sondern im Gegenteile – bereit wäre, mir wieder Geld zu geben.

Gegen alle jene Personen, welche von mir Geschenke erhalten hatten, wurden von seiten der Gantkommission Zivilprozesse auf Herausgabe der Geschenke angestrengt, und meine Vernehmungen nahmen deshalb kein Ende. Einmal gab beim Protokollieren meiner Personalien der Gantkommissär an: »Adele Spitzeder, ehemalige Schauspielerin«. Sofort erhob ich mich im Bette und fragte erstaunt: »Herr Assessor, wie haben Sie meinen Stand angegeben?« »Nun«, sagte er, »ehemalige Schauspielerin.« »Sie werden sich doch wohl geirrt haben«, entgegnete ich, »nicht als Schauspielerin, sondern als Banquière bin ich verurteilt worden, das Theater hat mit dem Bankerott nichts zu tun gehabt!« – Auf die Frage, ob mir an dem Worte soviel liegt, erwiderte ich: »Allerdings, als Banquière wurde ich bestraft, als solche muß ich leiden, nun will ich aber auch diesen Titel behalten.«

Ein andermal fragte ich den Gantkommissär, ob denn die Leute nicht bald ausbezahlt würden, worauf ich die Antwort erhielt, dieses geschehe, sobald die Prozesse beendigt seien. »Nun, so werde ich trotz meines leidenden Zustandes mich vernehmen lassen, so oft es notwendig ist«, entgegnete ich. Meiner Krankheit halber wurden nämlich die Vernehmungen oft unterbrochen, und die betreffenden Privatprozesse hatten sich hierdurch nicht wenig in die Länge gezogen. »Viel werden die armen Leute nach all den ungeheueren Gerichtskosten doch nicht bekommen«, sagte ich auch dem Assessor, und meine Vorhersagung bestätigte sich denn auch, denn drei volle Jahre nach der Sperre wurden – für das Hundert nicht mehr und nicht weniger als 15 Gulden 36 Kreuzer bezahlt. Auch stellte ich an den Rath die Frage: »Warum wollen Sie mich denn immer als Zeugin vernehmen, das Gericht glaubt mir ja doch nicht?« »O doch, man glaubt Ihnen!« lautete die im ernsten Tone gegebene Antwort.

Rosa Ehinger wollte die von mir geschenkten 50,000 Gulden nicht gutwillig zurücklassen, sondern strengte einen Prozeß an, den sie aber verlor, wie denn überhaupt alle derartigen Prozesse zugunsten der Gant ausgingen. In vielen Prozeßangelegenheiten, konnte ich keine bestimmte Auskunft erteilen, da mein Gedächtnis zu sehr zerrüttet war.

»Wer in gewissen Dingen den Verstand nicht verliert, hat überhaupt keinen zu verlieren«, sagt Lessing.

In der letzten Zeit meiner Haft kam einmal Herr Polizeirath Bauer zu mir und teilte mir mit, daß mein früherer Diener Gröbmaier stark im Verdachte stehe, bei mir einen großartigen Obligationendiebstahl verübt zu haben. Herr

Rath Bauer zeigte mir das Verzeichnis eines Bankiers, auf welchem Obligationen im Werte von 80000 Gulden verzeichnet waren, welche dieser Gröbmaier nach und nach zum Wechseln gebracht hatte. Über diesen auffallenden Vermögensbesitz wurde dem Polizeirath Bauer Anzeige erstattet, und zwar war in dieser Anzeige die Verdächtigung ausgesprochen, ob nicht diese Obligationen am Ende für mich reserviert, resp. in meinem Auftrage beiseite geräumt sein könnten. Polizeirath Bauer berichtete hierüber an die Staatsanwaltschaft, doch Staatsanwalt Barsch schnitt, wie mir Polizeirath Bauer erzählte, jede Verdächtigung meiner Person mit den Worten ab: »Nein, die hat nichts mehr; das hat Gröbmaier ihr gestohlen!« – Herr Staatsanwalt Barsch hatte seinerzeit die Anklage gegen mich in einer Weise begründet und aufrecht erhalten, die für mich sehr verletzend und kränkend war. Sein wahrer Ausspruch jedoch, daß ich nichts mehr habe, söhnte mich, wenn ich mich so ausdrücken darf, wieder vollständig aus.

Die Gröbmaier'sche Angelegenheit betreffend teilte ich Herrn Rath Bauer mit, daß Gröbmaier seinerzeit 4000 Gulden bei mir angelegt hatte, welche Summe dadurch, daß er die Zinsen immer wieder verzinsen ließ, in einem Zeitraum von ewas über einem Jahre sich bis zu 11000 Gulden vermehrte. Wie er aber zu 80000 Gulden gekommen, das war mir ganz und gar unerklärlich, denn er hatte bei mir nur einen sehr geringen Monatsgehalt erhalten, ergo stellte sich der Verdacht felsenfest auf, daß Gröbmaier ganz einfach ein Hausdieb gewesen sei, und sich als solcher auch das obengenannte Vermögen erworben habe. Auch fiel mir nun wieder ein, auf welch rätselhafte Weise seinerzeit gelegentlich einer Sturmperiode mir nicht weniger als 26000 Gulden abhanden gekommen waren, und ich teilte diesen mir damals so rätselhaften Umstand dem Herrn Rath Bauer mit, und mochten jene verschwundenen 26000 Gulden wohl bald zu einem ziemlich greifbaren Beweismoment gegen den Gröbmaier sich auswachsen. Auf weiteres Befragen des Herrn Polizeiraths, ob mir während der Dienstzeit Gröbmaiers sonst nichts Bemerkenswertes abhanden gekommen sei, teilte ich ihm auch mit, daß mir (wie schon in einem früheren Kapitel erwähnt) eines Tages ein ungefaßter Diamant aus meiner Brieftasche abhanden gekommen sei, ebenso die Summe von 500 Gulden, verschwieg jedoch nicht, daß ich einst nach ganz anderer Seite Verdacht gehabt. Auf die Frage, ob ich jetzt, nachdem so viele Verdachtsmomente gegeben seien, nicht gesonnen sei, gegen Gröbmaier wegen Diebstahls Strafantrag zu stellen, antwortete ich natürlich sofort in bejahendem Sinne.

In der Folge wurden noch zwei Gnadengesuche für mich eingereicht, das letzte durch Advokat Dr. Auer, und zwar war in diesem um vollständigen Strafnachlaß, gestützt auf die ärztlichen Zeugnisse, gebeten, und wenn dieser Bitte nicht stattgegeben würde, um vorläufige Entlassung, nachdem ich dreiviertel meiner Strafe verbüßt hatte. Eine vorläufige Entlassung betrachtete ich als keine sonderliche Gunstbezeugung, da ich in diesem Falle zwar auf freiem Fuße, jedoch unter polizeilicher Aufsicht gelebt hätte, wodurch ich aufs neue in den Augen der Welt kompromittiert gewesen wäre. Da aber die Ärzte mir stets versicherten, daß eine Badekur zwingende Notwendigkeit für mich sei, so entschloß ich mich auch dazu, ein Gesuch um vorläufige Entlassung einzureichen. – Auch dieses mein letztes Gesuch wurde abschlägig beschieden, ich mußte sohin volle drei Jahre nebst 10 Monaten Untersuchungshaft im Gefängnisse an der Badstraße in München zubringen.

In dem desfallsigen Ministerialreskripte heißt es, daß es mit der Bedeutung der vorläufigen Entlassung nicht als vereinbar erscheine, diese bei der mir zuerkannten Strafe Platz greifen zu lassen, welche in der mir bewilligten Weise vollzogen und dadurch des eigentlichen Charakters jener Strafe vollständig entkleidet worden sei. –

Aber auch diese schwere Zeit ging vorüber, und als der Tag meiner Entlassung kam, als ich wieder hinaustreten sollte in die Freiheit, da – verließ ich doch das Gefängnis mit schwerem Herzen, denn selbst diese Räume waren mir, ich möchte fast sagen lieb geworden, schon aus dem Grunde, weil ich nur gute Menschen darin kennengelernt und nun zurücklassen mußte.

Mein körperlicher Zustand war der denkbar traurigste. Die eine Seite meines Körpers war vollständig gelähmt, und ich konnte mich daher nur äußerst mühsam mittelst Krücken fortbewegen. Als ich nun über die Treppen heruntergetragen und in den für mich bereitstehenden Fiaker gehoben wurde, als die Gefangenenwärter, die Frau und die Tochter des Verwalters tränenden Auges von mir Abschied nahmen, da merkte ich denn auch, daß man sich sogar an ein Gefängnis gewöhnen kann, denn ich schied weinend aus diesem doch so traurigen Hause.

XII. Kapitel

In der Freiheit

Mit Tränen hatte mir das Hauspersonal des Gefängnisses Lebewohl gesagt und – unglaublich aber wahr – mit Tränen der Freude wurde ich vor dem Tore des Gefängnisses in Gottes freier frischer Natur empfangen von vielen meiner Gläubigern. Kein Vorwurf, keine Klage über den durch mich erlittenen Verlust, sondern reine ungeheuchelte Freude über mein Wiedersehen empfing mich, und ich kann wohl sagen, daß ich hierdurch tief erschüttert war. Von meinen Parasiten und früheren Bediensteten, von all jenen Leuten, welche durch mich – ob direkt oder indirekt, gleichviel reich geworden, war nicht eine Seele zu erblikken. Die *arm* gewordene Adele Spitzeder wollten sie nicht schauen, nicht begrüßen, sie besaß ja nichts mehr, und so hatte es der Egoismus auch nicht mehr nötig, den wirklichen Charakter zu verdecken und Freundschaft und Ergebenheit zu heucheln.

Mein Aussehen war elend im höchsten Grade, der Gebrauch meines wie schon erwähnt lahmen Fußes war mir versagt, und so bot denn die frühere zehn- und zwanzigfache Millionärin ein Bild des Elends und des Jammers, um so mehr als ich auch, von allen Geldmitteln entblößt, die wiedererlangte Freiheit in einem keineswegs rosigem Lichte betrachten konnte. Meine Gläubiger hatten aber kaum bemerkt – – daß ich ganz und gar mittellos sei, so wurde mir auch schon Geld von allen Seiten angeboten. Leicht begreiflicherweise sträubte ich mich, gerade von solchen Personen, welche soviel bei mir verloren hatten, helfen zu lassen, man bat mich aber, Geld anzunehmen, ohne Schuldschein, ohne Quittung, ohne jede Verbindlichkeit von meiner Seite, daß es wirklich falscher Hochmut von meiner Seite gewesen, diese aus wahrhaft edlen Herzen kommenden Angebote nicht wenigstens teilweise zu akzeptieren.

Ein Bekannter hatte mir in der Residenzstraße bei einer Landrichterswitwe eine Wohnung im dritten Stocke ausgemittelt. In der Wohnung erwarteten mich wiederum viele Personen, welche mir ihre Anhänglichkeit zeigen wollten, ebenso ein einfaches solides, von meinem Bruder mir als Pflegerin empfohlenes Mädchen, namens Marie Ridmayer, welche mir auch in der Folge während meines langwierigen krankhaften Zustandes die aufopferndste Pflege zuteil werden ließ. Ich lebte nun ganz und gar zurückgezogen in meinem neuen Daheim, doch kamen Tag für Tag eine Menge Leute, welche mich begrüßten und mir ihre Teilnahme und Freude über die wiedererlangte Freiheit ausdrücken wollten. Die wenigsten von ihnen konnte ich aber empfangen, sondern ich mußte sie meines leidenden Zustandes halber fast durchweg abweisen lassen. Viele ließen sich jedoch positiv nicht abweisen, und als ich sie dann notgedrungen hereinkommen ließ, was war da ihr Begehr? Wollten sie etwa das bei mir verlorene Geld zurückerhalten? Nein, sondern sie boten mir die Mittel an, um eine Badekur gebrauchen zu können. Nicht eine Person ist bis heutigen Tages zu mir gekommen, um das bei mir verlorene Kapital *zurückzufordern*, sondern im Gegenteile drangen meine Gläubiger fort und fort in mich, Geld anzunehmen, um meine auf lange Zeit hinaus vollständig ruinierte Gesundheit durch eine von den Ärzten mir so dringend angeratene Badekur wiedererlangen zu können. Wie schon gesagt forderte man weder von mir Schuldscheine noch eine Verzinsung der desfallsigen Gelder, welche in Folge dessen den Charakter von Geschenken an sich trugen. Ich konnte mich jedoch nicht entschließen, solche anzunehmen, stellte vielmehr Darlehensscheine aus mit der Verpflichtung, das angenommene Geld verzinsen zu wollen, erklärte jedoch diesen Personen, welche nun neuerdings wieder meine Gläubiger wurden, ausdrücklich, daß ich total mittellos, die Gant ferner noch nicht beendet sei, also von einer Sicherheit des mir gegebenen Geldes absolut gar keine Rede sein könne.

»Wir braucha koa Sicherheit, Fräul'n, wenn's uns dös Geld a mal wieda zahl'n könna, na is recht, wenn net, na macht's a nix, wenn mir's net hätt'n, wär's grad' a so!« So lauteten durchweg die mir gegebenen Antworten, und angesichts dieser vielen Beweise von Vertrauen und Wohlwollen schmerzte es mich um so mehr, daß besonders meine früheren Freundinnen sowohl wie Rosa Ehinger sich gar nicht um mich kümmerten. Sie, die mir, als ich auf der Höhe des Glückes stand, uneigennützige und wahrhaft treue Freundinnen zu sein vorgaben, hatten sich während der ganzen Dauer meiner Haft niemals nach mir erkundigt, geschweige, daß sie mir jetzt nach der Entlassung hilfreiche Hand geleistet hätten. Und doch habe ich seinerzeit gerade ihnen *nachweislich* die größten Opfer gebracht! Eine derselben begab sich, als ich das Gefängnis verließ, auf Reisen, und Rosa Ehinger sprengte das Gerücht aus, sie sei in Wien mit einem Arzte verheiratet und befinde sich in »dürftigen« Verhältnissen. Diese nämliche Rosa Ehinger, welche erklärte, alles, was sie von mir erhalten, an die Gantmasse abgegeben zu haben, soll, wie mir späterhin mitgeteilt wurde, in München in der elegantesten Kleidung promeniert haben, ebenso wurde sie im Hoftheater im ersten Range mit Diamanten in den Ohren gesehen. Die Mutter der Ehinger, über welche ich aus gewisser Rücksicht nur für sie selbst manches noch verschweige, soll sich längere Zeit hindurch in sehr leidendem Zustande befunden haben. Was mag wohl diese »arme« Frau gedrückt haben? Ihre Tochter Rosa, welche währenddessen einen hoffnungsvollen Knaben geboren haben soll, bewies in der Wahl ihres nunmehrigen Beschützers und »Freundes« aufs neue, daß sie mit Berechnung zu handeln verstehe! Der einstige Ausspruch meiner seligen Mutter: »Rosa, verlasse meine Adele nie«, mit welchem ihr Verteidiger auf das Gemüt der Geschworenen so trefflich zu wirken verstand, machte seine Wirkung nur in der Glückszeit geltend, die Stimme aus dem Grabe verhallte jedoch ungehört, nachdem mein Reichtum längst entschwunden.

Eine meiner Freundinnen soll Besitzerin einer auswärtigen Villa sein und sich überhaupt in glänzenden Verhältnissen befinden, ihre Schwester befindet sich in München, ist aber klug genug, ihre ebenfalls gutsituierten Verhältnisse nicht zur Schau zu tragen. – Der K. Advokat Dr. Will, welcher seiner Zeit den Mut gehabt hatte, mich sowohl vor dem Obersten Gerichtshofe zu verteidigen, als auch Gnadengesuche für mich einzureichen, besuchte mich ebenfalls, so auch der Hausarzt des Gefängnisses Dr. Martius, an welchen ich das Ansuchen gestellt hatte, mir seinen ärztlichen Beistand auch jetzt in der Freiheit zuteil werden zu lassen. Er erteilte mir den dringenden Rat, unverzüglich eine Badekur in Wildbad zu gebrauchen, und gab mir ein Empfehlungsschreiben an den dortigen Badedirektor Herrn Hofrath Dr. von Renz mit. Demzufolge reiste ich am 17. September in Begleitung meiner Pflegerin Maria Riedmayer und meines ehemaligen Oberhausmeisters Jakob Weber nach Wildbad. Diese doppelte Begleitung brauchte ich nur deshalb, weil ich mich nur mittelst Krükken bewegen konnte.

Ich fuhr zur späten Nachtzeit nach dem Bahnhof, und um kein Aufsehen zu erregen, hatte ich das freundliche Anerbieten vieler meiner Gläubiger, mir auf dem Perron Lebewohl zu sagen, abgelehnt. Einer meiner Gläubiger, ein Lohnkutscher namens Ganter, hatte es sich nicht nehmen lassen, mich in seinem besten Geschirre nach dem Bahnhofe zu fahren, eine Liebenswürdigkeit, welche er mir schon im Gefängnisse hatte anbieten lassen.

Nächsten Nachmittag ½ 5 Uhr kam ich in dem idyllischen Schwarzwaldkurorte Wildbad an, und ich logierte mich in dem Hotel de Russie ein, welches mir schon vorher empfohlen wurde. Das Bad selbst machte anfangs selbst keinen imposanten Eindruck auf mich, sondern es kam mir wie ein freundliches Dorf vor. Im Fremdenbuche des Hotels ließ ich mich unter dem Familiennamen meiner seligen Mutter in Verbindung mit meinem zweiten Vornamen als »Theodora Vio« eintragen, und zwar ließ ich beifügen »aus Berlin«, weil ich ebendaselbst geboren wurde. Dem Hotelbesitzer Herrn Comberger, einem äußerst zuvorkommenden und freundlichen Manne, übergab ich das mir von Dr. Martius mit auf den Weg gegebene Empfehlungsschreiben mit dem Ersuchen, dasselbe an die Adresse des Herrn Hofraths Dr. von Renz gelangen zu lassen mit der Bitte, er möge mich baldigst besuchen.

Der Herr Hofrath erschien denn auch nach sehr kurzer Zeit, und ich fragte ihn sofort: »Wissen Sie, wer ich bin?« – »Nein«, lautete die unbefangene Antwort, und ich sah mich veranlaßt, ihm gegenüber mein Inkognito mit den Worten aufzugeben: »... en discretion will ich Ihnen meinen Namen nennen, ich heiße Adele Spitzeder.« – Diese Eröffnung schien durchaus keinen unangenehmen Eindruck auf Dr. von Renz hervorzubringen. Er sah in mir nur die hilfsbedürftige Kranke, und untersuchte mich deshalb aufs Genaueste. Bei der Polizei und der K. Postbehörde ließ ich – von jeher ein Feind der Heimlichkeiten – ebenfalls meinen wahren Namen angeben, denn nur um nicht gleich anfangs Aufsehen zu erregen, war ich unter dem Familiennamen meiner seligen Mutter aufgetreten. Mein wahrer Name blieb denn auch im öffentlichen Verkehrsleben Wildbads nicht lange Geheimnis, und in sehr kurzer Zeit schon erschien im »Schwäbischen Merkur« eine Notiz, worin meine Ankunft in Wildbad ausposaunt wurde.

Mit meiner Wiederherstellung hatte der Badedirektor Hofrath Dr. von Renz kein kleines Stück Arbeit, denn mein linkes Bein war schon seit einigen Jahren vollkommen lahm und ohne Gefühl, so daß ich nicht einmal eine

Zehe bewegen, geschweige denn stehen oder gar gehen konnte. Sogar das Niedersitzen war mir nicht ohne Hilfeleistung möglich.

Viele Wochen vergingen, bis mein leidender Zustand sich in Wildbad zu bessern anfing. Ich gebrauchte nach Vorschrift die Bäder in Verbindung mit Douchen, und die Wirkung der wahrhaft heilsamen Quelle machte sich auch mit der Zeit in erfreulichster Weise an mir geltend. Dr. von Renz unterstützte die Wirkung der Bäder mit der Anwendung von Elektrizität, und nachdem ich im Gefängnisse zu München nicht weniger als 160mal ganz erfolglos elektrisiert worden war, konnte ich in Wildbad nach mehreren Sitzungen einen deutlichen Gewinn an Bewegungsfähigkeit in meinem lahmen Körperteile wahrnehmen. Es scheint sonach, daß die Elektrizität entsprechend angewandt im Vereine mit Bädern eine erhöhte Wirkung hervorbringt.

Dr. von Renz wurde mir aber auch ein Arzt der Seele, denn mit seltenem Scharfblicke bemerkte er sofort, daß nicht nur mein Körper, sondern auch mein Gemüt leide, und durch planmäßiges Verfahren suchte er auch dem entgegenzutreten. Seiner wirksamen Heilmethode verdanke ich speziell meine Gesundheit, und gerade hier heißt es, »Wasser tut's nicht allein«.

Er suchte bei mir vor allem wieder Lust und Liebe zur geistigen Arbeit zu erwecken, um dadurch sowohl mein Selbstgefühl als auch meine Widerstandskraft zu stärken. Immer wieder hielt er mir den Segen der Arbeit vor Augen, da mit zunehmender Aufwendung aller Energie und durch planmäßige Verwertung der geistigen Fähigkeiten nicht nur die eigene Subsistenz gesichert werde, sondern auch durch das befriedigende Bewußtsein eines nützlichen Daseins jener frohe Mut sich schaffe, der das vergangene Leben mit all seinen schweren Stunden als etwas der Vergangenheit Angehörendes betrachte und getrost den Weg der Zukunft wandle.

Er sprach oft mit soviel Gemüt und männlicher Bestimmtheit zu mir, daß ich oft nach seinem Weggehen zu meiner Gesellschafterin sagte: »Marie, wenn ich mit diesem Manne spreche, so ist mir stets, als ob mir ein Stein vom Herzen fiele.«

Die Kur, der ich unterworfen war, wurde zwar manchmal herb, weil dieser ausgezeichnete Arzt mit so vielen Zwischenfällen zu kämpfen hatte, doch wurden seine Bemühungen zuletzt mit einer vollständigen Heilung gekrönt. Der Fuß, welcher früher gegen Kneipen und die stärksten Nadelstiche unempfindlich gewesen, lernte wieder gehen, und ich gewann Gott sei Dank wieder den vollen Gebrauch meiner Glieder.

Ich fing nun an, die Notizen zu meinen Memoiren, welche ich im Gefängnisse gesammelt hatte, chronologisch zu ordnen, und nach vielen Unterbrechungen, verursacht durch häufig wiederkehrendes Kopfleiden, gehen nun auch diese ihrer Vollendung entgegen.

Da ich von jeher für Musik geschwärmt, mich auch im Komponieren mit Erfolg versucht hatte, so empfahl mir Hofrath Dr. von Renz, mich auch damit zu beschäftigen. Ich mietete mir deshalb ein kleines Pianino und fing an, wie früher Kompositionsversuche zu machen, zu meiner größten Freude nach und nach mit durchgreifendem Erfolge. Der Direktor der dortigen Kurkapelle, Herr Kapellmeister *Kühner*, instrumentierte mir dieselben und – führte sie in den Konzerten vor dem Badepublikum auf, welches sich in höchst anerkennender Weise über mein Talent auf diesem Gebiete aussprach. Hierdurch bekam ich erst recht Mut und ging auf der einmal betretenen Bahn mit rüstigen Schritten weiter, indem ich in der Folge über 70 Piecen nebst einer Operette komponierte, welche nach dem Urteile sämtlicher Sachkundiger, welche dieselben zu hören bekamen, entschieden das Gepräge des Talents an sich tragen. Vier kleine Kompositionen erschienen schon damals im Verlage eines Leipziger Buchhändlers, und der Dirigent einer auswärtigen bedeutenden Kapelle von gutem Klang ersuchte mich um die Erlaubnis, dieselben unter meinem Namen zur Aufführung bringen zu dürfen. Ich versagte dies aber, da ich dieselben erst nach dem Erscheinen meiner Memoiren der Öffentlichkeit übergeben wollte, weil ich von der nicht grundlosen Befürchtung ausging, daß leidenschaftliche Verfolgungswut eines Teiles der Presse, verbunden mit unedlem Hasse, mit meiner nun so bedauernswert gewordenen Person auch die Früchte meiner Arbeit in den Staub treten möchte.

Unterdes sorgten meine Gläubiger aus früherer Zeit auf die eigentümlichste Art dafür, daß ich ihrer auch außerhalb der Grenzen Bayerns nicht vergesse. Sie schickten mir nämlich fort und fort Geld nach Wildbad, und zwar kamen Postanweisungen mit 50, 100, 150, 200, 300 Mark von Leuten, deren Namen mir vollständig unbekannt waren und deren Adressen oft nicht einmal angegeben waren, geschweige denn, daß sie Begleitschreiben gesendet hätten. Auf diese Weise war ich oft gezwungen, in München einer vertrauten Person brieflichen Auftrag zu geben, auszukundschaften, wessen Schuldnerin ich eigentlich geworden sei. Von Wildbad aus schickte ich dann erst diesen mir so gut gesinnten Menschen unaufgefordert Schuldscheine.

Der erste Brief, den ich in Wildbad erhielt, kam aus Altona von einer mir befreundeten Dame, welche früher Theateragentin gewesen und mir als solche Gastspiele vermittelt hatte. Dieselbe drückte mir ihre vollste Teilnahme über mein Schicksal aus und erteilte mir den Rat, nach Wiedererlangung meiner Gesundheit wiederum meine frühere Carrière aufzunehmen. Diesen Gedanken hatte ich ja schon lange, mich wiederum der Bühne als dramatische Schauspielerin zu widmen, wenn auch nicht für immer. Ich hatte hiebei auch den Zweck im Auge, mich vom künstlerischen Standpunkte aus in den Augen der öffentlichen Meinung zu rehabilitieren, schon deshalb weil es die Presse seinerzeit bei Besprechung meiner Verhandlung für notwendig befunden hatte, auch meinen künstlerischen Ruf herabzuwürdigen, als ob derselbe mit dem mir zur Last gelegten Reate auch nur im entferntesten zu tun gehabt hätte.

Aus Altona, woselbst ich einst meine schauspielerische Carrière beendet, erhielt ich den ersten Antrag wieder aufzutreten, und zwar vom Direktor Damm. Ich betrachtete dies als einen Fingerzeig des Schicksals und sagte sofort ein Gastspiel zu, um so mehr, als das dargebotene Honorar ein sehr ansehnliches zu nennen war.

Ich verweilte in Wildbad volle 11 Monate, und der Aufenthalt daselbst hätte meiner Geldbörse wohl empfindliche Nervenzuckungen verursacht, wenn nicht meine Münchener Gläubiger, wie schon erwähnt, fortwährend freiwillig die Mittel gesandt hätten, um meine trotz des Edelmutes des Herrn Hofrathes von Renz, welcher sich nicht entschließen konnte, von mir Honorar zu nehmen, kostspielige Existenz bestreiten zu können. Ich kann wohl sagen, daß dies edelmütige Gebaren meiner Gläubiger nicht wenig dazu beigetragen hat, daß ich meine Gesundheit in so erfreulicher Weise wieder erlangte.

Im Frühjahr hatte ich das »Hotel de Russie« verlassen und in der meinem alten Freunde gehörigen »Alten Linde« Quartier genommen. Fränkel ist nämlich der Bruder jenes Gasthofpächters gleichen Namens in München, in dessen »Deutschem Hause«, wie früher schon dargetan, die sogenannte »Dachauer Bank« ihren Anfang nahm.

Meine Kur in Wildbad hatte übrigens auch eine dreiwöchentliche Unterbrechung erlitten, indem ich es nicht übers Herz bringen konnte, meine Theatercarrière zu beginnen, ohne mich zuvor meinen Gläubigern gezeigt zu haben. Ich reiste nach München und wurde mit offenen Armen aufgenommen. Nachdem ich drei Wochen daselbst verblieben, ging ich wieder nach Wildbad, um auf Befehl des Herrn Dr. von Renz eine kleine Nachkur zu gebrauchen. Dann sagte ich auch diesem herrlichen Orte mit seinen ebenso herrlichen Menschen Lebewohl, mit dem festen Vorsatze, nun, gesund am Körper wie am Geiste, meinen Gläubigern nicht mehr zur Last zu fallen, sondern mir mein Brot selbst zu verdienen!

Törichte Hoffnung! Was bei anderen Menschenkindern als lobenswert gilt, das rechnete man einer Adele Spitzeder als Verbrechen an, die Presse, mit wenigen Ausnahmen, fand eine förmliche Wollust darin und findet sie bis auf den heutigen Tag noch, mich auch in meinem *ehrlichen* Streben nach einem *ehrlichen* Verdienste mit Hohn und Spott zu begeifern und in den Schmutz zu zerren.

Als ob ich vogelfrei und nicht denselben staatlichen Schutz zu beanspruchen gehabt hätte, wie jeder andere, der unter dem Szepter der *sogenannten* Zivilisation sich seines Daseins erfreut!

Gerechtigkeit – dein Begriff ist ein sehr dehnbarer!!!

XIII. Kapitel

Das Gebaren der Presse und meiner sogenannten guten Freunde

Wie viele tausend Male ist nicht der Name Adele Spitzeder durch die Presse gelaufen, und wie viele Tausende von Schimpfwörtern, Verdächtigungen und entstellten Tatsachen sind nicht von den Herren Redakteuren, Reportern, Korrespondenten, Literaten und »Schriftstellern« darangeklebt worden?!! – Den Begriff der Objektivität scheint man – nicht in der ganzen, wohl aber in einem sehr großen Teile der Presse – bei Erwähnung meiner Wenigkeit ganz vergessen zu haben, und an deren Stelle trat eine wahre Verfolgungswut.

Von dem Augenblicke an, als ich verurteilt war, von dem Moment an, da ich die über mich verhängte Strafe angetreten, ferner von jenem Zeitpunkte an, da ich meine Strafe verbüßt und wiederum im Genusse aller persönlichen Rechte und Freiheiten ins öffentliche gesellschaftliche Leben trat, von allen diesen Momenten an war es eine taktlose, verabscheuungswürdige und eine gemeine Handlungsweise, fort und fort in gehässigster Weise gegen mich Tinte und Druckerschwärze zu verbrauchen. Es verrät keine Spur von Edelmut, wenn ein Teil der Presse, jener Großmacht im Staate, welche das Wort »Freiheit« in so tausendfachen Variationen schon definiert hat, sich Jahr aus Jahr ein abmüht, ein wehrloses Weib, das genug gebüßt und gelitten hat, immer und immer wieder zu verfolgen, zu bekriteln und zu begeifern, und sogar in ihrem ehrlichen Erwerb als Künstlerin zu hindern.

Ich sage »ein Teil der Presse«, denn ich unterscheide genau. Jene Presse, welche veredelnd auf die Masse des Volkes einzuwirken sucht, meine ich nicht, und wenn auch manche Zeitung ersten Ranges über mich entstellte Tatsachen oder grundlose Verdächtigungen abgedruckt hat, so schreibe ich das weniger auf Rechnung der betreffenden Redaktionen, vielmehr trägt hieran nur die Böswilligkeit der Berichterstatter die Schuld, denn viele dieser Herren leben ja nur vom Aufschnappen und wenn nötig auch vom *Erfinden* solcher Notizen, welche als pikante Sauce dem Zeitungsleser zur glücklichen Verdauung der politischen Artikel dienen sollen.

Aber jene Presse, welche »pikante« Nachrichten bringen muß, um überhaupt gelesen zu werden, jene Presse, deren Subsistenz von Inseraten zuweilen sehr unmoralischen Zweckes abhängt, jene Presse, welche das Bedürfnis in sich fühlt, mit der Lüge und der Gemeinheit ein Bündnis zu schließen, um die Skandalsucht ihres ungebildeten Leserkreises befriedigen zu können, jene Presse, welche durch Reklame Abonnenten suchen muß, jene Presse hat in unverantwortlichster Weise gemein und niederträchtig an mir gehandelt.

Von dem Augenblicke an, als ich die über mich verhängte Strafe abgebüßt hatte, wäre es auch im Interesse der Humanität Pflicht der anständigen Presse gewesen, mich gegen ungerechtfertigte und bodenlos gemeine Angriffe und Herabwürdigungen zu verteidigen und zu schützen.

Zur Zeit meiner Verurteilung schon erschienen eine Unmasse von Broschüren, welche mich auf die niederträchtigste Art verunglimpften, und deren Zweck doch nur darin bestand, die leeren Taschen der Verfasser zu füllen. Eine Schande und Schmach, da diese Leute wohl wußten, daß eine Gefangene leicht beleidigt werden kann, da sie nicht in der Lage ist, sich zu verteidigen. Unter diesen befanden sich auch Leute, die mir oder vielmehr meiner Kasse früher stark gehuldigt, wie zum Beispiel ein gewisser Dr. Herzog und noch viele andere, welche früher bei mir Wohltaten genossen hatten.

Schande und Schmach über solche Redakteure, die ihre Blätter mit Schmähartikeln gegen ein Weib füllten, das jeder Bube ungestraft beleidigen konnte. Und nicht einer von denen, die sich an meinem Tische gemästet, hatte den Mut, für mich aufzutreten, sondern sie stimmten in das Gejohle der Niederträchtigkeit mit ein. Karrikaturen aller Art kursierten über mich, und was die Schmutzpresse nicht mehr konnte, das taten die herumziehenden Dultiranten, indem mich diese in den Wachsfigurenkabinetten als Weltberühmtheit aufführten.

Auf die Ähnlichkeit kam es selbstverständlich nicht an, der Name zog ja schon genug an. Theaterstücke wurden in aller Eile fabriziert und zur Aufführung gebracht, kurz es wurde Menschenmögliches geleistet, um aus meinem Falle Kapital zu schlagen. Schauderhafte Photographien und lügenhafte Biographien überboten sich einander. Die Lokalpresse, speziell die Münchener, beschäftigte sich Jahre lang mit mir, und an giftigen Bemerkungen fehlte es hierbei wahrlich nicht. Sogar die Anwälte, welche mich verteidigt hatten, wurden angegriffen, und doch bestand mein ganzes Verbrechen darin, daß ich den mir freiwillig angebotenen Kredit angenommen hatte. Schwindel oder Betrug konnte man mir nicht nachweisen, trotzdem die genauesten Nachforschungen auch in dieser Beziehung gepflogen wurden.

Allein ich habe keine entehrende Handlung begangen, folglich konnte mir auch keine solche nachgewiesen werden.

Ich habe zu verschiedenen Malen schon erwähnt, daß ich nicht wegen Betrugs angeklagt und auch nicht verurteilt wurde.

Ich wurde lediglich nach den Bestimmungen des »Bankerutt« betitelten 24. Abschnittes des Reichsstrafgesetzbuches bestraft; hiernach werden *Kaufleute* in gewissen Fällen, z. B. wenn sie, nachdem sie ihre Zahlungen eingestellt haben, Vermögensstücke verheimlicht oder beiseite geschafft, Handelsbücher zu führen unterlassen haben, oder solche Personen, welche z. B. im Interesse eines Kaufmanns Vermögensstücke beiseite schaffen, mit Strafe bedroht. –

Ich wurde nun, wie schon öfters erwähnt, als Kauffrau erachtet, trotzdem das K. Handelsgericht München links der Isar bei der ersten Entscheidung dieser Frage anderer Ansicht war, und nachdem mir die Verschleppung – welche während der oben erwähnten Sperre ausgeführt wurde, zur Last gelegt worden ist, und da ich keine Handelsbücher, welche nach erwähntem Entscheide zu führen keine Veranlassung bestand und ich auch gar nicht führen konnte (weil ich die Kaufmannschaft nicht erlernt hatte), – geführt hatte, wurde ich verurteilt. –

Wie gerne die Presse bereit ist, über meine Person herzufallen, davon mag folgende nachweisbare Tatsache Zeugnis ablegen:

Diese meine Memoiren waren noch lange nicht vollendet, geschweige denn herausgegeben, da erschien im »Kurier für Niederbayern« eine total und nur aus Böswilligkeit erfundene Notiz des Inhalts, daß die demnächst erscheinenden Memoiren der Adele Spitzeder nicht das geringste Interesse für sich in Anspruch nehmen würden, indem die Verfasserin darin ein Langes und Breites über ihre Jugend und theatralische Laufbahn erzähle, daß die letztere, von mir besonders verherrlicht, sich wie ein Ariadnefaden hinziehe durch das Ganze und daß ich über die »Mysterien der Dachauerbank« mit einem Salto mortale hinwegsetze, um – von Wildbad und dessen Annehmlichkeiten zu sprechen.

Diese Notiz wurde getreulich von der ganzen Presse nachgedruckt, und nicht ein einziger Redakteur kümmerte sich darum, ob diese Nachricht eine müßige Erfindung, eine böswillige Lüge oder auf Wahrheit beruhend sei.

Einen Kommentar hierüber zu machen, finde ich nicht für nötig, die Leser dieser meiner Memoiren mögen ihr Urteil über ein solches nicht zu rechtfertigendes Gebaren der Presse selbst abgeben! Jedenfalls aber ist es ein Armutszeugnis für die Presse, anstatt ihr Augenmerk auf wichtigere Sachen zu lenken, fortwährend und fortwährend ein Weib zu schmähen, verdächtigen und herabzuwürdigen.

Genug, von nun ab werde ich nicht mehr dulden, daß irgend jemand mich beleidigt, auch ich werde jetzt den Schutz der Gesetze in Anspruch nehmen.

Ich habe schon oben erwähnt, daß manche derjenigen, welche mich in der Presse beschimpften, gastfreundlich bei mir Aufnahme gefunden, ja viele Wohltaten genossen haben.

Die Millionen waren fort und die Freunde mit ihnen! Die nämlichen Freunde, welche täglich an meinem Tische gefüttert, welche von mir gekleidet wurden, welche mich nur als leichtgläubiges, aufopferungsfähiges und als für die geringste Kleinigkeit äußerst dankbares Weib kennengelernt hatten, diese Freunde verflogen nach meinem Sturze wie Spreu im Winde.

Sie waren von selbst gekommen, ohne mein Zutun, und sie führten keine anderen Empfehlungskarten mit sich, als leere Geldbeutel. Doppelzüngig und habsüchtig kamen sie einher wie Wölfe im Schafpelze, und stellten sich mir mit knechtischem Sinne zur Verfügung; sie streuten mir Weihrauch, winselten mir Ergebenheit und vergaßen niemals hinter meinem Rücken zu lachen, nachdem ich ihnen die leeren Taschen mit Geld und den allezeit hungrigen Magen mit Speise und Trank gefüllt hatte. Es mögen wohl nicht die richtigen Menschen gewesen sein, jene Leute. Die Reklameartikel für mich suchte ich stets zu unterdrücken, da sie mir in der Seele zuwider waren; ihre Verteidigung habe ich nie gewünscht, nie gesucht, sondern sogar verboten.

Als nun jene unheilvolle Zeit über mich hereinbrach, jene schwerste Periode meines Lebens, jene rabenschwarze

Nacht, welche das unerbittliche Schicksal über Fortunas Günstling breitete, lernte ich den Charakter dieser Leute kennen, da sah ich ein, daß diese Herren nur so lange das Glück mir zur Seite stand, mir freundlich gesinnt waren.

Ich habe in den früheren Kapiteln schon mehrere genannt, denen ich Gnadenspenderin gewesen, und denen ich nach meinem Sturze die Zielscheibe der kleinlichsten und niedrigsten Angriffe und Verdächtigungen wurde. Ich will die Namen dieser Herren nicht mehr wiederholen, denn sie sind zum guten Teile ohnedies in alle Winde auseinandergeflogen.

Die Undankbarsten muß ich aber wenigstens kennzeichnen, den Verleger und Redakteur der sogenannten »Neuen Freien Volkszeitung«, eines Lokalblattes, Julius Marchner. Dieser kam zu mir, präsentierte sich als Literat, machte seine Referenz, schwatzte viel, stellte mir seine literarischen Dienste gegen die »Neuesten Nachrichten« zur Verfügung und pumpte mich im Schlußsatz seiner Rede kunstgerecht um 95 fl. an. Marchner hatte ein unheimlich falsches Gesicht, er konnte mir nicht gerade in die Augen schauen und verschob bald den einen, bald den andern Mundwinkel bis zum Ohre, mit einem Worte, er machte einen widerlichen Eindruck auf mich. Seine Bitte konnte ich ihm aber doch nicht abschlagen, da ich an seinem dünnen, fadenscheinigen Röckchen wohl merkte, daß bei ihm Schmalhans Küchenmeister sei. Ich gab ihm die gewünschte Summe, aber nur leihweise.

Nach einigen Besuchen begab er sich, wie er mir mitteilte, auf eine Reise. Es verging eine geraume Zeit, dann besuchte Julius Marchner mich des öfteren noch, und als die festgesetzte Zeit heranrückte, zu welcher er mir die geliehenen 95 fl. zurückzahlen sollte, da zeigte mir der große Schriftsteller seine Insolenz dadurch an, daß er mich flehentlichst ersuchte, ihm noch länger nachzusehen, er könne mich jetzt nicht zahlen. Seine zur Schau getragene knechtische Unterwürfigkeit ekelte mich an, und obwohl ich sonst zehnfach größere Summen gerne prolongierte oder sogar ganz verschmerzte, so ärgerte es mich bei diesem Menschen doch so sehr, daß ich ihm eine Ohrfeige um die andere gerne gegeben hätte.

Nach Ablauf einiger Zeit gründete Marchner das »Extrablatt« und druckte darin, auf meine Noblesse spekulierend, einige mir gewidmete Lobgedichte ab. Mit diesen in der Hand besuchte er mich wieder, und da ich um diese Zeit gerade über Millionen zu verfügen hatte, meine selige Mutter überdies entzückt war, daß sich auch einmal jemand finde, der Gutes über mich schreibe, so war ich schwach genug, den am Geiste und an der Toilette fadenscheinigen Journalisten vom Kopf bis zum Fuße zu kleiden, ihm eine goldene Uhr zu kaufen und freien Mittagstisch bei mir anzuweisen. Da bei dem guten Manne die Geldverlegenheiten aber doch nie aufhörten, gab ich ihm ungefähr 3000 fl., damit er sich eine Buchdruckerei etablieren konnte, ließ mir aber als Äquivalent hierfür das Verlagsrecht seines »Extrablattes« verpfänden, für dessen Redaktion ich ihm monatlich 100 fl. zahlte.

Eines schönen Tages kam auch Marchners Vater, der Journalist und Dienstmanninstitutinhaber Marchner in Regensburg, zu mir, und – – wo Marchner jun. Geld und Kleider bekommen, da glaubte auch Marchner sen. einen Pump von 1500 Gulden mit Erfolg in Szene setzen zu können, jedoch vergebens. Ich bedauerte lebhaft, dem Herrn nicht dienen zu können, weil ich von der gewiß nicht ganz unrichtigen Ansicht ausging, daß Marchner sen. nicht viel solventer sein könnte als sein liebenswürdiger Stammhalter.

Marchner jun. stellte sich hernach mir gegenüber sehr entrüstet über den »Bohrversuch« seines cher papa, da doch er, Julius, von mir bereits aus Not und Dürftigkeit gerissen und mit so vielen Wohltaten beglückt worden sei, die er nie vergessen werde. Redakteur Marchner weinte hiebei Dankestränen! Im übrigen blieb dieser Herr Redakteur mein getreuer Diener, genoß mit seinem Bruder Josef freien Mittagstisch bei mir bis zu meinem Sturze. Von da an zeigte sich aber der Charakter dieses Menschen in seiner wahren Gestalt. Das »Extrablatt«, welches nur durch meine Geldzuschüsse lebensfähig gewesen, ging schlafen und an dessen Stelle gründete der »geniale Literat« in Kompagnie mit einem gewissen Lang ein Blatt von der ordinärsten Gattung, die jetzt so weit verbreitete »Neue Freie Volkszeitung«. Jenen Lang hatte ich auch kennengelernt, indem er mir das Manuskript eines mir zu Ehren geschriebenen Romans, »Die gütige Fee in der Schönfeldstraße«, präsentierte; ich verbat mir aber die Herausgabe des speichelleckerischen Machwerks aufs strengste. Marchner, dem ich Wohltaten ohne Zahl erwiesen, druckte darin die empörendsten Pamphlete gegen mich ab, nannte mich eine Schwindlerin, ein betrügerisches Weib usw., so zwar, daß selbst die mir feindlich gesinnte Presse darüber empört wurde, und ihn verdientermaßen an den Pranger stellte. Am Tage vor meiner Schwurgerichtsverhandlung trat dieser Mensch die menschliche Moral sogar derart mit Füßen, daß er an allen Straßenecken Plakate anschlagen ließ des Inhalts, daß in der morgigen Nummer der »Neuen freien Volkszeitung« der Verhandlungsbericht sowohl, als auch das wohlgetroffene Porträt der »berüchtigten« Adele Spitzeder enthalten sein werde.

Für diese Beleidigung erhielt ich wenigstens die Genugtuung, daß ein unter meinen beschlagnahmten Papieren vorgefundenen Brief Marchners öffentlich verlesen wurde, worin mir derselbe seine ewige Dankbarkeit, Verehrung und Hochachtung in überschwenglichen Worten ausdrückte, nebst den denkwürdigen Worten: »Ich würde mich glücklich schätzen, Fräulein Spitzeder, täglich Ihre Schuhe putzen zu dürfen!« Pfui! – – –

Auch andere Redakteure wurden in meiner Verhandlung kompromittiert, jedoch nicht durch mich, sondern durch ihre Schuldscheine und Briefe, welche man unter meinen

Papieren gefunden hatte. Keinen derselben habe ich kompromittiert, denn einer Denunziation war ich niemals fähig. Es wird auch niemand, er mag einem Stande angehören wie immer, sich über Mangel an Diskretion zu beschweren haben. Z. B. Herr Theophil Bösl, welcher bei mir sicher sehr, sehr viel Gutes genoß, über den ich mich aber auf die Fürsprache eines meiner Anwälte in diesen meinen Memoiren nicht weiter verbreiten will.

Nun noch einige Worte über meine »guten« Freunde, welche mich, als Millionärin fast – in wohlberechneter Weise – anbeteten, mit meinem Sturze aber nichts mehr von Freundschaft wußten, da keine goldenen Früchte mehr zu ernten waren.

Herr Ferdinand Fränkel, »Schriftsteller«, Redakteur der damals erschienenen »Stadtfraubas« und Buchdruckereibesitzer, ließ sich's recht wohl bei mir sein und verschmähte keinen Schluck Wein. Oft lange blieb er sitzen und trank fort, bis er fast nicht mehr konnte. Dieser Mensch brachte mich durch sein langes Sitzenbleiben oft förmlich zur Verzweiflung, und wenn ich Stunden lang schon zu Bette lag, so hörte ich ihn von Gröbmaier, welcher ihn am liebsten auf die Straße geworfen hätte, noch Wein verlangen.

Einmal waren einige sogenannte »gute Freunde« abends bei mir zu Gast. Gegen halb 10 Uhr begab ich mich zur Ruhe, in der stillen Hoffnung, die Herren würden nun soviel Takt besitzen, sich ebenfalls zu entfernen. Törichte Hoffnung, denn sie blieben wie angenagelt sitzen, als ob sie sich in einer öffentlichen Wirtschaft befänden. Gröbmaier gab ihnen zu verstehen, ich sei bereits zu Bette gegangen, und sie möchten sich nun auch entfernen – sie gingen aber nicht und Gröbmaier fand es nun der Sachlage entsprechend, ihnen Wasser unter den Wein zu panschen.

Der Zeiger wies bereits auf Mitternacht, die »Herren« machten immer noch keine Miene sich zu entfernen, und der Lärm, den sie verursachten, drang bis in mein Schlafzimmer. Ich ließ nun Gröbmaier herbeizitieren, und befahl ihm dafür Sorge zu tragen, daß nun endlich einmal Ruhe im Hause werde. »Sie ganga aber net!« erwiderte Gröbmaier, »i hab eahna scho Wassa in Wein einig'schütt', es hat aber nix g'holfa und jetzt verlanga's gar no an Champagner.« – »Du gibst jetzt keinen Wein mehr«, befahl ich. – »Ja wenn's aber nacha doch net ganga, darf ich sie dann nausschmeißen?« fragte Gröbmaier. – »Nein, hinauswerfen darfst sie nicht«, sagte ich, »aber das Licht löscht Du ihnen vor der Nase aus!«

Und so geschah es auch. Gröbmaier bedeutete den aufdringlichen Gästen, er könne nun keinen Wein mehr verabreichen, und als dieselben doch keine Miene zum Aufbrechen machten, da drehte er ihnen das Licht ab und ließ sie in der Dunkelheit sitzen. Die »gebülteten« Herren gingen aber deshalb noch nicht, sondern blieben so lange noch kleben, bis buchstäblich jedes Glas bis zur Nagelprobe geleert war, und dann erst torkelten sie auf die Straße.

Der entlassene Rechtskonzipient Ludwig Kolb gehört ganz besonders zu jenen meiner ehemaligen »Freunde«, deren Freundschaft ich besser nie kennengelernt hätte. Er besorgte für mich Rechts- und Unterhändlergeschäfte der verschiedensten Art, und zwar in der gewandtesten Weise. Er erwarb auch an die 8000 Gulden bei mir. Seine Persönlichkeit konnte ich nie leiden, denn sein unheimlicher, stechender Blick verriet mir, daß dieser Mensch in seinen Handlungen sich nur vom krassesten Egoismus leiten ließ. Wieviel dieser Ludwig Kolb außer den erwähnten 8000 Gulden für seine Schmusergeschäfte noch bei mir verdiente, kann ich mich nicht erinnern. Zu kurz kam er jedenfalls nicht, denn der längst aus der Konzipientenliste gestrichene früher blutarme Mann ist nun anerkannt steinreich, lebt auf dem feinsten Fuße, hat Equipagen und gallonierte Diener und führt, beglückt durch die Freundschaft einer nicht zur besitzenden Klasse zählenden Gräfin ein sehr anschauliches nicht mehr von Nahrungssorgen gequältes Leben. Bemerken will ich auch, daß Ludwig Kolb, welcher früher in ganz unterwürfig demütigem Tone mit mir verkehrte, nun auf sehr hohem Rosse einherreitet, und von seiner früheren Wohltäterin nur mehr en bagatelle und in den verächtlichsten Ausdrücken spricht. Im übrigen war er einer von denjenigen, welche bei mir oft zu Tische geladen waren, und er verstand meine Gastfreundschaft so weidlich auszunützen, daß beim Nachhausegehen seine Füße gewöhnlich in die Schwingungen eines Perpendikels verfielen. Ganz besonders bei diesem Kolb hätte ich an das Sprichwort denken sollen:

»Gott, beschütze mich vor meinen Freunden, vor meinen Feinden will ich mich selber schützen!«

Die Zahl jener Personen, welche von mir durch irgendwelche Angaben Geld zu erlangen suchten und teilweise auch erlangten, geht ins Unendliche. So kam auch einmal ein Advokatenschreiber aus Freising zu mir, gab an, daß er großen Einfluß in vielen Zeitungen, besonders im »Kurier für Niederbayern« und »Nürnberger Anzeiger« habe, und gab mir seinen Wunsch, von mir mit Geld abgeschmiert zu werden, wie man zu sagen pflegt, mit trockenen Worten zu verstehen. Ich wies ihm ganz einfach die Türe, wie ich aber später zu hören bekam, hatte er dafür in den genannten Zeitungen wütend über mich losgezogen, und es blieb mir deshalb nichts übrig, als jene Redaktionen zu bedauern, die von einem derartigen Charakter überhaupt Artikel aufnehmen mochten. Wie mir von meinen früheren Geldanlegern mitgeteilt wurde, soll dieser frühere Advokatenschreiber nun ein Schmuser- oder Kommissionsgeschäft gegründet haben und sich durchaus nicht in dürftigen Verhältnissen befinden; seine »Literatur« mag also doch, wenn auch nicht bei mir, Früchte getragen haben.

Die Herren Dr. Zander, Jochner usw. habe ich bereits an anderer Stelle erwähnt, und ich schließe deshalb dieses kurze Kapitel mit dem hier zutreffenden Sprichworte:

»Undank ist der Welt Lohn.«

XIV. Kapitel

Meine jüngsten Erlebnisse in Altona, Berlin und München

In Wildbad schon hatte ich vom Sekretär des Berliner Residenztheaters den Antrag erhalten, das Residenztheater pachtweise zu übernehmen und darin eine Zeitlang Vorstellungen zu geben, auch vom Berliner Thaliatheater erhielt ich einen Antrag, ich lehnte jedoch beides ab, denn mein Sinn stand vorläufig nach Altona, da ich, wie schon bemerkt, mit dem Direktor des Tivolitheaters daselbst, Herrn Damm, bereits abgeschlossen hatte.

Aus eben demselben Grunde lehnte ich auch zwei weitere Anträge ab. Der eine war vom Direktor des Theaters in Wildbad selbst, der andere vom Kapellmeister Hoffmeier zu seinem Benefice im Sommertheater in Berg bei Stuttgart.

Wenn noch hundert andere Anträge an mich gekommen wären, ich würde sie sämtlich refüsiert haben, denn in mir hatte sich die Idee festgewurzelt, meine schauspielerische Carrière da wieder aufzunehmen, wo ich sie seinerzeit beendet, in Altona.

Und so brach ich denn am 9. August von Wildbad auf, froh und heiter dem neuen Lebenswege entgegengehend. Merkwürdigerweise wurde ich an allen Haltestationen erkannt, und man brachte mir an manchen Orten von Seite des Bahnpersonals, wie auch des Publikums eine zuvorkommende Haltung entgegen, selbst dort, wo ich annehmen durfte, eine völlig fremde Persönlichkeit zu sein. Mir war das Aufsehen, welches ich erregte, im höchsten Grade peinlich, und es ärgerte mich, daß ich nicht einmal in Norddeutschland unerkannt bleiben konnte, da ich doch mit den dortigen Leuten noch wenig oder vielmehr fast gar nicht in Berührung gekommen war.

In Altona angekommen, teilte mir Direktor Damm auf mein Befragen, wie ich wohl von Seite des Publikums und der Presse aufgenommen werden würde, mit, das Publikum sei mir nicht ungünstig gesinnt, auch die Presse; nur ein kleines Revolverblatt habe über mich losgezogen, weil er mein Auftreten nicht darin inseriert hatte.

In der Tat hatte die anständige dominierende Hamburger Presse es unter der Würde gehalten, einem schutzlosen Weibe ihren künstlerischen Beruf unmöglich zu machen. Nicht so ein kleines Schmierblättchen, der »Altonaer General-Anzeiger«, welches von D. W. Peters und Meno Kiehn redigiert wird. Letztgenannter »Herr« Redakteur, welcher, wie mir dort am Platze mitgeteilt wurde, bereits einmal wegen Bettel und Landstreicherei abgestraft wurde, hatte in dem genannten Blatte lange zuvor, ehe ich nach Hamburg-Altona gekommen war, in wahrhaft infamer Weise mich sowohl als auch den Direktor Damm angegriffen und das Publikum aufgehetzt und aufgefordert, mich auszupfeifen und auszupfeffern. Die Schreibweise dieses Meno Kiehn war derartig gemein und infam, daß jeder nur einigermaßen mit den Regeln des Anstandes vertraut gewordene Mann sich fragen mußte, wie es denn in der jetzigen Zeit möglich sei, daß ein solcher Mensch sich erfrechen dürfe, dem so aufgeklärten Hamburg-Altonaer Publikum seine unflätige Meinung aufoktroieren zu dürfen. Wer die schweren Beleidigungen gelesen hat, welche derselbe in benanntem Blatte gegen mich geschleudert hat, wird mir diese kleine Abwehr nicht übel deuten.

Ich fand es denn auch, als ich den Herren Redakteuren in Hamburg-Altona meine Karte gab, nicht der Mühe wert, in der Redaktionsstube dieses »Generalanzeigers« einen Besuch abzustatten. Mehrere Hamburger und Altonaer Bürger hatten mir zwar dringend geraten, diesem Meno Kiehn mit einem 20-Taler-Schein den Mund zu stopfen, doch hätte ich mich in diesem Falle vor mir selbst geschämt. Auch ein Anwalt fragte mich, ob er diesem Revolverjournalisten nicht in meinem Auftrage ein kleines Sümmchen Geld geben dürfe, um ihn mundtot zu machen. »Fällt mir gar nicht ein«, erwiderte ich, »das Publikum in Hamburg-Altona wird nicht nach der Pfeife dieses Revolverblattes tanzen!« Meno Kiehn schimpfte Tag für Tag fort, beutete buchstäblich den ganzen Vorrat deutscher Schimpfwörter hiezu aus, und brachte es hiedurch endlich soweit, daß die anständige Hamburger Presse, welche eine Zeitlang dem schamlosen, niederträchtigen Treiben dieses Revolvermenschen stillschweigend zugesehen hatte, ihren gerechten Unwillen darüber äußerte. Die »Hamburger Tribüne« kanzelte dieses »journalistische« Gebaren sogar herunter und meinte: »es wäre unedel und den Gesetzen der Humanität in keiner Weise entsprechend, ein Weib anzugreifen, das schutzlos in der Welt dastehe und keine Waffe zur Verteidigung besitze.«

Auch ein gewisser Behrents, ebenfalls »Redakteur«, ließ in der von ihm redigierten »Hamburger Zeitung« sein Licht wider mich leuchten. Da auch dieses Blatt von sehr zweifelhaftem Charakter und von verschwindender Bedeutung war, so kümmerte ich mich um das Geschrei desselben nicht.

Meno Kiehn trieb in seinem Blättchen die Hetze wider mich sogar so weit, daß er zur Anfertigung von Spitzederpfeiferln aufmunterte und dieselben auch zum Verkaufe ausschrieb. Dieser Mensch schrieb mich in seinem Schmutzblatte förmlich als vogelfrei aus, und ich beschloß deshalb, Strafantrag gegen ihn zu stellen, wandte mich auch an einen Hamburger Anwalt zu diesem Zwecke, ließ aber die Klage wieder fallen, als dieser zur Klageführung einen Vorschuß von nicht mehr und nicht weniger als 1500 Mark forderte. Ein Verlangen das, nachdem ich nicht den fünften Teil der geforderten Summe mein Eigen nannte, nicht erfüllt werden konnte.

Eines bezweckten diese Revolverjournalisten aber doch. Infolge der vielen Aufregungen und Kränkungen erkrankte ich nämlich nicht unbedeutend, und der Arzt Dr. St. erklärte, daß von einem Auftreten auf der Bühne vor der Hand gar keine Rede sein könne. Direktor Damm war hierüber außer sich, denn er mußte nun, wie ich hörte, eine bedeutende Summe, welche er auf acht Tage im vorhinein eingenommen hatte, wieder an das Publikum hinauszahlen! Nachdem ich wieder einigermaßen hergestellt war, weigerte ich, mich in Altona auf einer Bühne noch aufzutreten, denn ich besaß aus meinem früheren Theaterleben Routine genug, um zu wissen, daß die »Herren« Meno Kiehn, Behrents usw. Zeit genug gehabt hatten, um einen bezahlten Theaterskandal gegen mich inszenieren zu können. Das anständig denkende Publikum allerdings hätte ich nicht zu fürchten gehabt, das merkte ich gar wohl, auch wurde mir dies von vielen Seiten versichert. Als ich, wiederhergestellt, das Tivolitheater als Zuschauerin besuchte und mich kalt und gleichgültig an eine Säule lehnte, da wurde ich sofort erkannt und die Nachricht von meiner Anwesenheit ging wie Lauffeuer durch den ganzen Musentempel, so daß sich wie auf Kommando sämtliche Lorgnetten und Operngucker auf meine Wenigkeit richteten. Viele der Anwesenden grüßten mich, ich darf sagen achtungsvoll, ein Zeichen der Antipathie oder des Mißfallens ertönte jedoch trotz aller Aufhetzereien der genannten Revolverredakteure nicht. Als ich das Konzert im Tivoligarten besuchte, woselbst Kapellmeister Eberle meine eigenen Kompositionen spielte, wurde ich ebenfalls erkannt. Aller Augen richteten sich auf mich, – aber nicht eine Insultation kam vor, im Gegenteil wurde mir von vielen Seiten der Wunsch ausgedrückt, ich möge mich doch ja an das Gewäsch der genannten Zeitungsblättchen nicht kehren. Spaßeshalber wurde mir auch eine Schöpfung des Herrn Meno Kiehn, ein sogenanntes »Spitzederpfeiferl«, vorgezeigt. Lächelnd nahm ich das meiner Person halber angefertigte

Instrument zur Hand und sagte laut genug, um auch von entfernter Sitzenden verstanden zu werden: »Also ein für mich gefertigtes Hamburger Pfeiferl; gut, ich werde eine Hamburger Pfeiferlpolka dazu komponieren.« Beifälliges Gelächter belehrte mich, daß meine Worte gehört worden waren. Ich hielt wirklich Wort und komponierte unter diesem Titel eine ganz originell klingende Polka.

Ich bedaure heute noch aufs lebhafteste, daß ich nicht in Altona aufgetreten bin, und es war eine große Torheit von mir, daß ich der von den Revolverzeitungen wider mich in Szene gesetzten Hetze nicht die Stirne bot. Denn wie mir nachträglich vom Theateragenten Sam Phillipp im Beisein von Zeugen mitgeteilt wurde, hatte Meno Kiehn von einem Schauspieler 25 Taler erhalten, speziell zu dem Zwecke, um die schändlichen Artikel wider mich zu schreiben und mir das Auftreten hierdurch unmöglich zu machen.

Die Polizei in Altona hat mein Auftreten in Damms Theater niemals verboten, weder direkt noch indirekt, im Gegenteile hätte mich dieselbe vor Insulten zu schützen gewußt, indem man eine bedeutende Anzahl Polizisten im Theater postiert hätte, wie mir der Direktor erzählte. Es ist demnach eine krasse Lüge, wenn die Zeitungsblätter immer davon faseln, ich sei in Altona von der Behörde am Auftreten im Theater verhindert oder gar aus der Stadt ausgewiesen worden. Ich bin vielmehr freiwillig trotz dem Drängen des Direktors nicht aufgetreten, weil mir die Aufhetzereien der Presse dasselbe verleidet hatten.

Von Altona reiste ich nach Berlin, woselbst ich gegen sehr hohes Honorar im »Deutschen Reichstheater« zwölfmal auftreten sollte. Mit schwerem Herzen ging ich dahin, nachdem ich in der Elbmetropole so bittere Erfahrungen gemacht, und eine unbestimmte Ahnung gab mir die Sorge ein, ob nach all diesem Geschrei der Presse in Berlin die Polizeigewalt meinem Auftreten nicht hinderlich in den Weg treten würde in einer oder der anderen Weise. Ich verbannte jedoch diese, wie ich glaubte – – »törichte« – Ahnung, da ich wohl wußte, daß man einer Person, die nicht unter Polizeiaufsicht steht und im Genusse ihrer bürgerlichen Ehrenrechte sich befindet, in ihrem Gewerbe nicht hinderlich in den Weg treten darf. Ich wußte allerdings mit Gewißheit, daß die Berliner Polizei mein Auftreten mit äußerst mißgünstigen Augen betrachte, denn mein zuerst projektiertes Auftreten in Quarcks Vaudevilletheater war von ihr bereits hintertrieben worden, doch waren die Theateragenten der Meinung gewesen, daß dieser Direktor der Polizei gegenüber das Herz nicht auf dem rechten Flecke gehabt habe, weshalb sie mir das Engagement an dem Deutschen Reichstheater vermittelten, dessen Direktor energisch genug war, der Polizei gegenüber sein Recht, Mitglieder nach seinem Gutdünken zu engagieren, nötigenfalls zu wahren. In der Tat ließ sich dieser Direktor, als die Polizei an ihn das Ansinnen stellte, mich nicht auftreten zu lassen, unbeirrt auf dem mit mir abgeschlossenen Kontrakte stehen.

Was tat unter solchen Umständen die Polizeibehörde in Berlin? Sie sah, daß ganz Berlin mit Spannung meinem Auftreten entgegensah, das Theater war wie in Hamburg auf viele Tage hinaus bereits so gut wie ausgekauft, der Theaterdirektor bestand auf dem mit mir kontraktlich abgeschlossenen Gastspiele, also blieb nichts übrig, als sich direkt an meine Person zu halten, und dieses geschah auch, ohne die geringsten Umstände mit mir zu machen, in der denkbar rücksichtslosesten Weise.

Ich befand mich nämlich kaum 36 Stunden im City-Hotel, da verlangte mich vormittags 11 Uhr ein Herr in Zivil zu sprechen. Auf meine Frage, womit ich ihm dienen könne, zeigte der Besucher eine 1-Taler-Stücke ähnliche Marke vor und legitimierte sich damit als ein an mich abgesandter Polizeibeamter, der beauftragt sei, mich sofort auf die Polizei zu führen.

»Was habe ich denn mit der Polizei zu tun?« fragte ich im höchsten Grade erstaunt, »was will man denn von mir?«

Der Mann behauptete, hierüber nicht unterrichtet zu sein, doch glaube er, daß es mit meinem öffentlichen Auftreten in Zusammenhang stehe. Um Aufsehen im Hotel zu vermeiden, ging ich in Begleitung meiner Gesellschafterin mit auf die Polizei. Dortselbst in dem Büro eines Mannes angelangt, den man Herr Rath betitelte, wurde mir von dem letzteren mit dürren Worten eröffnet, daß ich in Berlin nicht auftreten dürfe! »Warum nicht!« fragte ich, »ich muß doch meinem Kontrakte nachkommen, denn von was sollte ich sonst leben?« –

Keine Antwort. Dafür begann aber ein Verhör, als ob ich vor einem Untersuchungsrichter stünde, und ich mußte angeben, seit wann ich aus dem Gefängnisse entlassen sei, wohin ich mich von da aus begeben habe, was ich in München, Wildbad und Altona getan hätte usw.

Dies schriftliche Verhör wurde dem Polizeipräsidenten v. Madai gesandt, und nach etwa einer halben Stunde kam der Entscheid zurück, daß ich Berlin auf der Stelle verlassen müsse!

Ich traute meinen Ohren kaum und bedeutete dem Rath, daß ich Berlin unmöglich eher verlassen könne, als bis ich meinem Kontrakte nachgekommen sei. »Das geht uns alles nichts an, Sie müssen Berlin augenblicklich verlassen!« lautete die Antwort.

»Ja, warum soll ich denn die Stadt verlassen?« fragte ich.

Keine Antwort. »Ich bin ja in Berlin geboren, bin ich denn eine politisch gefährliche Person?«

Wiederum keine Antwort, keine Angabe irgendeines Grundes.

Vergebens berief ich mich darauf, daß ich nicht unter polizeilicher Aufsicht stünde und im Genusse meiner bürgerlichen Ehrenrechte sei, es half alles nichts.

Was konnte ich, ein schutzloses Weib, gegen das Machtwort der Polizei machen? Ich mußte mich einfach fügen und sagte dem Rath nur, daß ich unmöglich jetzt sofort Berlin verlassen könne, denn ich müsse zuerst doch mit dem Theateragenten sprechen und meine Sachen überhaupt ordnen, jedoch mit dem letzten Zuge erklärte ich mich bereit, reisen zu wollen.

Dieses gestattete man mir, jedoch nur unter der Bedingung, daß, so lange mein Aufenthalt in Berlin noch dauere, ein Polizeibeamter in Zivil mich stets auf Schritt und Tritt bis an den Bahnhofschalter begleite, um sicher zu sein, daß ich wirklich Berlin verlasse. Und so geschah es auch. Ein Beamter wandelte von diesem Augenblicke an konsequent an meiner Seite, und nicht eher befreite er mich von seiner Gegenwart, als bis ich am Bahnhofschalter ein Billett nach Brandenburg gelöst hatte. Hierauf verabschiedete er sich in der liebenswürdigsten und höflichsten Weise von mir, wie ich denn überhaupt bekennen muß, daß ich von sämtlichen Polizeibeamten, mit denen ich gelegentlich dieser Affäre in Berührung kam, mit der ausgesuchtesten Höflichkeit behandelt worden bin.

Ich reiste also nach Brandenburg und von da nach Frankfurt a. M., wo die Theateragenten mir am »Allemania-Theater« ein ebenfalls in pekuniärer Hinsicht glänzendes Gastspiel vermittelt und kontraktlich abgeschlossen hatten. In Frankfurt angekommen, lernte ich den Direktor der dortigen Volksbank, einen gewissen Herrn Goldschmidt, kennen, und dieser drückte mir seine Meinung dahin aus, daß die Frankfurter Polizei wahrscheinlich dem Beispiele der Berliner folgen werde insoweit, als wenigstens mein öffentliches Auftreten untersagt werden würde. Ich hielt nun alles für möglich und begab mich nach Stuttgart, indem ich erklärte, nicht eher auftreten zu wollen, bis die Polizei ihre Genehmigung hierzu erteilt hätte. Nachmittags schon erhielt ich aber die privatime Nachricht aus Frankfurt, daß die Polizei mein Gastspiel dortselbst ebenfalls untersagt hätte, ob es aber in Wirklichkeit der Fall war, kann ich nicht sagen. Indes nahm ich, an Recht und Gesetz verzweifelnd, die Privatnachricht für bare Münze und ging nach München, um – meinen Gläubigern zu sagen, daß es mir nicht gestattet worden sei, mein Brot als Künstlerin zu verdienen; und daß ich infolgedessen nicht in der Lage sei, ihnen das mir seit meiner Entlassung aus dem Gefängnisse vorgestreckte Geld jetzt retour zahlen zu können.

Was taten nun meine Gläubiger? Sie drückten mir ihre vollste Teilnahme aus, erklärten mich auf keinen Fall im Stiche zu lassen und – sie haben mich auch bis auf den heutigen Tag nicht verlassen. Ich befinde mich nun zur Zeit, als ich dies schreibe, seit 6 Monaten wieder in München, und meine Gläubiger haben während dieser Zeit eine solche Anhänglichkeit und Freundschaft an mir bewiesen, daß ich ihnen ewig zur Dankbarkeit verpflichtet bin. Die nämlichen Leute, welche beim Zusammensturze der »Dachauer Bank« soviel verloren hatten, die mir nach meiner Entlassung aus dem Gefängnisse wiederum Geld gegeben hatten, um die Kosten einer Badekur bestreiten zu können, sie gaben mir wiederum Geld, als sie hörten, daß die Polizei mir nicht gestattet hatte, mein Brot als Künstlerin zu verdienen.

Niemals, ich betonte dies nachdrücklich, kamen frühere Gläubiger zu mir, um über die bei der Dachauer Bank verlorenen Summen zu weinen, zu jammern oder zu fluchen, wie gewisse Leute so gerne glauben möchten. Nicht die Gläubiger, die mich tagtäglich mit Besuchen überstürzen, stellen sich mir gegenüber als Gegenstand des Bedauerns dar, sondern ich werde von ihnen bedauert und bemitleidet! Die nämlichen Leute, die soviel verloren, sie bieten mir heute noch tagtäglich wiederum Geld an, und zwar zehn- und zwanzigfach soviel als ich bedarf, so daß ich das Geld notwendig zurückweisen muß. Die Leute wissen genau, daß ich nichts, rein gar nichts besitze, sie wissen genau, daß ich vergantet wurde, daß ich für geliehene Gelder auch nicht die geringste Sicherheit oder Garantie bieten kann, übrigens sage ich ihnen dies auch ausdrücklich, um ja auch nicht den geringsten Schein von Irrtum aufkommen zu lassen, trotz alledem bieten sie mir aber doch Geld zu meinem

Fortkommen und zu meinen Konzertunternehmungen an, ja, sie bitten mich sogar darum, es anzunehmen, mit dem Bemerken, daß ihnen meine Person Sicherheit genug sei und ich es ihnen ja zurückzahlen könne, wenn ich als Künstlerin auftreten dürfe.

Da ich aber doch unmöglich immerfort von der Unterstützung meiner Gläubiger leben konnte, ich auch zu stolz hiezu gewesen wäre, andererseits aber die Polizeibehörden meinem Verdienste hindernd in den Weg traten, so mußte ich weitere Pläne für meine Zukunft entwerfen. Fürs erste schloß ich mit einem Wiener Theateragenten, welcher mit mir in München unterhandelte und mich bestürmte, daß ich in Wien in Kempnys Orpheum als Deklamatrice auftreten möchte, einen Kontrakt ab. Ich sollte demnach in den ersten Tagen des März in dem genannten »Orpheum« sechs Abende hindurch als Deklamatrice auftreten; und zwar hatte man mir für eine einzige Deklamation je 300 Gulden zugesichert! Durch die Berliner Affäre gewitzigt, hatte ich mir aber in dem Kontrakte ausbedungen, daß ich die Erlaubnis der dortigen Polizeibehörde in Händen haben müsse. Die letzten Tage des Januar erhielt ich nun vom Theateragenten Biechler mehrere Briefe, worinnen versichert war, daß meinem Auftreten in Wien von Polizei wegen nichts im Wege stehe, daß es aber bei dieser Behörde nicht usus sei, eine desfalsige Erlaubnis schriftlich zu dokumentieren. Hierüber beruhigt, glaubte ich nun endlich auf dem Standpunkte anderer Menschenkinder angelangt zu sein, welche ihr Brot ehrlich verdienen dürfen.

Weit gefehlt! Acht Tage vor meinem angekündigten Auftreten in Wien berichtete die dortige Presse mit den obligaten, mehr oder weniger höhnischen Randbemerkungen, daß Direktor Kempny auf die Polizeidirektion zitiert und ihm daselbst die Eröffnung gemacht worden sei, wenn er nicht sofort jede Beziehung mit Adele Spitzeder in München abbreche, so würde man ihm die Konzession entziehen! Ob an Direktor Kempny derartiges Polizeigebot gelangt ist, weiß ich nicht, jedenfalls hat Direktor Kempny die nötigen Schritte zur Erlangung der Erlaubnis nicht getan. Ich selbst habe stets dem Herrn Kempny gegenüber erklärt, daß ich zur Erfüllung meines Kontrakts bereit sei. Dieser Kontrakt wird ein Gegenstand eines Rechtsstreites, welchen für mich der berühmte Wiener Advokat Dr. Neuda führt.

Auch bezüglich der Verfügungen der Berliner Polizeibehörde bin ich nun nachträglich klagbar aufgetreten. Meine Vertretung dortselbst übernahm der Berliner Anwalt Dr. Munkel, welcher seinerzeit den Grafen Arnim verteidigt hatte. Dieser Prozeß ist nun in der Schwebe, und ist dessen Ausgang ist nach den Bestimmungen des Freizügigkeitsgesetzes und da ich niemals unter Polizeiaufsicht gestellt wurde, wohl zweifellos zu meinen Gunsten.

Übrigens habe ich bereits schon den Entschluß gefaßt, keine Bühne mehr zu betreten, sondern mich ganz und gar der Musik zu widmen und mich von meinem Kompositionstalente, das von vielen Kapellmeistern anerkannt wurde, zu ernähren. Meine Gläubiger haben mir das Geld gegeben, um meine Kompositionen instrumentieren und mit einer Kapelle erproben zu können, und da die Zahl meiner Kompositionen bereits 77 erreicht hat, so läßt sich leicht an den Fingern abzählen, daß hierfür nicht geringe pekuniäre Opfer gebracht werden mußten.*

* Nicht uninteressant dürfte es für den unbefangenen Leser sein zu erfahren, daß die Münchener Polizeibehörde sogar meine in geschlossenen Lokalen abgehaltenen Musikproben verdächtig fand. Als ich nämlich beim Pächter des »Café Aurora«, Herrn Ebbecke in München, mit der Kapelle »die Wittelsbacher« meine erste Musikprobe abgehalten hatte, da wurde Herr Ebbecke einige Tage darauf vom Polizeirath Pfister in dessen Büro geladen und eingehend inquiriert, wer bei der Probe zugegen gewesen sei, wer dirigiert habe, ob ich nicht etwa insgeheim ein Konzert gegen Entrée gegeben habe?

Diese meine eigenen Kompositionen werde ich von nun an in Konzerten, welche ich nunmehr gebe, selbst dirigieren. Da man mir aber bisher mit einem Scheine von Recht in Altona, Berlin und Wien den Vorwurf gemacht hat, als beabsichtige ich mit meinem leider Gottes zu so trauriger Berühmtheit gelangten Namen Geld zu machen, so werde ich das letzte tun, was überhaupt in meiner Macht steht, um solche Anschuldigung zu entkräftigen: Ich werde, obwohl laut Gerichtszeugnis, welches ich in Händen habe, meine Gant längst beendet ist, nicht als Adele Spitzeder öffentlich auftreten, sondern der Theatersitte gemäß unter einem Künstlernamen, und hierzu wähle ich am liebsten den Familiennamen meiner seligen Mutter.

Nicht mehr Adele Spitzeder wird ihr Brot zu verdienen suchen, sondern die Komponistin *Adele Vio*! Auf letztere auch Steine zu werfen, wäre charakterlos, sie in ihrem Erwerbe aber zu hindern wäre – niedrig und nach allen Seiten

Meine Musikproben zu verbieten, das war mir denn doch zu toll, und ich begab mich deshalb tags darauf zum Polizeipräsidenten Frhrn. von Feilitzsch und beschwerte mich hierüber, zeigte auch sofort an, an welchem Tage und an welchem Orte ich meine nächste Probe abzuhalten gedenke. Bei dieser Gelegenheit äußerte der Herr Präsident, die Leute gäben mir ja wieder Geld? – »Oh, ja«, erwiderte ich, »ich mußte sogar schon an die 30 Personen, welche mir Geld geben wollten, zurückweisen; im übrigen verstehe ich nicht, daß man mich immer und immer wieder verhindert, mein Brot zu verdienen, trotzdem ich ganz und gar nicht unter Polizeiaufsicht stehe, oder«, fragte ich, »will vielleicht die Behörde die Kosten meiner Kur und meinen Lebensunterhalt überhaupt bestreiten?«

Der Herr Präsident war sehr höflich und meinte, ob es denn nicht besser wäre, wenn ich München, den Ort, woran sich so viele trübe Erinnerungen für mich knüpften, verlassen würde. »Ja wohin soll ich denn gehen?« fragte ich. »Gehen Sie doch nach Amerika!« erwiderte der Herr Präsident. »Danke hierfür, das Wasser hat keine Balken!« war meine Antwort, und ich verabschiedete mich von dem Chef der Münchener Polizei, welcher mir noch die höflichen Worte mit auf den Weg gab: »Fräulein Spitzeder, ich bedaure ihre Lage!« –

hin ungerechtfertigt; es wäre um so ungerechtfertigter, als ich ja nicht aus Eigennutz Geld verdienen will, sondern lediglich deshalb, um den guten Menschen, welche mir geholfen haben, ihre Darlehen zurückzuzahlen.

Ich hoffe denn auch, daß mir die Wohltaten unseres Freizügigkeitsgesetzes und andere Gesetze nicht entzogen werden. Vielmehr nehme auch ich solche in Anspruch, und was insbesondere Hindernisse, die mir, wie erwähnt, allenfalls in niedriger, charakterloser Weise durch die Presse bereitet werden können, betrifft, so werde ich jeden Angriff auf gesetzlichem Wege zurückzuweisen wissen. –

Im Begriffe, meine Konzertreise zu beginnen, bin ich bei einem neuen Abschnitte meines Lebens angelangt. Somit sind auch diese Memoiren vollendet. Ehe ich jedoch Abschied von meinen Lesern nehme, muß ich noch hier der Hoffnung Ausdruck geben, daß der unbefangene Leser gewiß durch die wahrheitsgetreue Darstellung in vorliegenden Memoiren eine andere Ansicht über mich und mein Tun und Handeln gewonnen hat, als bisher.

Viele Leser, ja ich darf sagen die meisten, werden die Ansicht einer großen Anzahl von Juristen teilen, daß meine Verurteilung nicht gerechtfertigt war.

München, im April 1878. *Adele Spitzeder.*

Zwischen den Fronten

Münchner Frauen in Krieg und Frieden 1900–1945

Herausgegeben von der Landeshauptstadt München

448 Seiten mit 176 Abbildungen, Pappband, 17,3 × 24 cm, DM 34,–
ISBN 3-927984-37-X

Der Alltag von Frauen in Kriegs- und Zwischenkriegszeiten steht im Mittelpunkt der Dokumentation. Mehr als 30 Münchner Zeitzeuginnen haben durch ihre Gesprächsbereitschaft dazu beigetragen, daß dieses Buch zustandegekommen ist. Die Dokumentation zeigt die – wenn auch begrenzten – weiblichen Handlungsspielräume auf und informiert u. a. über friedensfördernde bzw. kriegsunterstützende Tätigkeiten von Frauen.